KB070696

클루지

클루지

개리 마커스

최호영 옮김

생각의 역사를 뒤집는 기막힌 발견   갤리온
GALLEON

KLUGE

내게 말을 가르쳐주신 아버지께 바칩니다.

차례

살아 있는 유기체는 역사적 구조물이다.
곧 말 그대로 역사의 창조물이다.
이것은 공학 기술의 완벽한 산물이 아니라
때와 장소를 가리지 않고 기회가 생길 때마다
잡동사니들을 이어 맞춘 것이다.

— 프랑수아 제이콥 François Jacob

운이 아예 없느니 차라리 불운이 낫다.

— 속담

추천사

나는 스물두 살까지 공부를 해본 적이 없다. 가난했으며, 게임 중독자에 외모 콤플렉스도 심해 아르바이트조차 구하지 못했다. 하지만 『클루지』를 읽고 몇 가지 법칙을 깨달은 덕분에 지금의 나는 완전히 달라졌다. 외적으로 180도 달라지며 외모 콤플렉스를 벗어던졌고, 2022년에 출간한 첫 책 『역행자』로 베스트셀러 작가가 되었다. 지금은 6개의 사업을 진행하며 130명이 넘는 직원들과 재미있는 일을 벌이고 있다. 심지어 오래전에 절판된 『클루지』를 추천해 재출간되게 만들었다. 이 책은 베스트셀러가 됐으며 지금은 추천사까지 쓰는 영광을 누리고 있다. 20대 때는 절대 상상도 하지 못했던 일들이 내게 벌어진 것이다.

나의 변화는 책을 읽기 시작하면서 시작됐다. 많은 책들이 도움을 줬지만 『클루지』는 단언컨대 '내 인생 최고의 책'이라고 말할 수 있다. 어떻게 심리학 책이 나의 인생을 바꿨을까? 이유는 간단하다. 인생은 '의사결정 게임'이고 이 책은 그 의사결정 능력을 획기적으로 변화시켜주기 때문이다. 사람은 하루에 100개가 넘는 의사결정을 하면서 살아간다. 오늘 무엇을 할지, 뭘 먹을지, 누구를 만날지 등 무한한 판단과 선택을 하며 살아간다. 이 사소한 행동들이 모여 인생은 이루어진다. 이 의사결정의 결정체가 현재의 내 모습이다. 작은 선택들이 모여 인생의 격차가 된다. 누군가는 불행해지고 가난해지며, 누군가는 한발 더 나아간다.

정확한 판단과 의사결정을 하려면 어떻게 해야 할까?

대부분의 사람들은 더 노력하라고, 열정을 다하라고, 더 신중하게 생각하라는 식의 추상적인 얘기를 한다. 그런 방식은 세상 모든 사람들이 한다. 그래서는 남들보다 더 나은 삶을 살 수 없다. 누가 내게 "그럼 어떻게 해야 하는데?"라고 질문한다면, 나는 "클루지를 이해해야 한다."라고 말할 것이다.

사람이 어떤 판단을 하는 데 있어 '심리적 오류'는 큰 영향을 미친다. 이는 진화 과정에서 불가피하게 생긴 문제들이다. 생각과 행동에 있어 어떤 심리적 오류들을 저지르고, 어떤 실수를 하는지 알고 있다면 여러 문제들을 피할 수 있다. 쉽게 말해, '클루지'를 이해하면 의사결정력이 매우 좋아진다.

예를 들어 설명해보자. 대부분의 사람들은 결단을 내리고 새로운 도전을 어려워한다. 유튜버가 되겠다고 말하는 사람이 주변에 100명 넘게 있지만 그중 한두 명도 시작하지 못했다. 그들은 충분히 준비되어 있고, 성공 가능성 높은 콘텐츠를 갖고 있으면서도 '실패할 거야, 구독자를 모으지 못할 거야, 아직 더 준비해야 돼.'라고 자기합리화하며 도전하지 않는다. 인류가 진화과정에서 새로운 도전을 하고 행동하는 것을 꺼리도록 진화했기 때문이다. 선사시대 사람들에게 새로운 도전은 목숨을 건 싸움이었다. 오지를 가거나 호랑이에게 덤볐다가는 후대에 DNA를 남길 수 없었다. 따라서 현대 인류의 대부분은 '새로운 도전'을 꺼려한 선조의 후예다.

이러한 조심성을 강요하는 유전자가 과거에는 매우 필요한 것이었지만, 현재는 '클루지'가 되었다. 과거의 도전은 생존을 위협했지만, 현재의 도전은 생존을 위협하지 않는다. 유튜브나 블로그를 시작하는 것은 어떤 생존의 위협도 되지 않는다. 그런데 우리의 클루지는 '새로운 도전'을 막는 명령을 내린다. 갖은 핑계와 합리화로 '새로운 걸 도전하지 마, 실패는 위험해.'라고 명령을 내린다. 과거의 필수적이었던 '조심성'은 현재의 발전을 가로막는 장애물이 되었다. 이처럼 과거에는 인간에게 필수적인 심리기제였지만, 현대에 와서는 사람의 인생을 방해하는 '과거의 유물'을 가리켜 '클루지'라고 말한다.

사람들은 내가 실행력이 매우 좋다고 평한다. 하지만 사실 나는 정말 게으르다. 또 겁도 많다. 실제로 이 추천사를 쓰기로 해놓고 게으름을 피우다가 독촉 전화를 받았고, 유튜브도 갖은 핑계를 대다가 시작하기로 했던 날짜보다 3개월 늦게 시작했다. 하지만 결국 결단을 내리고 실행에 이른 비결은 클루지적 사고 덕분이었다.

"내가 지금 무언가를 시작하기 두려워하는 건 클루지 때문이다. 새로운 걸 꺼려하는 건 쓸데없는 유전자가 박혀 있기 때문이야! 나는 이 감정이 클루지란 걸 알고 있어. 더 이상 두려워하지 않고 시작할 거야!"

하루에도 많은 판단을 할 때, '이건 클루지 아닐까?' 하는 습관이 반복되어 의사결정력은 높아졌고, 내 인생은 몰라보게 바뀌었다.

현대의 모든 사람들은 클루지에 감염되어 있다. 자신의 심리적 문제들을 이해하고 올바르게 판단할 수 있다면 어떻게 변할까? 100명이 망설이는 일을 당장 시작한다면 100명 중에 1등으로 출발할 수 있다. 또 잘못된 의사결정이나 생각의 오류 등을 줄인다면 수년간 인생을 허비했던 일도 바로 잡을 수 있다. 남들이 망설이고 있을 때 당신은 앞서 나갈 것이고, 남들과 달리 올바르게 판단한다면 인생은 쉬워질 것이다. 참 단순한 논리 아닌가? 물론 이 책을 읽자마자 갑자기 당신의 인생이 변하지는 않을 것이다. 하지만 클루지적 사고를 장착하고 몇 년을 살다보면, 정말 놀라운 일들이 벌어질 것이다. 100가지 판단 중에 20개만 옳은 판단을 하던 당신이 정답률 80%의 선택을 한다면 미래는 바뀔 수밖에 없다.

이 책을 읽는 모든 사람들이 조금 더 나은 인생을 살 수 있기를 바란다.

라이프 해커 자청

클루지

생각의 함정들, 그러나 생각의 무기들

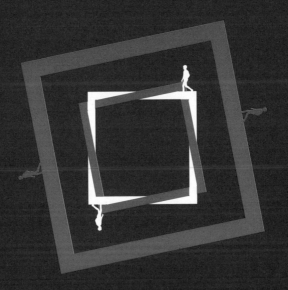

PROLOGUE

흔히 인간은 합리적인 동물이라고 말한다.

나는 평생 이것을 뒷받침할 만한 증거들을 찾아왔다.

— 버트런드 러셀Bertrand Russell

인간은 셰익스피어의 유명한 말처럼 '고귀한 이성'과 '무한한 능력'을 지닌 존재일까? 또는 몇몇 성경학자들이 주장하듯이 '신의 형상대로' 만들어진 완전한 존재일까? 거의 그렇지 않다.

만약 인류가 지능과 자비심을 갖춘 어느 설계자의 작품이라면, 우리의 생각은 합리적이고 우리의 논리는 나무랄 데 없을 것이다. 만약 그렇다면 우리의 기억은 견고할 것이고, 우리의 회상은 믿음직할 것이다. 만약 그렇다면 우리의 문장은 힘차고 우리의 단어는 정확할 것이다. 또한 우리의 언어는 체계적이고 규칙적이어서 '싱sing(노래하다), 생sang(노래했다)', '브링bring(가져오다), 브로트brought(가져왔다)'처럼 불규칙 동사나 그 밖에 이상하고 모순된 것들로 가득하지 않을 것이다. 만약 그렇다면 언어에 정통한 리처드 레더러Richard Lederer가 말했듯이 햄버거hamburger에는 햄ham이 들어 있을 것이며, 에그플랜트eggplant(가지)에는 에그egg(달걀)가 달려 있을 것이다. 만약 그렇다면 영어를 사용하는 사람들은 파크웨이parkway(큰 길)에서 파킹park(주차)

하고 드라이브웨이driveway(진입로)에서 드라이브drive(운전)하지 다른 길에서 헤매지는 않을 것이다.[1]

그러나 우리 인간은 체계적으로 미래를 설계할 만큼 영리한 유일한 종種이다. 하지만 동시에 매우 주의 깊게 짠 계획을 순간의 만족 때문에 내팽개칠 만큼 어리석기도 하다. ("내가 다이어트 한다고 말했었나? 하지만 3층 초코 크림은 내가 정말 좋아하는 건데……. 뭐, 내일부터 다이어트 하지.") 우리는 100달러짜리 전자레인지를 살 때는 25달러를 아끼려고 기꺼이 시내 반대편까지 차를 몰고 간다. 그러나 1,000달러짜리 평면 텔레비전을 살 때는 똑같은 액수를 아끼려고 똑같은 거리를 가지 않는다. 절약할 수 있는 비율이 작다고 같은 액수를 무시해버리는 것이다. 우리는 타당한 삼단논법(예컨대 "모든 사람은 죽는다. 소크라테스는 사람이다. 그러므로 소크라테스는 죽는다.")과 잘못된 삼단논법(예컨대 "모든 생물은 물을 필요로 한다. 장미는 물을 필요로 한다. 그러므로 장미는 생물이다.")의 차이를 간과하곤 한다. 후자의 논법도 언뜻 그럴듯해 보이지만, '장미'를 '자동차 배터리'로 바꾸어보라. 만약 내가 "모든 선원이 한 여자를 사랑한다."라고 말했다면 그것이 특정한 한 여자를 가리키는 것인지 아니면 '선원들 각자의 애인'을 가리키는 것인지 알 방법이 없다. 그런가 하면 오늘날 목격자 증언이라는 것은 인간이 언뜻 목격한 사건이나 범죄의 구체적인 내용을 몇년이 지난 뒤에도 정확히 기억해낼 수 있다는 터무니없는 가정에 근거하고 있다. 하지만 실제로 보통 사람들에게는 연속된 12개의 단어 목록을 30분 동안 기억하고 있는 것도 쉬운 일이 아니다.

나는 인간 마음의 '설계'가 아주 엉망진창이라고까지 주장하려는 것은 아니다. 그러나 흔히 정치인들이 말하듯이 "오류가 없는 것은 아니다." 이 책의 목표는 어떤 오류가 있는지, 그리고 그 오류가 어디에서 비롯됐는지 설명하는 것이다.

클루지란 무엇인가?

아폴로 13호의 긴급상황과 맥가이버의 책략

셰익스피어가 무한한 이성을 상상했던 곳에서 나는 다른 어떤 것을, 곧 공학자들이 '클루지kluge'라고 부르는 것을 본다. 클루지란 어떤 문제에 대한 서툴거나 세련되지 않은 (그러나 놀라울 만큼 효과적인) 해결책을 뜻한다. 예컨대 1970년 4월, 아폴로 13호의 달착륙선에서 이산화탄소 여과기가 제대로 작동하지 않기 시작했을 때, 무슨 일이 벌어졌는지를 생각해보자. 당시에는 대체 여과기를 승무원들에게 보낼 방법도 없었다. 그때는 아직 우주 왕복선이 발명되기 전이었다. 우주 캡슐을 며칠에 걸쳐 기지로 끌고 올 수도 없었다. 여과기가 없다면 승무원들의 운명이 어떻게 될 것인지는 빤한 일이었다. 우주비행 관제소의 공학자 에드 스마일리Ed Smylie는 당시 상황에 대해 동료들과 의논하면서 다음과 같이 말할 수밖에 없었다. "우주 캡슐 안에 뭔가 쓸모 있는 것이 있을 것이다. 궁리를 해봐라." 다행히 지상 정비원들은 이 과제를 풀 수 있었다. 그들은 비닐봉지와 마분지 상자, 절연 테이프, 양말 한쪽으로 투박한 여과기 대용물을 그럭저럭 만들어낼 수 있었다. 이렇게 해서 세 명의 우주 비행사는 목숨을 건졌다. 그 중 한 명이었던 짐 러벨Jim Lovell은 훗날 다음과 같이 회상했다. "이 장 치가 특별히 멋있지는 않았지만, 어쨌든 작동했어요."

모든 클루지들이 목숨을 구하는 것은 아니다. 공학자들은 때때로 재미 삼아 클루지를 만들기도 하고, 어떤 것(예컨대 팅커토이Tinkertoy 장난감으로 컴퓨터를 만드는 것)이 가능하다는 것을 증명하기 위해서, 또는 제대로 하기가 귀찮아서 클루지를 만들기도 한다. 또 다른 사람 들에게 클루지는 절박한 사정과 뛰어난 책략의 산물이기도 하다. 텔 레비전 드라마의 주인공 맥가이버MacGyver가 재빨리 도망치기 위해 서 절연 테이프와 고무 매트로 신발을 급조하듯이 말이다. 그런가 하 면 〈월레스와 그로밋Wallace & Gromit〉에서 자명종과 커피 기구와 머피 Murphy 침대로 이어지는 '발사와 활동개시launch and activate' 장치나, 루브 골드버그Rube Goldberg의 '간단한 연필깎이'처럼 그냥 웃자고 만든 클루 지들도 있다. 이 장치의 경우에는 연에 달린 끈이 작은 문을 들어 올 리면 나방들이 나와서 새장을 들어 올리게 되고, 이어서 딱따구리가 나와 연필심이 박힌 나무를 쪼아댄다.

하지만 맥가이버의 신발이나 루브 골드버그의 연필깎이도 인간의 마음이라는 아마도 가장 기상천외한 클루지에 비하면 아무것도 아니 다. 인간의 마음은 완전히 맹목적인 진화 과정이 빚어낸 기이한 산물 이다.

클루지의 유래

'클루지kluge'라는 단어의 기원과 철자에 대해서는 약간의 논란이 있다. 몇몇 사람들은 이것에 'd'를 삽입해 '클러지kludge'로 쓰기도 한다. 이것은 이 단어가 뜻하는 해결책만큼이나 서툴러 보이는 장점이 있지만, 잘못된 발음을 유도하는 단점이 있다. '클루지kluge'를 제대로 발음하자면 '슬러지sludge(진흙)'가 아니라, '휴지huge(거대한)'에 가깝다.[2] 몇몇 사람들은 이 단어가 '바깥에 있는 화장실'을 뜻하는 스코틀랜드의 옛 단어 '클루지cludgie'에서 유래했다고 주장한다. 그러나 대부분은 '영리한'을 뜻하는 독일어 단어 '클루그klug'가 기원이라고 믿는다. 『컴퓨터 은어 해커사전The Hacker's Dictionary of Computer Jargon』에 따르면, 1935년에 이미 '클루지Kluge 종이 공급기'라는 말이 쓰였다. 그것은 인쇄기의 부속물이었다.

클루지 공급기는 작고 저렴한 전기 모터와 전자 제어장치가 있기 전에 설계되었다. 이것은 한 구동축으로부터 작동에 필요한 모든 동력을 공급받고, 또 부품들 사이의 박자가 맞도록 캠cam과 벨트와 연동장치를 복잡하게 연결해놓은 것이었다. 때문에 이것은 다루기가 매우 까다로웠으며 고장이 잦았고 고치기도 굉장히 어려웠다. 그래도 이것은 아주 영리한 장치였다!

사실상 모든 사람이 동의하듯이 이 말이 처음으로 대중화된 것은 1962년 2월, 잭슨 그랜홀름Jackson Granholm이라는 컴퓨터 분야의 한 선구자가 농담조로 쓴 「클러지를 어떻게 설계할 것인가?How to Design a

Kludge?」라는 논문을 통해서였다. 그는 이 논문에서 클루지를 "잘 어울리지 않는 부분들이 조화롭지 않게 모여 비참한 전체를 이룬 것"이라고 정의했다. 나아가 그는 다음과 같이 말했다. "클러지를 만드는 것은 …… 아마추어가 할 수 있는 일이 아니다. 진정한 클러지를 만들기 위해서는 뭐라고 말하기 어려운, 피학증적인masochistic 섬세함이 필요하다. 전문가들은 그것을 곧바로 알아챈다. 아마추어들은 '그것이 컴퓨터가 작동하는 방식일 것'이라고 쉽게 추측할 수 있다."

뷰익 리비에라의 엉터리 와이퍼

실생활에서도 수많은 클루지를 발견할 수 있다. 예컨대 1960년대 초까지도 대부분의 차들에 설치되어 있었던 진공식 와이퍼를 생각해 보라. 오늘날 대부분의 차에 설치되어 있는 현대식 와이퍼는 전기로 구동된다. 그러나 옛날에는 차들이 12볼트가 아니라 6볼트로 달렸다. 그것은 스파크 플러그를 작동시키는 데에도 충분하지 못한 전력이었다. 때문에 와이퍼 같은 사치품을 구동시킨다는 것은 엄두도 내지 못했다. 그래서 몇몇 영리한 기술자들은 전기 대신에 엔진에서 나오는 흡입력을 이용해 와이퍼 모터를 돌리는 클루지를 고안하였다. 그런데 이 장치의 한 가지 문제는 엔진에서 생기는 흡입력의 양이 엔진의 작동 강도에 따라 변한다는 것이었다. 엔진이 강하게 작동할수록 흡입력은 줄어들었다. 그래서 예컨대 1958년산 뷰익 리비에라 Buick Riviera[3]를 몰고 언덕을 올라가거나 가속페달을 세게 밟으면, 와이퍼가 굼벵이처럼 움직이거나 아예 멈춰버렸다. 산악 지방에서 비라도 만나면 그야말로 낭패였다.

하지만 정말로 놀라운 것은 당시 사람들이 대부분 이 장치를 개선할 수 있다는 사실조차 깨닫지 못했다는 점이다. 이것은 우리가 일상 속에서 인간 마음의 특이한 점들을 별생각 없이 받아들이는 상황에 대한 멋진 은유가 아닐 수 없다. 물론 인간의 마음은 의논의 여지없이 인상적이며, 우리 주변의 어떤 대안적 장치보다도 훨씬 뛰어나다. 그러나 인간의 마음은 여전히 많은 결함을 지니고 있다. 게다가 우리는 종종 그러한 사실을 깨닫지도 못한다. 대부분의 경우에 우리는 우리의 결함들을 그냥 받아들인다. 감정의 폭발, 그저 그런 기억력, 편견에 사로잡히는 경향 등을 우리는 우리 마음의 표준적인 능력으로 받아들인다.

바로 그렇기 때문에 우리 마음이 클루지라는 것을 깨닫기 위해서는, 그리고 그것을 개선하기 위해서는, 때때로 '상자' 밖에서 생각할 필요가 있다. 최선의 과학은 최선의 공학과 마찬가지로, 종종 사물이 어떻게 존재하는가를 이해하는 것보다 사물이 어떻게 달리 존재할 수도 있었을까를 이해하는 데서 출발한다.

우리 신체에도 클루지가 숨어 있다

공학자들은 대개 돈이나 시간을 절약하기 위해서 클루지를 만든다. 그렇다면 자연은 왜 클루지를 만들까? 진화의 과정은 영리하지 않았고, 구두쇠처럼 인색하지도 않았다. 그것은 돈과 상관이 없으며 선견지명과도 아무 관련이 없다. 게다가 진화는 10억 년에 걸친 일인데 도대체 무슨 불평을 늘어놓을 수 있단 말인가? 그러나 생명 현상을 주의 깊게 살펴보면, 우리는 그곳에서 무수한 클루지들을 발견하게 된다.

예를 들어 인간의 척추는 형편없는 해결책이다. 만약 네 개의 기둥이 균등하게 교차 버팀목 역할을 하면서 몸무게를 분산해 지탱했다면 훨씬 더 좋았을 것이다. 단 한 개의 기둥으로 전체 몸무게를 지탱하는 척추는 엄청난 부담을 감수해야 한다. 직립 보행 덕분에 우리는 똑바로 선 채로 손을 자유롭게 놀리면서 생존할 수 있었지만, 그 대가로 많은 사람들은 고통스러운 요통에 시달리고 있다.

그렇다면 결코 적절하다고 할 수 없는 해결책이 우리 몸에 들러붙은 까닭은 무엇일까? 척추가 두 발 동물의 무게를 지탱할 수 있는 최선의 방법이기 때문이 아니라, 그 구조가 네발짐승의 척추에서 진화했기 때문이다. 즉 불완전하게나마 일어서는 것이 아예 일어서지 않는 것보다 (우리처럼 도구를 사용하는 생물에게) 더 나았기 때문이다.

그런가 하면 우리 눈의 감광 부위(망막)는 머리 앞쪽이 아니라 뒤쪽을 향해 설치되어 있다. 때문에 온갖 방해거리가 생겼는데, 배선 다발이 눈을 꿰뚫고 지나갈 수밖에 없어, 우리 두 눈에는 빛에 반응하지 않는 맹점이 하나씩 생기게 되었다. 이것 역시 클루지의 대표적인 예다.[4]

진화를 통해 생긴 클루지의 또 다른 유명한 예는 남성들의 은밀한 해부학적 특징과 관련이 있다. 정소에서 요도로 이어진 정관은 쓸데없이 길다. 정관은 앞쪽으로 다시 갔다가 고리 모양으로 180도를 빙 돌아 음경으로 이어져 있다. 만약 재료를 아끼거나 또는 효율적인 전달을 고려하는 알뜰한 설계자라면, 정소에서 음경까지 짧은 관으로 곧장 연결했을 것이다.

이렇게 닥치는 대로 체계가 구성된 유일한 이유는 이전에 있는 것을 기초로 그 다음 진화가 이루어지기 때문이다. 한 과학자의 말을 빌리자면 "(인간의) 신체는 불완전한 것들로 가득하다. …… 콧구멍 위에 쓸모없이 돌기가 나 있고, 치아는 썩으며, 골치 아픈 사랑니가 나오고, 발은 쑤신다. …… 등은 쉽게 뻣뻣해지며, 털도 없고 부드러운 피부는 베이고 물리기 쉬우며, 햇볕에 타기까지 한다. 우리는 달리기도 잘 못하며, 우리보다 작은 침팬지에 비해 약 3분의 1의 힘을 가지고 있다."

이러한 고유한 결함들은 인간에게만 해당되지 않는다. 동물 세계에도 수십 가지 결함들이 널리 퍼져 있다. 예컨대 세포 한 개가 두 개로 되는 데 핵심적인 과정인 DNA 복제에 앞서 DNA 가닥이 분리되는 과정은 미로같이 복잡하다. DNA 폴리메라아제polymerase의 한 분자는 아주 간단하게 작업을 수행하는 데 반해, 다른 한 분자는 합리적인 공학자라면 도저히 용납할 수 없을 만큼 불규칙하게 작업을 수행한다.

이처럼 자연은 쉽게 클루지를 만들곤 한다. 자연은 그것의 산물이 완벽한지 또는 세련됐는지 '신경'을 쓰지 않기 때문이다. 작동하는 것은 확산되고 작동하지 않는 것은 소멸할 뿐이다. 성공적인 결과를 낳는 유전자는 증식하는 경향이 있고, 도전을 이겨내지 못하는 생물을 낳는 유전자는 사라져버리는 경향이 있을 뿐이다. 그리고 그 밖의 모든 것은 은유다. 이 게임의 이름은 아름다움이 아니라 적절함adequacy이다.

우리의 마음은 클루지다

마음은 주먹구구식으로 진화하였다

신체에 대해 이야기할 때는 누구도 이런 사실을 의심하지 않을 것이다. 그러나 마음에 대해 이야기할 때는 많은 사람들이 어떤 식으로든 선을 긋는다. "맞다! 내 척추는 클루지다. 내 망막도 그럴지 모른다. 그러나 과연 내 마음도 클루지일까?" 우리의 신체에 결함이 있다는 것을 받아들이는 것과 우리 마음도 그렇다는 것을 받아들이는 것은 전혀 다른 문제다.

실제로 사람들은 오랫동안 다른 식으로 생각해왔다. 아리스토텔레스는 인간이 '합리적인 동물'이라고 했다. 존 스튜어트 밀John Stuart Mill이나 애덤 스미스Adam Smith까지 거슬러 올라가는 경제학적 전통 속에서 학자들은 사람들이 저마다 자신의 이익을 바탕으로 되도록 싸게 사고 비싸게 팔며, 자신의 '효용'을 최대화하는 방향으로 결정을 내린다고 가정하였다.

지난 10년 동안 많은 학자들은 사람들이 베이스의Bayesian[5] 방식으로, 다시 말해 수학적으로 최적의 방식으로 추론한다고 주장하기 시작했다. 최근 한 권위 있는 학술지는 엠아이티MIT, 유시엘에이UCLA, 유니버시티 칼리지 런던University College London에서 온 인지과학의 3인방과 함께 이 주제를 전면적으로 다루면서 다음과 같이 주장하였다. "인간의 인지작용이 합리적인 개연론으로 설명될 수 있을 것이라는 점은 점점 더 설득력을 얻고 있다. ······ 핵심 영역에서 인간의 인지

작용은 수행의 최적 수준에 접근한다."

최적optimality이라는 개념은 점점 더 학계의 주목을 받고 있는 진화심리학에서 자주 등장하는 주제이기도 하다. 예컨대 이 학문 분야의 공동 창시자인 존 투비John Tooby와 레다 코스미데스Leda Cosmides는 다음과 같이 말했다. "자연선택은 언덕을 오르는 과정과도 같아서 실제로 나타나는 여러 가지 설계 가운데 최선의 것을 선택하는 경향이 있기 때문에, 그리고 진화의 광대한 시간에 걸쳐 많은 대안들이 나타나기 때문에, 자연선택은 최고로 잘 제작된 기능적 설계의 축적을 야기하는 경향이 있다."

마찬가지로 스티븐 핑커Steven Pinker는 다음과 같이 주장했다. "우리의 시각을 가능케 하는 마음의 부분은 정말로 잘 설계되어 있다. 나아가 우리가 보는 것을 해석하고 그것에 작용을 가하는 기관으로 정보가 올라가면서 설계engineering의 질이 점점 더 떨어질 것이라고 생각할 아무런 이유도 존재하지 않는다."

그러나 이 책이 제시하려는 관점은 조금 다른 것이다. 물론 분별 있는 학자라면 어느 누구도 자연선택이 최고로 잘 제작된 기능적 설계를 낳을 수 있다는 사실을 의심하지 않을 것이다. 그러나 또한 분명한 사실은 자연선택이 최고의 설계를 결코 보장하지는 않는다는 점이다. 대부분의 경제학자들, 베이스주의자들Bayesians, 진화심리학자들과 달리, 나는 인간의 마음이 신체만큼이나 클루지라고 주장하고자 한다. 그리고 만약 이것이 사실이라면 우리는 우리 자신에 대한 (인간 본성에 대한) 이해를 다시 검토해야만 할 것이다.

영아 살해와 남성들의 빈번한 착각

진화심리학의 많은 서적들을 뒤져보아도 인간의 마음과 관련해 정말로 기이하다고 평가받는 측면들이 언급되는 경우는 매우 드물다. 물론 대부분의 진화심리학자들은 최적의 수준 아래에서 진화가 일어날 수 있다는 것을 원칙적으로 인정한다. 그러나 실제로 인간의 오류가 논의될 때면, 사람들은 대부분 언뜻 부적절해 보이는 것도 실제로는 훌륭히 설계된 것이라고 설명한다.

영아 살해를 예로 들어보자. 어느 누구도 영아 살해가 도덕적으로 정당화될 수 있다고 주장하지는 않을 것이다. 그런데 이런 일은 도대체 왜 일어나는가? 진화의 관점에서 볼 때 영아 살해는 그저 부도덕한 것이 아니라 당혹스러운 것이다. 만약 우리가 본질적으로 (리처드 도킨스Richard Dawkins의 주장처럼) 유전자를 확산시키는 그릇으로 존재한다면, 왜 부모가 자기 자식을 살해하는 일이 생기겠는가? 마틴 데일리Martin Daly와 마르고 윌슨Margo Wilson은 유전자의 관점에서 영아 살해는 매우 제한된 주변 환경에서만 의미가 있다고 주장했다. 곧 부모가 자식과 실제 혈연관계로 맺어 있지 않거나(예컨대 양부모의 경우에), 또는 친자가 아니라고 아버지가 의심하거나, 또는 어머니가 지금은 자식을 제대로 돌볼 처지가 아니지만 나중에 더 잘 돌볼 수 있다고 생각할 때(예컨대 지금 낳은 아이의 건강이 절망적으로 나쁜 경우에) 영아 살해가 일어난다는 것이다. 데일리와 윌슨이 제시하는 자료를 살펴볼 때 살해자와 어린이 학대의 유형들은 이 가설과 잘 들어맞는다.

또 다른 예로 조금 덜 놀라운 사실을 살펴보자. 남성들은 잠재 배우자의 성적 의도를 체계적으로 과잉 해석하는 경향이 있다.[6] 이것은 그저 희망 섞인 사고의 결과일 뿐일까? 진화심리학자 마티 헤이즐톤Martie Haselton과 데이비드 버스David Buss의 견해에 따르면, 전혀 그렇지 않다. 그들은 이것이 자연선택을 통해 형성된 매우 효과적인 전략이자 자연을 통해 강화된 인지 오류라고 말한다. 더 성공적인 생식을 가능케 하는 전략은 해당 집단 안에서 당연히 널리 퍼질 것이며, 조상 남성들 가운데서 잠재 배우자의 신호를 과잉 해석하는 경향이 있던 남성들은 조심스러워 기회를 놓치곤 했던 남성들보다 더 많은 생식 기회를 가졌을 것이다. 유전자의 관점에서 볼 때 조상 남성들이 과잉 해석의 위험을 감수하는 것은 충분히 그럴 가치가 있는 것이었다. 왜냐하면 더 많은 생식 기회를 얻는 것이 간혹 있지도 않은 기회를 잘못 지각해서 자존심이나 체면을 구기는 것 같은 부작용보다 훨씬 더 값진 것이었기 때문이다. 이 경우에는 정말로 타인의 동기를 체계적으로 편향되게 해석하는 행동이 언뜻 결함처럼 보이지만 실제로는 긍정적인 특성일지 모른다.

위의 예처럼 재치 있고 주의 깊게 논증된 사례들을 읽다보면 자기도 모르게 흥분해서 인간에게 발견되는 모든 기이한 버릇들이나 이상한 작용들 뒤에 진정으로 적응에 유익한 전략이 숨어 있을 것이라고 착각하기 쉽다. 그러나 이런 사례들의 밑바닥에는 최적화가 진화의 필연적 결과라는 대담한 가정이 깔려 있다. 그러나 최적화는 진화의 필연적inevitable 결과가 아니다. 그것은 진화 속에서 '생길 수 있는possible 결과'일 뿐이다. 결함처럼 보이는 몇몇 것들은 실제로 유익한 것으로 판명될 수도 있을 것이다. 그러나 (척추와 거꾸로 된 망막이 증명하듯이) 몇몇 결함들은 정말로 최적 수준 이하의 것이며, 그저 진화가 더 나은 방법을 찾지 못했기 때문에 그대로 유지되는 것일 수 있다.

왜 이토록 우리는 불완전할까?

진화의 핵심 기제인 자연선택은 진화과정 중에 나타나는 돌연변이만큼 좋은 것이다. 어떤 식으로든 나타난 돌연변이가 유익하다면 그것은 확산될 것이다. 그러나 우리가 상상할 수 있는 가장 유익한 변이는 아쉽게도 아예 나타나지도 않을 수 있다. 옛말에도 있듯이 "제안하는 것은 우연chance이고 처분하는 것은 자연이다." 나타나지도 않은 변이는 당연히 선택될 수도 없는 것이다. 만약 제대로 갖춰진 유전자들이 나타난다면 자연선택은 이 유전자들의 확산을 촉진시킬 것이다. 그러나 이런 유전자들이 나타나지 않는다면, 진화는 나타난 것들 가운데서 차선의 것을 선택할 수밖에 없다.

이런 사정을 잘 이해하기 위해 진화를 산에 오르는 일에 비유해 생각해보자. 예컨대 리처드 도킨스는 진화를 통해 어떤 복잡한 생물이나 기관(예컨대 눈)이 하룻밤 사이에 조립될 가능성은 거의 없다고 말한다. 그러려면 운 좋은 변이가 동시에 엄청나게 많이 생겨야만 하기 때문이다. 그러나 점진적으로 완전한 상태에 이르는 것은 가능하다. 도킨스의 생생한 말을 들어보자.

여러분은 수학자나 물리학자가 아니더라도 눈eye이나 헤모글로빈 hemoglobin 분자가 순전히 뒤죽박죽의 행운을 통해 여기부터 무한히 자기조립을 계속할 것이라는 점을 예상할 수 있을 것이다. 눈과 무릎, 효소와 팔꿈치 관절, 기타 생명의 기적들이 보여주는 천문학적 비개연성은 다윈주의에만 해당하는 고유한 어려움이 아니라, 생명을 다루는 이론이라면 어떤 이론이든 풀어야만 하는 문제다. 그리고 다윈주의는 이 문제를 독특한 방식으로 푼다. 다윈주의는 이것을 해결하기 위해 비개연성을 다루기 쉬운 작은 부분들로 쪼개어 필요한 행운을 흐릿하게 만들고, 비개연성의 산을 뒤로 돌아 완만한 비탈로 수백만 년에 걸쳐 조금씩 조금씩 기어오른다.

웅대한 진화의 예가 넘쳐날 정도로 많은 것은 틀림없는 사실이다. 예컨대 인간의 망막은 어두운 방에서 딱 한 개의 광자photon도 찾아낼 수 있다. 그리고 인간의 달팽이관(음파에 반응해 진동하는 내이內耳 부분을 포함하고 있는 털 세포)은 조용한 방에서 수소 원자의 지름보다도 작은 진동을 탐지할 수 있다. 우리의 시각 체계는 컴퓨터 성능이 아무리 좋아졌다고 해도 여전히 어떤 기계의 시각 능력보다도 월등히 뛰어나다. 거미줄은 강철보다도 강하고 고무보다도 유연하다. 다른 조건들이 동일하다고 가정할 때 생물의 종들(그리고 종들이 의존하는 기관들)은 시간이 지남에 따라 환경에 점점 더 적절하게 변하는 경향이 있다. 그리고 이것은 때때로 (앞서 말한 눈의 민감도처럼) 이론적 한계에까지 도달하곤 한다. 헤모글로빈은 산소를 운반하는 과제에 절묘하게 적응되어 있다. 이것은 주변 기압에 가장 적절한 방식으로 산소 화물을 싣고 내릴 수 있도록 생물의 종에 따라 약간씩 다르게 조율되어 있다. 이런 차이는 해수면에 거주하는 생물과 히말라야 고지

대에 사는 줄무늬 머리 거위bar-headed goose 같은 종을 비교해보면 더욱 잘 드러난다. 헤모글로빈의 생화학적 작용에서 눈의 정교한 초점 체계에 이르기까지 깜짝 놀랄 만큼 완벽에 가까운 생명 현상들이 수천 가지나 존재한다.

그러나 언제나 완벽한 것은 분명히 아니다. 특히 진화가 지나는 길이 그저 한 개의 산이 아니라 산맥이라는 점을 고려할 때, 불완전의 가능성은 분명히 존재한다. 산의 비유가 흔히 놓치는 점은 생각할 수 있는 최고 정상에 못 미치는 꼭대기에서, 이른바 '국부적 최대치local maximum'에서 진화가 고착되는 일이 충분히 가능하다는 사실이다. 도킨스나 그 밖에 많은 학자들이 지적했듯이, 진화는 '잔걸음'으로 나아가는 경향이 있다.[7] 어떤 변화가 곧바로 개선을 불러오지 않으면 유기체는 (더 높은 꼭대기가 저 멀리 있더라도) 자신이 도달한 산맥의 한 지점에 머무는 경향이 있다. 앞서 언급한 클루지들(척추, 거꾸로 된 망막 등)은 바로 이렇게 제법 높기는 하지만 절대 정점에는 못 미치는 산들에 고착된 진화의 예들이다.

진화는 궁극적으로 완벽의 문제가 아니다. 진화는 최근의 노벨상 수상자 허버트 사이먼Herbert Simon이 '적당히 만족하기satisficing'[8]라 부른 것, 곧 적당히 좋은 결과를 얻는 일의 문제다. 이런 결과는 경우에 따라 아름답고 세련된 것일 수도 있고, 클루지일 수도 있다. 시간의 흐름 속에서 진화는 이 두 가지를 모두 낳을 수 있다. 생물의 세계에는 절묘한 측면들과 아무리 좋게 보아도 날림으로 된 측면들이 함께 존재한다.

때로는 세련됨과 서투름이 말 그대로 나란히 공존하기도 한다. 예컨대 매우 효율적인 신경세포들은 당혹스러울 정도로 비효율적인 시냅스 간격으로 서로 연결되어 있다. 효율적이던 전기활동이 시냅스 간격에서 덜 효율적으로 흩뿌려지는 화학물질로 변환되며, 이 화학물질을 통해 다시 열이 낭비되고 정보가 손실된다. 이와 비슷하게 척추동물의 눈은 미묘한 기제를 통해 빛의 초점을 맞추고 조명의 다양한 강도에 순응하는 등 여러 면에서 굉장히 세련된 것이다. 이렇게 이것은 대부분의 디지털 카메라보다 정교하게 작동하지만, 여전히 뒤를 향해 있는 망막과 그것의 부산물인 맹점의 장애를 받고 있다. 만약 우리의 눈이 진화의 최정상에 도달한다면 이것의 작동 방식은 많은 면에서 오늘날과 비슷하겠지만, 망막은 (낙지의 경우처럼) 앞을 향해 있을 것이며, 맹점도 존재하지 않을 것이다. 인간의 눈은 뒤를 향해 있는 망막을 전제할 때 거의 최선에 가깝다. 그러나 이것이 최선은 아니다. 이것은 우리가 생각할 수 있는 최정상에 뚜렷이 못 미치는 곳에서 자연이 머무는 경우를 보여주는 완벽한 예다.

진화, 클루지를 만들다

진화의 가능성은 이전 진화의 제약을 받는다

어떤 생물이 특정 순간에 최적 수준에 못 미치는 설계를 갖게 되는 원인은 여러 가지가 있을 수 있다. 무작위적인 우연, 다시 말해 그냥 운이 나빴기 때문일 수도 있고, 환경의 급격한 변화 때문일 수도 있다. 예컨대 커다란 운석이 떨어지거나 빙하시대 같은 대변동이 일어나면, 진화가 환경의 변화를 따라잡는 데 시간이 걸릴 수밖에 없다. 또는 우리의 유전물질에 담겨 있는 역사 때문일 수도 있다. 역사는 강력한 (때로는 이롭지 못한) 영향력을 발휘한다. 왜냐하면 어떤 시점에서 진화의 가능성이란 이전에 진화한 것의 제약을 크게 받기 때문이다.

오늘날의 일부 정치적 갈등이 세계대전 뒤에 체결된 조약들에서 비롯한 것처럼, 오늘날의 생명 현상은 이전 생물들의 역사에서 비롯한 측면이 있다. 다윈이 말했듯이 모든 생명은 '변형된 혈통'의 산물이다. 지금 존재하는 형태들은 이전 형태들의 수정판일 뿐이다. 예컨대 인간의 척추가 이렇게 생긴 까닭은 그것이 상상할 수 있는 최선의 해결책이었기 때문이 아니라, 이미 있던 것(네발짐승의 척추)을 토대로 만들어졌기 때문이다.

나는 이것을 '진화의 관성'이라 부르고자 한다. 뉴턴의 관성의 법칙에 따르면 정지된 물체는 계속 정지해 있으려는 경향이 있고, 움직이는 물체는 계속 움직이려는 경향이 있다. 이와 비슷하게 진화는 맨처음부터 다시 시작하기보다는 이미 있는 것에 수정을 가하면서 작업하는 경향이 있다.

오늘의 문제를 해결할 수 있다면 편법이라도 좋다

진화의 관성이 생기는 까닭은 새로운 유전자가 이전 유전자들과 조화롭게 작동해야 하기 때문이며, 즉각적인 방식으로 진화가 전개되기 때문이다. 특정 유전자를 지닌 생물은 살아서 번식하거나, 아니면 사라져버릴 것이다. 자연선택은 당장 이로운 유전자들을 선호하고 장기적으로 더 나을지도 모를 대안들을 폐기하는 경향이 있다. 이것은 마치 오늘 사용한 편법이 내일 문제가 되더라도, 지금 당장 제품을 팔아야만 하는 경영자의 처지와도 비슷하다.

그래서 결국 진화는 노벨상 수상자 프랑수아 제이콥의 유명한 말처럼, 땜장이의 처지와 비슷하다. 땜장이는 "종종 자기가 무엇을 만들지도 모르면서 …… 낡은 마분지, 노끈, 나무나 금속 조각 등 주변의 아무것이나 사용해서 쓸 만한 물건을 만들어낸다. …… 그래서 기회가 되는 대로 자투리를 모아 조립한 것이 생긴다." 필요가 발명의 어머니라면, 땜질은 클루지의 괴짜 할아버지다.

생존은 최선의 진화를 방해한다

한마디로 말해 진화는 종종 옛것 위에 새로운 체계를 쌓아올리는 식으로 전개된다. 신경과학자 존 앨먼John Allman은 자기가 방문한 적이 있는 발전소에 비유해 이런 생각을 멋지게 표현했다. 그곳에서는 적어도 세 층의 공학이 겹겹이 쌓여 동시에 사용되고 있었다. 최신 컴퓨터 공학이 곧바로 사용되는 것이 아니라, 아마도 1940년대에 만들어진 진공관을 통제하고 있었고, 이것은 다시 가스를 밀어 넣는 더 오래된 기체역학을 통제하고 있었다. 만약 발전소 기술자들에게 전체 체계의 작동을 멈추는 것이 허락된다면, 그들은 틀림없이 낡은 체계들을 다 뜯어 버리고 새롭게 시작했을 것이다. 그러나 전력을 끊임없이 공급해야만 했기 때문에 야심 찬 재설계는 이루어질 수 없었다.

마찬가지로 살아 있는 생명체는 끊임없이 생존하고 번식해야만

하기 때문에 진화를 통해 최적의 체계를 만들어내는 것이 불가능할 때가 있다. 발전소 기술자들처럼 진화도 생물의 작동을 멈출 수는 없으며, 때문에 그 결과는 옛 기술에 새로운 기술을 쌓아올리는 것처럼 꼴사나운 것이 되곤 한다.

예컨대 인간의 중뇌는 아주 오래된 후뇌 위에 말 그대로 얹혀 있으며, 이 두 뇌 위에 다시 전뇌가 얹혀 있다. 이 셋 가운데 가장 오래된 후뇌는 적어도 5억 년 전부터 있었으며, 호흡, 신체 균형, 경계 등 인간뿐 아니라 공룡에게도 똑같이 긴요한 기능들을 통제한다. 그 뒤에 생긴 층인 중뇌는 시각과 청각 반사를 조절하고 눈의 운동 같은 기능들을 통제한다. 가장 마지막에 생긴 부위인 전뇌는 언어나 의사 결정 같은 일들을 통제하는데, 이것은 종종 더 오래된 체계들에 의존한다. 신경과학 교과서에서 흔히 볼 수 있듯이 언어는 왼쪽 전뇌의 호두만 한 부위인 브로카Broca 영역에 크게 의존하고 있다. 심지어 언어는 더 오래된 체계인 소뇌나, 언어 처리에 특별히 적합하다고 볼 수 없는 아주 오래된 기억 체계 등에도 의존하고 있다. 진화의 경로를 거치면서 우리의 뇌는 마치 수차례 글자를 쓰고 그 위에 또 써서 새 글자 뒤에 옛 글자가 숨어 있는 고대 양피지羊皮紙 사본처럼 되었다.

이렇게 처음부터 새로 시작하는 것이 아니라 옛 체계 위에 새 체계가 얹히는 썩 아름답지 못한 과정을 앨먼은 '기술들의 누진적인 중첩progressive overlay of technologies'이라고 표현했다. 그리고 이런 과정의 최종 산물은 클루지가 되기 쉽다.

진화가 마음을 지배하는 강력한 이유

진화를 통해 왜 클루지와 같은 해결책들이 생겨나는가를 일반적으로 설명하는 일과 인간의 마음이 클루지라는 것을 구체적으로 보이는 일은 당연히 똑같은 것이 아니다. 그러나 이 두 가지가 일치할 수도 있다고 생각하게 만드는 두 가지 강력한 이유가 있다. 하나는 인간의 진화가 비교적 최근의 일이라는 점이고, 다른 하나는 인간 유전체의 성질에 관한 것이다.

우선 인간이 존재해온 짧은 시기와 그것이 뜻하는 바를 생각해보자. 박테리아는 지구상에서 30억 년을 살아왔으며, 포유동물은 3억 년을 살아왔다. 이와 달리 인간은 기껏해야 몇 십만 년을 살아왔다. 나아가 언어, 복잡한 문화, 사려 깊은 사고력 등은 생긴 지가 겨우 5만 년쯤 되었을 것이다. 진화의 표준에 견주어볼 때, 이것은 결함을 제거하기에 충분한 시간이 아니었지만, 이전 진화의 관성이 축적되기에는 충분한 시간이었다.

다른 한편으로 비록 오늘날 보통 인간의 삶은 보통 원숭이의 삶과 상당히 다르지만, 인간의 유전체와 영장류의 유전체는 거의 차이가 나지 않는다. 핵산의 기본 단위인 뉴클레오티드nucleotide로 따져볼 때, 인간의 유전체와 침팬지의 유전체는 98.5퍼센트가 동일하다. 이것은 인간 유전물질의 거의 대부분이 언어도 없고 문화도 없고 사려 깊은 생각도 하지 못했던 생물의 단계에서 진화했음을 시사한다. 이것은 우리가 가장 소중하게 여기는 특성들이, 즉 언어, 문화, 사려 깊은 생각 등 우리를 인간으로서 가장 뚜렷이 정의해주는 특성들이 원래 매우 다른 목적에 적합한 유전적 토대 위에 세워졌음을 뜻한다.

클루지가 선사하는 독특한 기회

마음의 한계와 생각의 함정을 포착하기

이 책에서 우리는 인간의 삶에 깊이 관여하는 영역들인 기억, 신념, 선택, 언어, 행복 등을 살펴볼 것이다. 그리고 이 모든 경우에 클루지가 넘쳐난다는 것을 여러분은 보게 될 것이다.

인간은 때때로 명석한 두뇌를 자랑하기도 하지만 때때로 멍청하기도 하다. 인간은 우상 숭배에 빠지기도 하고, 인생을 망치는 약물에 중독되기도 하며, 간밤의 토크쇼에서 지껄이는 헛소리에 홀딱 넘어가기도 한다. 우리 모두는 이런 유혹에 취약하다. 근육질 몸매를 뽐내는 옆집 녀석만 그런 것이 아니라, 제롬 그룹맨Jerome Groopman의 『박사들은 어떻게 생각하는가?How Doctors Think?』 또는 바버라 터치먼Barbara Tuchman의 『바보들의 행진The March of Folly』 같은 책들이 잘 보여주듯이 박사들, 변호사들, 세계의 지도자들도 모두 마찬가지다.

진화심리학의 대표자들은 자연선택을 통해 어떻게 훌륭한 해결책들이 나오게 되었는지에 대해서는 많이 이야기하지만, 인간의 마음이 왜 그렇게 시종일관 오류에 빠질 수 있는지에 대해서는 별로 이야기하지 않는다.

나는 우리의 기억이 왜 그렇게 자주 기대를 저버리는지, 우리는 왜 그렇게 자주 거짓된 것을 믿고, 참된 것을 믿지 않는지에 대해 살펴볼 것이다. 나아가 어떻게 많은 사람들이 귀신을 믿을 수 있는지, 어떻게 약 400만 명의 사람들이 자기가 외계인에게 납치된 적이 있다고 진지하게 믿을 수 있는지에 대해 살펴볼 것이다. 또 우리가 돈을 어떻게 쓰는지 (또는 낭비하는지), 손해를 만회하려고 더 큰 손해를 보는 현상이 왜 그렇게 자주 일어나는지, 80퍼센트가 살코기인 고기가 20퍼센트가 지방인 고기보다 왜 훨씬 더 매력적으로 보일 수밖에 없는지에 대해 살펴볼 것이다. 또한 언어의 기원을 살펴보면서, 왜 언어에 불규칙하고 앞뒤가 맞지 않고 애매모호한 것들이 넘쳐나는지를 설명할 것이다. 그리고 언어와 관련해 "사람들이 버린 사람들은 떠났다People people left left." 같은 문장이 네 단어밖에 안 되는데도, 왜 우리를 혼란에 빠뜨리는지에 대해서도 살펴볼 것이다. 그 밖에도 나는 무엇이 우리를 행복하게 하는지, 또 왜 그런지에 대해서도 살펴볼 것이다. 흔히 쾌락은 생물 종을 인도하는 역할을 한다고들 말한다. 그렇다면 예를 들어 우리는 왜 그렇게 많은 시간을 텔레비전을 보면서 지내는가? 텔레비전 시청이 인간 유전자에 이로울 것이 거의 없는데도 말이다. 또 전체 인구의 거의 절반이 한 번쯤은 시달릴 정도로 정신질환이 흔한 까닭은 무엇인지, 나아가 돈으로 행복을 살 수 없는 까닭은 도대체 무엇인지 살필 것이다.

한마디로 여기도 클루지, 저기도 클루지다. 이 모든 경우에 나는 인간의 마음이 형성될 때 진화의 관성이 수행한 역할을 고려함으로써 우리의 한계들을 가장 잘 이해할 수 있다는 사실을 보이고자 한다.

위대한 것과 아쉬운 것 구별하기

그렇다고 해서 모든 인지적 기벽들이 아무 쓸모가 없다고 말하려는 것은 아니다. 낙관주의자들은 우리 정신의 가장 취약한 부분에서

조차 위안거리를 찾아내곤 한다. 그들은 우리의 기억력이 나쁜 까닭은 정서적 고통을 덜어주기 위해서라고 말한다. 그들은 우리의 언어가 애매하기 때문에 '아니오'라고 분명히 말하지 않고도 거절할 수 있다고 말한다.

그런 면도 없지는 않다. 그러나 (예컨대 시를 쓰거나 공손한 태도를 유지하려고) 애매함을 능동적으로 활용하는 것과 애매함에 빠져 있는 것은 분명히 다르다. 아무리 분명히 표현하려 해도 문장에 오해의 여지가 있을 때, (예컨대 형사재판의 증언대에 선 목격자의 경우처럼) 목숨이 왔다 갔다 하는 상황에서 기억력이 기대를 저버릴 때, 실제 인간의 인지적 결함은 관심의 대상이 되지 않을 수 없다.

나는 목욕물을 쏟아버리면서 아기까지 내팽개치자고 주장하는 것이 아니다. 또한 클루지들이 유익한 적응 형태들보다 더 많다고 주장하는 것도 아니다. 생물학자 레슬리 오겔Leslie Orgel은 일찍이 "자연이라는 어머니는 당신보다 영리하다."라고 말했다. 그리고 실제로도 대체로 그러하다. 어느 개인도 자기가 한 일을 자연이 한 일에 견줄 수 없다. 그리고 자연이 설계한 것들은 대부분 완전하지는 않더라도 섬세하다. 그러나 이런 이야기에는 빠지기 쉬운 함정이 있다. "생물학자들은 언뜻 쓸모없어 보이거나 졸렬한 듯한 자연의 설계에 당황했다가도 결국에는 자기가 자연의 섭리에 담긴 오묘함과 찬란함, 통찰의 심오함을 과소평가했음을 몇 번이고 되풀이하여 깨닫게 된다." 나는 철학자 댄 데닛Dan Dennett의 이 말이 일면적이라고 생각한다. 우리는 이미 체스에서 통계 분석에 이르기까지 지적 활동의 다양한 분야에서 기계가 인간을 능가하는 시대에 살고 있다. 이런 시대에 물리적 체계가 인지과제를 다른 방식으로 풀 수도 있다는 것을, 자연이 언제나 최선은 아니라는 것을 상상하는 일은 충분히 의미 있는 일이다. 자연이 언제나 독창적이라고 가정하는 대신에 인간 마음의 여러 측면들을 그 자체로서 살펴보면서 진정으로 위대한 것과 아쉬움이 남는 경우를 구별하는 것은 충분히 값진 일이다.

이해하고 개선하기

클루지가 완전한 것보다 더 많든, 아니면 완전한 것이 클루지보다 더 많든 상관없이, 우리는 완전한 것에서 배울 수 없는 두 가지를 클루지에서 배울 수 있다. 첫째로 클루지는 우리가 진화해온 역사에 대해 특별한 통찰을 제공할 수 있다. 우리가 완전한 것을 관찰할 때는 수렴된 여러 요인들 가운데 어떤 것이 이상적인 해결책을 낳았는지 분별하기 어려울 때가 많다. 반면에 어디에 문제가 있는지를 알게 되면 그것이 처음에 어떻게 만들어졌는지도 쉽게 알아챌 때가 많다. 완전한 것을 볼 때 우리는 그것이 적어도 원칙적으로 전지전능한 설계자의 작품이라고 생각하기 쉽다. 불완전한 것은 이런 생각에 의문을 제기할 뿐만 아니라, 특별한 '법의학적' 단서를, 다시 말해 과거를 재구성하고 인간의 본성을 더 잘 이해할 수 있는 독특한 기회를 제공한다. 말년의 스티븐 제이 굴드Stephen Jay Gould가 말했듯이 불완전한 것은, "현재의 관점에서 의미가 없는 과거의 유물(쓸모없는 것, 이상한 것, 별난 것, 앞뒤가 안 맞는 것)은 역사를 보여주는 기호들이다."

그리고 둘째로 클루지는 우리 자신을 어떻게 개선할 것인지에 대해 단서를 줄 수 있다. 우리가 80퍼센트 완전하든 아니면 20퍼센트

완전하든 (이것은 우리가 어떻게 세느냐에 따라 달라지기 때문에 정말로 무의미한 숫자다.) 우리 인간에게는 개선의 여지가 있다. 그리고 클루지는 이 길을 우리에게 제시할 수 있다. 우리가 진화해온 현재의 모습 그대로를 솔직히 들여다볼 때, 비로소 우리는 불완전하지만 고귀한 우리의 마음을 최대한 활용할 수 있을 것이다.

맥락과 기억

모든 클루지의 어머니여, 인지적 악몽의 원흉이여!

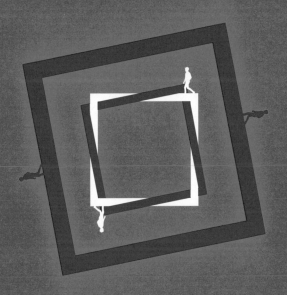

KLUGE 1

우리의 기억은 괴물이다. 우리는 잊어도 그것은 잊지 않는다. 그것은 기록을 다른 데 남겨 둘 뿐이다. 그것은 우리를 위해 기록을 유지하기도 하고 기록을 숨기기도 한다. 그것은 그 것 자신의 의지에 따라 기록을 우리의 회상 속으로 불러낸다. 우리는 우리가 기억을 가지 고 있다고 생각한다. 그러나 실제로는 그것이 우리를 가지고 있다!

― 존 어빙 John Irving

기억은 내가 보기에 모든 클루지의 어머니, 단일 요인으로는 인간의 인지적 기벽에 가장 큰 책임이 있는 것이다. 우리의 기억은 한편으로 대단하지만 다른 한편으로 끊임없이 우리를 실망시킨다. 우리는 몇십 년 전의 고등학교 졸업 앨범에 실린 사진들을 알아보기도 하지만, 어제 아침에 무엇을 먹었는지 도무지 기억하지 못할 때도 있다. 그런가 하면 기억은 왜곡되기도 하고 융합되기도 하며 그냥 맞지 않을 때도 있다. 어떤 단어를 알고는 있지만 막상 그것을 생각해내려고 하면 잘 떠오르지 않을 때도 있다. 예컨대 철자 'a'로 시작하고 '구슬을 사용해 셈하는 도구'를 뜻하는 단어를 생각해보라.[1] 또는 유용한 어떤 것을 배웠는데 (예컨대 토마토소스의 얼룩을 제거하는 법을 배웠는데) 갑자기 생각나지 않을 수도 있다. 중고등학생들은 보통 수년에 걸쳐 날짜, 이름, 장소 등을 외우고 또 외우지만, 상당수의 십대들은 1차 세계대전이 몇 세기에 일어났는지조차 모른다.

나도 예외가 아니다. 나는 지금까지 살아오면서 집 열쇠, 안경, 휴대폰, 심지어 여권까지 잃어버린 적이 있다. 나는 차를 어디에 세워 두었는지 잊은 적도 있고, 열쇠를 집에 둔 채 집을 나서기도 했으며, 휴대폰을 넣어 두었던 가죽점퍼를 공원 벤치에 놓고 온 적도 있다. 내 어머니는 공항 주차장에서 세워 둔 차를 찾느라 한 시간을 허비한 적도 있다. 《뉴스위크Newsweek》최근호에 따르면, 사람들은 자기가 놓아두었다는 것을 알면서도, 어디 있는지 몰라서 물건을 찾는 데 매일 평균 55분을 허비한다고 한다.

기억은 사람의 목숨이 왔다 갔다 하는 상황에서도 우리를 실망시키곤 한다. 스카이다이버들은 종종 낙하산을 펼치는 줄을 잡아당기는 것을 잊는다는 보고가 있다. 한 추정치에 따르면 스카이다이빙 사망사고의 약 6퍼센트가 이런 경우라고 한다. 그런가 하면 호흡기의 산소량을 점검하는 것을 잊는 잠수부들도 있으며, 문이 잠긴 차 안에 무심코 아기를 두고 내리는 부모도 적지 않다. 비행사들은 비행기를 제대로 조종하려면 오직 한 가지 방법밖에 없다는 것을 이미 오래전부터 알고 있었다. 그것은 바로 점검표를 사용하는 것이다. 비행사들은 늘 되풀이하는 일들을 제대로 하기 위해서 인간의 기억보다는 클립보드(보조날개가 내려갔는가? 연료 기판을 체크했는가? 또는 마지막에 체크한 것은 언제였는가?)에 의존한다. 이런 점검표가 없다면 비행사들은 답변은 고사하고, 아예 질문하는 것을 잊는 수가 있다.

우리들의 뒤죽박죽 기억 체계

왜 이렇게 우리의 기억은 허술할까?

진화가 정말로 만사를 잘 돌아가게 만든다면, 우리의 기억은 왜 이렇게 뒤죽박죽인가?

우리의 허술한 기억력을 평범한 컴퓨터의 탄탄한 기억력과 비교해보면 이런 물음은 더욱 첨예해진다. 내 매킨토시Macintosh는 나의 주소록 전체를 저장하고 출력할 수 있다. 내 컴퓨터는 아프리카 모든 나라들의 위치, 내가 지금까지 보낸 이메일의 모든 문장들, (내가 디지털 카메라를 처음 장만한) 1999년 후반부터 내가 찍은 모든 사진들, 원주율의 첫 3,000자리 숫자 등을 모두 완벽하게 저장하고 있다. 그런데 나는 여전히 아프리카의 여러 나라들의 이름을 외우지도 못하며, 내가 가장 최근에 보낸 이메일의 정확한 내용은 고사하고, 그것을 누구에게 보냈는지조차 기억이 가물가물하다. 게다가 나는 멍청하게도 많은 것을 암기하려고 꽤 노력한 사람에 속하는데도, 파이의 첫 10자리 숫자(3.1415926535)조차 제대로 외우지 못한다.[2]

이미지에 대한 인간의 기억력도 나을 것이 없다. 우리는 이전에 본 사진의 주요 요소들을 다시 알아보기는 한다. 그러나 한 연구에 따르면 사람들은 사진의 배경에서 생기는 작은 변화나, 심지어 꽤 큰 변화조차 알아채지 못할 때가 많다.[3] 그리고 나도 자리에 앉아서 한 사진을 오랫동안 쳐다보았지만, 나중에 그 사진의 자세한 내용을 전혀 기억할 수가 없었다. 나는 어렸을 때 많은 시간을 들여 암기했던 전화번호들 가운데 몇 개를 아직도 기억하고 있다. 그러나 아내의 전화번호를 외우기까지는 1년 가까운 세월이 필요했다.

더 심각한 문제는 한 번 기억한 것을 고치기가 쉽지 않다는 점이다. 나의 예를 들어보자면, 나의 동료 가운데 레이철Rachel이라는 여성이 있었는데, 그녀는 5년 뒤에 이혼하여 결혼 전의 성(Rachel K.)을 다시 쓰게 되었다. 그러나 나는 과거의 버릇대로 그녀를 여전히 결혼 후 성(Rachel C.)으로 부르는 실수를 범하곤 하였다. 인간의 기억은 여러 면에서 골칫덩어리이다.

컴퓨터의 기억 체계와 인간의 기억 체계

컴퓨터의 기억이 훌륭히 작동하는 까닭은 정보가 거대한 지도처럼 조직되도록 프로그램이 작성되어 있기 때문이다. 컴퓨터의 데이터 뱅크에 있는 모든 항목은 고유한 위치 또는 '주소'를 가지고 있다. 가히 '우편번호 기억postal-code memory'이라고 부를 만하다. 이런 체계에서는 특정 기억을 인출하려면 그냥 해당 주소를 찾아가면 된다. 64메가바이트 메모리 카드는 이런 주소를 약 6,400만 개 가지고 있으며, 각 주소에는 8개의 이진수로 된 한 '단어'가 들어 있다.

우편번호 기억은 간단하고도 강력하다. 이것을 적절히 사용하기만 하면 컴퓨터는 거의 모든 정보를 거의 완벽하게 저장할 수 있다. 게다가 이런 기억은 수정하기도 쉽다. '레이철 C.'가 '레이철 K.'로 이름을 바꾸었으면 더 이상 그를 '레이철 C.'로 부르지 않는다.

그러나 슬프게도 인간의 기억은 그렇지 못하다. 만약 우리가 우편번호 기억을 가지고 있었다면 그것은 무시무시할 정도로 유용했을 것이다. 그러나 진화의 산맥 어디에서도 이런 것은 발견되지 않는다. 우리 인간은 한 조각 정보가 정확히 어디에 저장되어 있는지 (아주 막연하게 '뇌 속 어딘가에' 있다는 것 외에는) 거의 (또는 전혀) 알 수 없다. 게다가 우리의 기억은 우편번호 기억과는 전혀 다른 논리에 따라 진화하였다.

우편번호 기억 대신에 우리는 일종의 '맥락 기억contextual memory'을 지니고 있다. 우리는 어떤 것을 기억 속에서 끄집어내기 위하여 맥락이나 (우리가 찾는 것이 무엇인지를 넌지시 알려주는) 단서를 사용한다. 이것은 우리가 특정 사실을 필요로 할 때마다 마치 우리 자신에게 다음과 같이 말하는 것과 같다. "음, 뇌야 안녕? 귀찮게 해서 미안한데, 1812년에 일어난 전쟁에 관한 기억이 필요하거든. 나한테 뭐 줄 것 없니?" 때때로 우리의 뇌는 고맙게도 우리가 원하는 정보를 빠르고 정확하게 제공해준다. 만약 내가 영화 〈E.T.〉와 〈쉰들러 리스트 Schindler's List〉를 제작한 감독의 이름이 무엇이냐고 묻는다면 여러분은 아마도 순식간에 정답을 말할 것이다.[4] 하지만 그렇다 하더라도 그 정보가 여러분의 뇌 속 어디에 저장되어 있는지에 대해서는 짐작조차 하지 못할 것이다. 우리는 보통 여러 가지 단서를 사용해 우리에게 필요한 것을 기억 속에서 끄집어낸다. 그리고 일이 잘 굴러갈 때는 필요한 구체적인 정보가 머릿속에 그냥 '탁' 떠오른다. 이럴 때 기억에 접근하기란 숨쉬기만큼이나 자연스러운 것이다.

무엇이 머릿속에 가장 자연스럽게 떠오르는가는 맥락에 따라 좌우된다. 우리는 정원에 있을 때 정원 가꾸기에 대해 알고 있는 것을 더 잘 기억해내며, 부엌에 있을 때 요리에 대해 알고 있는 것을 더 잘 기억해내는 경향이 있다. 이처럼 맥락은 우리의 기억에 (때로는 좋고 때로는 나쁜) 영향을 미치는 가장 강력한 단서들 가운데 하나다.

맥락 기억이 진화해온 역사는 매우 길다. 맥락 기억은 인간뿐 아니라 원숭이, 쥐와 생쥐, 심지어 거미와 달팽이에게서도 발견된다. 과학자들이 맥락 단서의 위력을 처음으로 짐작하게 된 것은 거의 100년 전의 일이었다. 유명한 행동주의 심리학자 존 왓슨John Watson 의 제자였던 하비 카Harvey Carr는 1917년에 쥐에게 미로 달리기를 훈련시키는 아주 흔한 연구를 하고 있었다. 그러다가 그는 쥐들이 미로 자체와는 아무 상관없는 요인들에 매우 민감하다는 사실을 발견했다. 예컨대 전등이 켜진 방에서 훈련을 받은 쥐는 자연광보다 전등이 켜진 방에서 검사를 받았을 때, 미로를 더 잘 찾아갔다. 조명은 미로 달리기 과제와 특별한 관계가 없었는데도, 쥐가 검사를 받은 맥락이 (곧 쥐가 익숙해진 환경이) 미로 달리기에 대한 쥐의 기억에 영향을 미친 것이었다. 그 뒤로 거의 모든 생물이 (기억 내용과 관계가 있든 없든) 기억에 접근하기 위한 주요 수단으로 맥락을 사용한다는 것이 분명해졌다.

맥락 기억의 장점과 단점

맥락 기억은 저장된 정보에 접근하기에 적합한 우편번호 체계를 만들어낼 수 없었던 자연이 그것을 보상하기 위해 만들어낸 투박한 임시변통일지 모른다. 그러나 우리의 기억 체계에도 몇 가지 명백한 장점이 있다. 우선 맥락 의존적인 기억은 컴퓨터처럼 모든 기억을 똑같이 취급하는 대신에 우선순위를 매긴다. 그래서 자주 일어나는 것,

우리가 최근에 필요로 했던 것, 지금과 비슷한 상황에서 이전에 중요했던 것 등을, 한마디로 말해 우리에게 가장 유용할 가능성이 큰 정보를 가장 빨리 머릿속으로 불러낸다. 나아가 맥락 의존적인 기억은 빠르게 병렬로 탐색될 수 있다. 이것은 뉴런이 디지털 컴퓨터의 메모리칩보다 수백만 배 느리다는 점을 보상하는 좋은 방법이 될 수 있다. 게다가 우리는 (컴퓨터와 달리) 우리 자신의 내부 하드웨어에 대한 정보를 가지고 있을 필요가 없다. 우리에게 필요한 것을 기억 속에서 찾기 위해 중요한 것은 우리 자신에게 올바른 질문을 던지는 일이지, 뇌 속 특정 세포 집단을 찾아내는 일이 아니다.[5]

이것이 어떻게 작동하는지를 확실히 아는 사람은 없다. 내게 가장 그럴듯해 보이는 추측은 기억 저장 위치를 알려주는 지도가 어느 중심부에 보관되어 있는 것이 아니라, 들어오는 조회가 맞으면 우리 뇌의 기억들이 그냥 '알아서' 반응하는 식으로 자율적으로 작동하리라는 것이다. 물론 찾는 것이 어디에 있는지 미리 아는 것이 아니라, 찾는 것과 일치하는 것을 뽑아내는 방식에서는 항상 '옳은 기억'이 반응하리라는 보장이 없다. 왜냐하면 제공하는 단서가 적을수록 기억은 더 높은 '적중률'을 보일 것이며, 결국 정말로 원하는 기억은 원치 않는 기억들 사이에 묻혀버릴 수 있기 때문이다.

이처럼 맥락 기억의 고유한 단점은 신뢰성과 관련된 것이다. 인간의 기억은 뇌 속의 위치가 아니라 단서를 중심으로 매우 강력하게 조종되기 때문에 쉽게 혼동이 일어난다. 내가 어제 아침에 무엇을 먹었는지 기억하지 못하는 까닭은 어제 아침식사가 그제 아침식사나 또 그 전날 아침식사와 너무 쉽게 혼동되기 때문이다. 내가 화요일에는 요구르트를 먹었고 수요일에는 와플을 먹었나? 아니면 그 반대였던가? 단서 중심의 체계가 제대로 작동하기에는 화요일과 수요일이 너무 많고, 거의 똑같은 와플이 너무 많은 것이다. 만약 비행기 조종사가 멍청하게도 점검표 대신에 자신의 기억에 의지한다면 어떻게 되겠는가? 머지 않아 어제 이륙과 오늘 이륙이 뒤섞일 것이며, 언젠가는 착륙기어를 넣는 것을 잊는 일이 발생할 것이다.

똑똑한 일상을 방해하는 기억의 법칙들

왜 연예인 이름이 갑자기 생각나지 않을까?

맥락이 바뀌면 기억에 문제가 생길 수 있다. 최근에 나는 어느 파티에 참석한 적이 있는데, 텔레비전 드라마 〈식스 핏 언더Six Feet Under〉에서 클레어 피셔Claire Fisher 역할을 맡았던 재기 넘치는 배우가 빛을 뿜으며 옆에 서 있는 것을 발견하고는 깜짝 놀랐다. 나는 이 배우에게 나를 소개할 절호의 기회라고 생각했다. 보통의 경우라면 나는 아무 어려움 없이 그녀의 이름을 머릿속에 떠올렸을 것이다. 나는 텔레비전 화면에 그녀의 이름이 나오는 것을 수십 번도 더 보았지만, 바로 그 결정적인 순간에 내 머리는 텅 비어 있었다. 잠시 후 나는 친구로부터 그 배우의 이름을 알 수 있었지만, 그때는 이미 그녀가 자리를 뜬 뒤였다.

이렇게 절호의 기회는 날아가버리고 말았다. 나중에 생각해보니 그때 내가 그녀의 이름을 기억하지 못한 이유는 너무나도 분명했다. 맥락이 전혀 딴판이었던 것이다. 나는 그 배우를 텔레비전의 극중 인물로, 로스앤젤레스의 세트장에서 연기를 하고 있는 배우로서 보는 데는 익숙해 있었지만, 서로 아는 사람들끼리 모여 파티를 하는 뉴욕에서 그녀를 실제로 본 적은 없었던 것이다. 인간의 기억에서 맥락은 결정적인 것이다. 그리고 이 예에서처럼 맥락은 때때로 우리를 곤란에 빠뜨린다.

맥락 기억의 예비 효과

때로는 우리에게 도움이 되기도 하고 때로는 방해가 되기도 하는 맥락의 강력한 효과는 기억의 출력 펌프를 '예비priming'[6]하는 일을 통해 이루어지기도 한다. 예컨대 '의사'라는 단어를 들으면 '간호사'라는 단어를 재인recognize하기가 쉬워진다. 만약 누가 문제의 그 배우의 이름 앞부분 '로렌Lauren'을 말해줬다면, 나는 그의 이름 뒷부분 '앰브로스Ambrose'를 즉각 머릿속에 떠올렸을 것이다. 하지만 적절한 단서가 없었기 때문에 나는 허탕만 쳤던 것이다.

맥락은 언제나 우리와 함께 있다. 심지어 맥락과 우리가 기억해내려고 애쓰는 것 사이에 특별한 관계가 없을 때에도 그러하다. 쥐를 대상으로 했던 카의 실험과 비슷하게 잠수부들을 대상으로 한 흥미로운 실험이 있었다. 잠수부들은 물속에서 단어 목록을 외우는 과제를 수행했다. 전등이 켜진 방에서 미로를 더 잘 찾았던 쥐와 마찬가지로, 잠수부들도 육지에서 검사를 받았을 때보다 물속에서 검사를 받았을 때, 그들이 이전에 물속에서 외웠던 단어들을 더 잘 기억해내었다. 물에 익숙지 못한 내게 이것은 정말로 신기한 일이었다. 우리가 무엇을 기억해낼 때면 거의 언제나 맥락이 배경에서 어른거리고 있다.[7]

그러나 이것이 언제나 좋은 결과를 낳는 것은 아니다. '43 폴더'라는 블로그를 운영하는 멀린 만Merlin Mann이 말했듯이, 화장실 휴지가 필요하다는 것을 깨닫는 순간은 보통 그것을 구할 처지가 아닐 때가 많다. 어떤 정보를 필요로 하는 상황이 그것을 처음 저장했던 상황과 일치할 때는 맥락에 의지하는 것이 멋지게 작동한다. 그러나 어떤 것을 배웠을 때의 원래 상황과 그것을 기억해낼 필요가 있는 나중 상황이 일치하지 않을 때는 문제가 생길 수 있다.

소설 『잃어버린 시간을 찾아서』에 숨겨진 기억의 비밀

맥락 기억의 또 다른 결과는 우리가 들은 (또는 보거나 만지거나 맛을 보거나 냄새를 맡은) 거의 모든 정보가 좋든 싫든 몇 가지 다른 기억들을 (종종 우리 자신도 모르는 사이에) 촉발한다는 사실이다. '비자의적 기억involuntary memory'이란 말을 만들어낸 소설가 마르셀 프루스트Marcel Proust는 이것을 알고 있었을 것이다. 왜냐하면 그의 유명한 소설 『잃어버린 시간을 찾아서』에 나오는 회상들은 모두 맛과 냄새가 결합된 딱 하나의 자극을 의식적으로 재인한 뒤에 촉발된 것이기 때문이다.

그러나 자동적이고 무의식적인 기억의 실재는 프루스트가 상상한 것보다도 더 굉장하다. 정서적으로 의미심장한 냄새는 거대한 빙산의 일각일 뿐이다. 예컨대 나의 옛 동료인 존 바르그John Bargh가 뉴욕대학에 있을 때 수행한 독창적인 연구를 살펴보자. 그의 실험에서 피험자들은 모두 대학생들이었는데 그들은 흐트러진 문장들을 정돈하라는 과제를 받았다. 이 흐트러진 문장들 가운데는 어떤 공통 주제와 관련된 단어들(예컨대 '늙은', '현명한', '잘 잊는', '플로리다'[8] 같이 '노인'을 연상시키는 단어들)이 들어 있었다. 피험자들은 그들이 부여받은 과제를 열심히 수행하였다. 그러나 진짜 실험은 아직 시작도 하지 않았다. 바르그는 학생들이 과제를 마친 뒤 실험장소를 떠나 복도 저편 엘리베이터로 걸어가는 장면을 몰래 비디오테이프에 녹화하였다. 그런데 놀랍게도 학생들이 이전에 읽은 단어들이 그들의 걸어가는 속도에 영향을 미쳤다. 모든 학생들이 저마다 볼일이 있고 갈 곳이 있었을 텐데, 유독 '은퇴한', '플로리다' 같은 단어들을 정돈했던 학생들이 그렇지 않은 학생들보다 천천히 걸었다.

또 다른 실험에서는 사소한 게임을 하는 사람들이 연구 대상이었다. 실험 결과 '교수', '지적인' 같은 단어를 미리 접했던 사람들은 '축구장 난동꾼', '어리석은'같이 덜 고상한 표현들을 접했던 사람들보다 지적인 과제에서 뛰어난 능력을 보였다. 이렇게 볼 때 농구선수들이 상대팀에게 퍼붓는 온갖 험담은 우리가 상상하는 것 이상으로 효과를 발휘할지도 모른다.

예비 효과가 실생활에 미치는 영향

언뜻 이런 연구들은 그저 재미있는 게임, 또는 재치는 있지만 시시한 속임수처럼 보일지 모른다. 그러나 예비 효과가 실생활에 미치는 영향은 예상보다 심대하다. 예컨대 문화적 편견이 특히 두드러진 상황에서 소수집단의 행동은 예비 효과 때문에 더 악화될지 모른다. 실제로 다른 조건들이 같다고 할 때, 백인과 흑인에 대해 똑같이 선의를 가지고 대한다고 말하는 사람들에게조차 부정적인 인종적 편견이 예비되는 경향이 있다.

이와 비슷하게 예비 효과는 우울을 강화할 수도 있다. 어쩌다 우울한 기분에 빠져들면 부정적인 것들을 생각하도록 예비될 것이고, 이것이 다시 우울을 강화할 것이기 때문이다. 나아가 기억의 맥락 의존적인 특성 때문에 우울한 사람은 술을 마신다거나 실연의 아픔을 주제로 한 노래를 듣는 것처럼 기분을 우울하게 만드는 활동에 빠져들 수 있으며, 그러면 우울한 기분은 심해질 것이다. 이것이 합리적으로 설계되었다는 인간의 실제 모습이다.

맥락과 단서를 중심으로 조작된 기억

이렇듯 사전에 미리 정의된 주소 체계가 아니라 맥락과 단서 중심으로 인간의 기억이 조직되어 있다는 사실은 또 다른 문제를 야기한다. 인간의 기억이 종종 함께 뒤섞여버린다는 것이다. 이것은 무엇보다도 지금 배운 것이 이전에 배운 것에 방해가 될 수 있음을 뜻한다. 오늘 먹은 딸기 요구르트가 어제 먹은 바나나 요구르트의 기억을 흐리게 만들 수 있다. 또 거꾸로 (예컨대 내가 레이철 K.의 새로운 성에 익숙해지는 데 어려움을 겪은 것처럼) 이전에 알고 있던 것이 어떤 것을 새로 배우는 데 방해가 될 수 있다.

나아가 이런 방해와 간섭은 '잘못된 기억'이라는 더 심각한 문제를 낳을 수도 있다. 인간이 잘못된 기억을 가질 수 있음을 직접 보여

준 최초의 과학적 증거는 어느새 고전이 된 한 인지심리학 연구에서
나왔다. 이 연구에서 사람들은 다음 그림처럼 무질서하게 흩어진 점
들의 배치 형태를 암기하라는 과제를 받았다

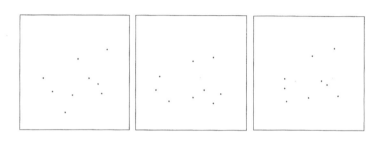

그런 다음 이 피험자들은 다양한 형태의 점들을 보면서 어느 것이
이전에 본 것인지를 가려내야 했다. 이때 많은 사람들은 다음의 그림
을 실제로는 본 적이 없는데도, 이전에 보았다고 잘못 말했다. 이 그
림은 이전에 본 그림들을 혼합해 놓은 것이었다.

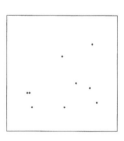

오늘날 우리는 이런 종류의 '잘못된 경보'가 흔히 일어난다는 것을 알고 있다. 예를 들어 다음의 단어 목록을 암기해보자. "침대, 휴식, 깨우다, 피곤한, 꿈, 깨다, 졸음, 담요, 졸다, 선잠, 코를 골다, 낮잠, 평화, 하품, 졸린, 간호사, 아픈, 법률가, 약, 건강, 종합 병원, 치과의사, 내과의사, 나쁜, 환자, 사무실, 청진기, 외과의사, 개인 병원, 치료."

만약 여러분이 보통 사람들과 비슷하다면 여러분은 방금 외운 단어들이 어떤 범주에 속하는지에 대해서는 틀림없이 잘 기억할 것이다. 그러나 구체적으로 어떤 단어들이 있었는지에 대해서는 아마도 기억이 분명치 않을 것이다. '꿈'과 '잠'이라는 단어 가운데 어느 것이 있었는가? 또는 둘 다 있었는가 아니면 하나도 없었는가? '졸음'과 '피곤한'이라는 단어 가운데 어느 것이 있었는가? 또는 둘 다 있었는가 아니면 하나도 없었는가? '치과의사'와 '의사'라는 단어의 경우에는 어떠한가? 실험 결과에 따르면, 대부분의 사람들은 이런 질문을 받으면 ('의사'라는 단어처럼) 보지도 않은 단어를 보았다고 하는 등 쩔쩔매게 된다.

9·11 사태나 베를린 장벽이 무너진 날처럼 아주 중요한 사건을 체험했을 때 형성되는 생생한 기억도 예외가 아닌 듯하다. 비록 본인은 자신의 기억이 여전히 정확하다고 믿을지 몰라도 실제로 기억의 구체적인 내용은 시간이 흐름에 따라 점점 더 희미해진다. 아쉽지만 확신이 정확성의 척도가 될 수는 없는 것이다.

기억의 왜곡과 간섭: 목격자의 증언을 믿지 마라

많은 생물 종들의 경우에 구체적인 것들은 잊더라도 요점만 기억하면 충분할 때가 많다. 만약 여러분이 비버라면 여러분은 둑을 짓는 방법을 알고 있어야 할 것이다. 그러나 나뭇가지들이 일일이 어디에 있는지를 기억할 필요는 없을 것이다. 진화의 과정에서 맥락 의존적인 기억의 장점과 단점은 대부분 적절한 조화를 이루고 있다. 요점은 재빨리 알아채고 자세한 것들은 형편없이 기억하는 것이 나름대로 쓸 만한 방법인 것이다.

그러나 인간의 경우에는 종종 다른 상황이 발생한다. 우리는 때때로 사회적 상황에 따라 우리 조상에게는 필요하지 않았던 정도의 정밀함을 필요로 한다. 예컨대 법정을 생각해보자. 그곳에서는 어떤 사람이 범죄를 저질렀다는 것을 아는 것만으로는 충분치 않다. 우리는 정확히 누가 범죄를 저질렀는지를 알지 않으면 안 된다. 그러나 이것은 흔히 평범한 인간의 기억 능력을 넘어서는 것이다. 최근에 DNA 검사가 자리 잡기 전까지만 해도 목격자 증언은 최종 심판자의 역할을 할 만큼 중요하게 취급되었다. 정직해 보이는 목격자가 확실하다고 말하면 배심원들은 보통 이 사람이 진실을 말하고 있다고 믿었다.

그러나 이런 믿음은 거의 잘못된 것이다. 그 이유는 정직한 사람들도 거짓말을 하기 때문이 아니라, 가장 존경할 만한 목격자도 인간일 수밖에 없기 때문이다. 그들도 맥락 중심의 기억에 의존하고 있기 때문이다. 이것에 대한 많은 증거를 제시한 심리학자 엘리자베스 로프터스Elizabeth Loftus는 한 전형적인 연구에서 피험자들에게 자동차 사고 장면이 담긴 영화를 보여주고 얼마 뒤에 영화 장면에 대해 물어보았다. 그러자 기억의 왜곡과 간섭이 부지기수로 관찰되었다. 예를 들어 정지 신호에서 차가 달리는 장면을 본 사람들은 나중에 양보 신호에 관한 이야기를 들었을 경우, 종종 그들이 본 것과 들은 것을 뒤섞어서 차가 정지 신호에서가 아니라 양보 신호에서 지나갔다고 잘못 기억하곤 하였다.

또 다른 실험에서 로프터스는 또 다른 자동차 사고 영화를 본 피험자들에게 집단에 따라 약간씩 다른 질문을 던졌다. 예컨대 한 집단에게는 "자동차들이 충돌$_{hit}$했을 때 차들은 얼마나 빨리 달리고 있었나요?"라고 물었고, 다른 집단에게는 "자동차들이 세게 충돌$_{smash}$했을 때 차들은 얼마나 빨리 달리고 있었나요?"라고 물었다. 이처럼 모든 질문들은 한 동사에서만 ('충돌하다$_{hit}$', '세게 충돌하다$_{smash}$', '접촉하다$_{contact}$' 등으로) 차이가 있었다. 그러나 어법의 이런 작은 차이가 사람들의 기억에 중요한 차이를 낳았다. '세게 충돌하다'라는 동사를 들은 사람들은 자동차들이 시속 40.8마일로 달리다가 충돌했다고 평가한 반면에, '충돌하다'라는 동사를 들은 사람들은 34.0마일로, 좀 더 부드러운 어감의 '접촉하다'라는 동사를 들은 사람들은 31.8마일로 평가했다. '세게 충돌하다' 또는 '충돌하다' 같은 단어들이 서로 다른 기억의 단서로 작용하여 사람들의 평가에 미묘한 차이를 낳은 것이다.

이러한 연구들은 모두 법률가들이 이미 잘 알고 있듯이 질문이 증인을 유도할 수 있다는 사실을 입증한다. 나아가 이 연구들은 인간의 기억이 경우에 따라서는 얼마나 신뢰할 수 없는 것인지를 여실히 보여준다.

우리가 아는 한 이런 경향은 실험실 밖에서도 똑같이 나타난다. 최근에 실제 상황에 대한 한 작은 연구가 있었는데, 이 연구에서는 잘못 투옥되었다가 나중에 DNA 검사를 근거로 풀려난 사람들을 조사하였다. 그 결과 잘못된 판결의 90퍼센트가 잘못된 목격자 증언에 근거했던 것으로 나타났다.

우리는 이 문제를 제대로 이해하기 위해 기억의 진화적 기원을 고려할 필요가 있다. 목격자 증언이 신뢰하기 어려운 까닭은 우리의 기억이 조각조각 저장되어 있기 때문이다. 다시 말해 기억들의 위치를 확인하고 그것들을 정돈하기에 적합한 체계가 존재하지 않기 때문에, 그것들의 인출은 맥락의 영향을 받게 된다. (배심원들이 종종 그러듯이) 인간의 기억이 비디오테이프 녹화기처럼 원본에 충실하기를 기대한다면 그것은 명백히 비현실적인 것이다. 사건이나 범죄에 대한 기억도 다른 모든 기억과 마찬가지로 왜곡될 수 있기 때문이다.

조지 오웰의 그럴듯한 속임수

조지 오웰George Orwell의 소설 『1984』에는 다음과 같은 의미심장한 구절이 나온다. "오세아니아는 언제나 유라시아와 전쟁을 하고 있었다." 그런데 기이한 것은 (이 책의 시점에서 볼 때) 최근까지 실제로 오세아니아는 유라시아와 한 번도 전쟁을 한 적이 없다는 사실이다. ("윈스턴Winston도 잘 알고 있었듯이 오세아니아가 유라시아와 동맹을 맺고 동아시아와 전쟁을 치른 지 4년밖에 지나지 않았다.") 『1984』의 독재자들은 역사를 뜯어고쳐 대중을 조작했다. 이것은 당연히 이 책의 핵심 주제였지만, 나는 얌전한 십대 때 이 책을 읽으면서 이야기 전체가 그럴듯하지 않다고 생각했다. 사람들이 전선이 최근에야 비로소 다시 그어졌다는 것을 기억하지 못한다는 말인가? 도대체 누가 누구를 속인다는 말인가?

이제야 나는 오웰의 공상이 그렇게까지 부자연스러운 것은 아니라는 사실을 깨달았다. 모든 기억이, 심지어 우리 자신의 역사에 대한 기억까지도 수정되고 있기 때문이다. 우리가 어떤 기억을 떠올릴 때마다 그 기억은 불안정해진다. 기억은 변화될 수 있으며, 이것은 정치적 사건이나 우리 자신의 경험처럼 아주 중요해서 굳게 자리 잡은 것처럼 보이는 기억도 예외가 아닌 듯하다.

교활한 기억: 미국 대선의 로스 페로 사례

자신의 삶에 대한 기억이 얼마나 취약할 수 있는지를 잘 보여주는 일화가 1992년에 있었다. 과학적으로 잘 기록된 이 일화는 무소속 후보로 대통령 선거에 뛰어들었던 텍사스 출신의 정열적인 우상파괴주의자이자 억만장자였던 로스 페로Ross Perot에 관한 것이다. 페로에게는 처음 강력한 추종세력이 있었지만, 어느 날 갑자기 수세에 몰리면서 그는 후보직을 사퇴했다. 바로 그 시점에 린다 레빈Linda Levine이라는 의욕적인 심리학자는 페로의 추종자들에게 페로의 사퇴에 대해 어떻게 느꼈냐고 물어보았다. 그리고 그 뒤에 페로가 다시 선거전에 뛰어들자 레빈은 뜻하지 않게 추적 조사를 할 기회를 얻게 되었다.

선거일 직후에 레빈은 사람들에게 최종적으로 누구에게 투표했는지, 그리고 선거 운동 초기에 페로가 사퇴했을 때 어떻게 느꼈는지 물어보았다. 그 결과 레빈은 사람들이 자신의 느낌에 대해 다르게 기억하고 있다는 것을 발견했다. 페로가 다시 선거전에 뛰어들었을 때 그에게 돌아갔던 사람들은 그의 사퇴에 대한 부정적인 기억을 지워버렸고, 자신들이 느꼈던 배신감을 잊는 경향이 있었다. 반면에 페로를 떠나 다른 후보에게 투표했던 사람들은 마치 페로에게 투표할 의향이 처음부터 없었던 것처럼 그에 관한 긍정적인 기억을 지워버렸다. 만약 오웰이 이 연구 결과를 알았다면, 그는 의기양양한 표정을 지었을 것이다.[9]

왜 이렇게 우리는 자주 열쇠를 잃어버릴까?

기억의 왜곡과 간섭은 거대한 빙산의 일각일 뿐이다. 만약 우리가 진화를 통해 우편번호 방식의 기억을 갖게 되었다면 여러 면에서 훨씬 편리했을 것이다. 예를 들어 바로 전에 집 열쇠를 어디에 놓았는지 기억해야 하는 단순한 과제를 생각해보자. 아마도 여러분은 십중팔구 열쇠를 다시 찾을 수 있을 것이다. 그러나 만약 열쇠를 일상적이지 않은 장소에 놓았다면 여러분은 허탕만 칠지 모른다. 공학자라면 당연히 기억의 특정 위치(이른바 '버퍼buffer')를 열쇠의 지리 좌표에 할당하여, 열쇠를 옮길 때마다 좌표 값을 경신할 것이다. 만약 그렇게만 할 수 있다면 어제 입었던 바지의 주머니를 뒤진다거나 열쇠가 없어서 집에 들어가지도 못하는 일 따위는 생기지 않을 것이다.

그러나 아쉽게도 우리는 기억의 정확한 위치를 모른다. 때문에 특정 기억을 간단히 경신할 수도 없으며, 오래전에 열쇠를 어디에 놓았는지에 대한 정보를 쉽게 '삭제'할 수도 없다. 열쇠를 일상적이지 않은 장소에 놓으면 최근 기억(가장 최근에 열쇠를 놓은 장소)과 빈번한 기억(보통 열쇠를 놓는 장소)이 갈등을 일으키게 되어 열쇠가 어디에 있는지를 잊게 될 수 있다. 자동차를 어디에 주차했는지, 지갑이나 핸드폰을 어디에 두었는지 기억이 잘 나지 않을 때도 똑같은 문제가 발생한다. 이것은 우리 일상의 자연스러운 일부이다.

버퍼가 없는 기억 창고: 최근 기억과 빈번한 기억의 갈등

적절한 버퍼가 없는 인간의 기억 창고는 어찌 보면 사진들이 어지럽게 가득 차 있는 상자와 비슷하다. 최근 사진들은 평균적으로 위쪽에 있을 것이다. 그러나 반드시 그런 것은 아니다. 우리가 기억해내려는 것이 꽤 일반적인 개념일 때는, 예컨대 음식을 구하기에 적당한 장소를 기억해내려고 할 때는, 어제의 경험이든 1년 전 경험이든 아무 경험이나 기억해도 별 문제가 없을 것이다. 이런 경우에는 물건 상자 같은 체계로도 충분하다. 그러나 구체적이고 정확한 정보를 기억해내야 할 경우에 우리의 기억 체계는 형편없는 것이다.

최근 것과 빈번한 것의 갈등은 인간에게 거의 보편적인 또 다른 경험도 설명해준다. 사람들은 흔히 퇴근하면서 식품점에 들러야지 하고 생각했다가도 어느새 그것을 완전히 잊은 채, 그냥 집으로 차를 몰고 돌아오곤 한다. 이것은 빈번한 행동(차를 몰고 집으로 돌아가기)이 최근 목표(우유를 사 오라는 아내나 남편의 부탁)를 압도했기 때문이다.

이런 종류의 인지적 자동 조종을 예방하는 방법은 사실 그렇게 어려운 것이 아니다. 제대로 훈련받은 컴퓨터 과학자라면 누구나 그렇게 생각하겠듯이 '차를 몰고 집으로 돌아가기'와 '식료품을 사기'는 둘 다 목표에 해당하며, 모든 목표는 한 '선반' 위에 놓여 있다. 이때 컴퓨터가 하는 일은 간단하다. 사용자가 키를 누르면 첫 번째 목표(차를 몰고 집으로 돌아가기기)는 잠시 중단되고, 새로운 목표(식료품을 사기)가 선반의 꼭대기(곧 최우선 과제의 자리)에 놓인다. 그래서 이 목표가 달성되면 이것은 다시 선반에서 제거되고 이전 목표가 다시 꼭대기에 놓인다. 이렇게 하면 아무리 많은 목표라도 정확히 우선순위에 따라 차례대로 처리될 것이다. 그러나 우리 인간에게는 그런 복이 없다.

사건과 시간의 불일치

그 밖에도 인간 기억에는 또 다른 특이 사항이 있다. 그것은 무엇이 일어났는가에 대한 기억과 그 일이 언제 일어났는가에 대한 기억이 좀처럼 일치하지 않는다는 점이다. 컴퓨터나 비디오테이프는 (언제 어떤 영화가 기록되었는지 또는 언제 어떤 파일이 수정되었는지) 초 단위까지 정확히 사건의 시기를 기록할 수 있지만, 우리 인간은 몇 달 동안 큰 뉴스거리가 되었던 사건조차 그것이 몇 년도에 일어났는지 기억하기가 쉽지 않다. 예컨대 내 연령대의 사람들 사이에서는 몇 년 전 올림픽에 출전한 두 명의 피겨 스케이팅 선수와 관련된 꽤 야비한 이야기가 큰 화제가 된 적이 있었다. 한 선수의 전남편이 깡패를 동원해 다른 선수의 무릎에 부상을 입혀 그 선수가 메달을 따는 것을 막았다는 이야기였다. 이것은 언론에게 좋은 기사거리가 되었으며, 이 사건에 대한 이야기는 거의 6개월 동안 끊이질 않았다. 그러나 이제 와서 내가 평범한 사람들에게 그 사건이 언제 일어났느냐고 묻는다면 아마도 많은 사람들은 그것이 몇 월에 일어났는지는 고사하고, 몇 년도에 일어났는지조차 제대로 기억하지 못할 것이다.[10]

꽤 최근에 일어난 일들의 경우에는 간단한 원리의 방법을 통해 이 문제를 피해갈 수 있다. 그것은 최근에 일어난 일일수록 기억이 더욱 생생하다는 원리이다. 그러나 이런 생생함에도 나름의 한계가 있다. 사건이 일어난 지 몇 달 정도 지나면 생생했던 기억이 희미해지면서 사건이 일어난 시기에 대한 기억도 덩달아 희미해지기 때문이다. 주간 TV 시사프로그램인 〈60분〉의 고정 시청자들을 대상으로 이런저런 이야기들이 언제 방송되었는지에 대한 기억을 조사한 적이 있었다. 그 결과 시청자들은 두 달 전에 방영된 이야기와 일주일 전에 방영된 이야기는 제대로 구별할 수 있었다. 그러나 더 오래전에 방영된 이야기들의 경우(예컨대 2년 전에 방영된 것과 4년 전에 방영된 것을 구별해야 했을 때)에는 모든 것이 뒤죽박죽이었다.

허술한 기억에 대처하는 몇 가지 편법들

기억 재구성 전략

물론 이런 문제를 피해갈 대안이 없는 것은 아니다. 그것은 어떤 사건이 언제 일어났는지를 단순히 회상하려고 노력하는 대신에 이 정보를 추론해내려고 시도하는 것이다. 이른바 '재구성' 작업을 통해 과거로 거슬러 올라가면서, 날짜가 불분명한 사건을 우리가 잘 알고 있는 연대기적 지표에 연결시키는 것이다.

커다란 뉴스거리가 되었던 또 다른 예를 들어보자. 만약 내가 여러분에게 O. J. 심슨O. J. Simpson이 살인 혐의로 재판을 받은 해가 몇 년도인가라고 묻는다면 여러분은 아마도 이리저리 어림짐작할 수밖에 없을 것이다. 여러분은 아마도 재판과정에 대한 생생했던 기억이 점차 흐릿해지는 것을 느낄 것이다. 여러분이 사소한 것들을 유난히 잘 외우는 사람이 아니라면, 아마도 공판이 정확히 언제 열렸는지 기억하지 못할 것이다. 하지만 그 대신에 여러분은 이 사건이 모니카 르윈스키Monica Lewinsky의 추문 이전에, 그러나 빌 클린턴Bill Clinton이 대통령이 된 이후에 일어났다는 식으로 추론할 수 있을 것이다. 또는 여러분이 애인을 알게 되기 전에, 그러나 여러분이 대학에 진학한 뒤에 이 사건이 일어났다는 식으로 추론할 수 있을 것이다. 물론 이런 식의 재구성은 시도할 만한 충분한 가치가 있는 것이다. 그러나 간단히 날짜와 시간의 도장을 찍어 놓는 방법에 비해서는 서툰 방법임에 틀림없다.

출처 기억 전략

우리는 이것과 유사한 문제를 육하원칙의 마지막 물음과 관련해 생각해볼 수 있다. 그것은 '누가, 무엇을, 언제, 어디서, 왜'가 아니라 '어떻게'와 관련된 것이다. "내가 그것을 어떻게 아는가?" "내 정보의 출처는 어디인가?" "부시 정권이 이란을 침공하고 싶어 한다는 꽤 놀라운 기사를 나는 어디에서 보았는가?《뉴요커The New Yorker》에서였는가?《이코노미스트The Economist》에서였는가? 아니면 약간 과대망상적이지만 흥미로운 어느 블로그에서였는가?" 인지심리학자들은 이런 종류의 기억을 '출처 기억source memory'이라고 부르는데, 이 출처 기억은 날짜와 시간에 대한 기억과 마찬가지로 적절한 우편번호 체계가 없어 때때로 심각한 곤란을 초래한다.

예를 들어 한 심리학 실험에서 피험자들은 (세바스천 와이스도르프 Sebastian Weisdorf 같은) 사람들의 이름 목록을 큰 소리로 읽었다. 그리고 24시간 뒤에 실험자는 피험자들에게 또 다른 이름 목록을 제시하면서 거기에서 유명한 사람과 그렇지 않은 사람을 구별하라는 과제를 주었다. 목록에서 몇몇 이름은 실제로 유명 인사의 것이었고 몇몇은 꾸며낸 것이었다. 그런데 흥미롭게도 몇몇 이름은 첫 번째 목록을 바탕으로 꾸며낸 것이었다. 만약 피험자들이 훌륭한 출처 기억을 가지고 있었다면 그들은 실험자의 이 계략을 쉽게 알아챘을 것이다. 그러나 실제로 대부분의 피험자들은 특정 이름을 전에 보았다는 것만 기억할 뿐, 그것을 어디에서 보았는지는 기억하지 못했다. 그래서 그들은 세바스천 와이스도르프 같은 이름을 알아보았지만 그것을 어디에서 보았는지는 기억하지 못했다. 때문에 와이스도르프가 확실치는 않지만 진짜 유명 인사의 이름이라고 잘못 판단하였다. 만약 유권자들이 어떤 정치적인 풍문을 〈레터맨Letterman[11] 쇼〉에서 들었는지 아니면, 《뉴욕타임스New York Times》에서 읽었는지 기억하지 못한다면 똑같은 일이 훨씬 심각한 규모로 일어날 것이다.

장소법 전략

이처럼 우리가 날짜와 시간에 대한 기억을 '재구성'하는 것은 우편번호 체계가 없는 인간 기억의 단점에 대처하기 위해 사용되는 많은 편법들 가운데 하나일 뿐이다. 인터넷에서 '기억 책략memory tricks'을 검색해보면 수십 가지 책략들이 나올 것이다.

예컨대 인간은 예로부터 '장소법method of loci'이라는 것을 사용해 왔다. 만약 여러분이 긴 단어 목록을 외워야 한다면 여러분은 각 단어를 어느 익숙한 큰 건물의 각 방에 연결시킬 수 있을 것이다. 첫 번째 단어는 현관과 연결시키고, 두 번째 단어는 거실과, 세 번째 단어는 식당과, 네 번째 단어는 부엌과 연결시키는 식으로 나아간다. 세계적인 모든 기억술사들이 변형된 형태로 사용하는 이 방법은 꽤 효과적인데, 왜냐하면 각 방이 기억 인출의 상이한 맥락으로 작용하기 때문이다. 그러나 이것도 임시방편일 뿐이다.

운율과 박자를 이용한 전략

또 다른 고전적인 방법은 랩 음악처럼 운율과 박자를 이용해 기억을 돕는 것이다. 호머Homer는 육보격hexameter의 시를 읊었고 톰 레러 Tom Lehrer는 '원소들The Elements'이라는 노래("안티몬, 비소, 알루미늄, 셀렌이 있네. 그리고 수소와 산소와 질소와 레늄이 있네. ……")를 불렀다. 또한 '데이 마이트 비 자이언츠They Might Be Giants' 밴드는 '왜 태양은 빛나는가?Why Does the Sun Shine? (태양은 불타는 가스 덩어리이다The Sun Is a Mass of Incandescent Gas)'라는 커버 레코드를 가지고 있다.[12]

배우들은 종종 이 기억술을 한층 더 적극적으로 활용한다. 그들은 리듬, 구문, 각운 등의 단서를 이용해 다음 대사를 외울 뿐만 아니라, 자기가 맡은 인물이나 다른 등장인물의 동기와 행동을 강조하기도 한다. 이상적인 경우에 이것은 자동적으로 일어난다. 배우 마이클 케인Michael Caine의 말을 빌리자면, 이때 중요한 것은 특정 대사에 대해 고민하는 것이 아니라 이야기 자체에 빠지는 것이다. "다음 대사를 생각하지 않으면서 무대에 서 있을 수 있어야만 합니다. 상대 배우의 얼굴에서 대사를 읽어낼 수 있어야죠." 물론 연기자들 가운데는 이것을 비교적 잘하는 사람도 있을 것이고, 무진 애를 써야만 하는, 또는 대사 카드를 봐야만 하는 사람도 있을 것이다. 어쨌든 확실한 것은 우리가 컴퓨터처럼 쉽게 대사를 외울 수는 없다는 사실이다. 왜냐하면 우리는 기억된 정보를 끄집어내기 위해 하드디스크의 특정 구역에서 파일을 읽어내는 것이 아니라, 행운을 바라면서 되도록 많은 단서들을 꿰어 맞출 수밖에 없기 때문이다.

반복 기억 전략

어떤 것을 계속 반복해서 외우는 것은 기억을 돕기 위해 고안된 가장 오래된 방법이라고 할 만하지만, 이것도 결코 세련된 방법이라고는 말하기 어렵다. 기계적인 암기가 꽤 효과적인 까닭은 이것이 자주 일어나는 사건들을 바탕으로 기억에 접근하는 뇌의 특성을 이용한 것이기 때문이지만, 이 방법 역시 매우 조야한 것이다. 이상적인 기억 체계라면 플래시 카드를 이용하거나 오랜 암기수업에 시간을 허비할 필요 없이 정보를 한 번만 접하고도 저장할 수 있을 것이다. 사람들은 한 번만 보고도 사진처럼 상세하게 기억하는 능력에 대해 이야기하기도 하지만, 그것을 객관적으로 입증할 만한 기록은 존재하지 않는다.

왜 이렇게 우리의 기억은 허술할까?

구글의 기억 시스템: 만약 우리의 기억이 세련되게 진화했다면?

기억술 자체가 나쁜 것은 아니며 새로운 기억술을 개발할 가능성도 무궁무진할 것이다. 왜냐하면 모든 단서가 기억의 향상에 도움이 될 것이기 때문이다. 그러나 기억술에 한계를 느낄 경우, 우리에게는 또 다른 종류의 해결책이 있다. 그것은 기억의 한계에 알맞게 우리의 삶을 조정하는 것이다. 예컨대 나는 기억에 대한 요구를 줄이는 방향으로 습관을 들이는 것이 나의 제한된 정신능력에 적절히 대처할 수 있는 유일한 방법이라는 사실을 깨달았다. 나는 열쇠들을 언제나 똑같은 장소에 놓으며, 직장에 가져갈 물건들은 언제나 현관 옆에 놓는다. 나처럼 잊기 잘하는 사람에게 팜 파일럿PalmPilot은 신이 내린 선물이다. 우리가 이런저런 편법들을 사용할 수 있다는 사실은 인간 정신의 기제mechanism가 잘 설계되었음을 뜻한다기보다 오히려 그 반대이다. 인간의 기억 체계가 세련되지 않았기 때문에 이런 책략들이 필요한 것이다.

우리의 맥락 기억이 지닌 여러 문제점들을 생각할 때 과연 이런 기억 체계가 주는 이익이 (예컨대 기억의 속도가) 그것 때문에 드는 비용보다 더 큰지에 대해 의문을 갖는 것은 자연스럽다. 나는 이익이 비용보다 더 크다고 생각하지 않는다. 그것은 단순히 비용이 너무 크기 때문이 아니라, 원칙적으로 비용 없이도 이익을 얻을 수 있기 때문이다.

구글Google이 바로 그 증거다. 물론 그 밖에도 다른 많은 검색 엔진들을 예로 들 수 있을 것이다. 검색 엔진들의 밑바닥에는 우편번호 기억의 기층(지도의 방식으로 잘 조직되어 접근이 용이한 정보)이 깔려 있으며, 그 위에 맥락 기억이 설계되어 있다. 그래서 기층의 우편번호 체계는 신뢰도를 보장하는 반면에, 위에 있는 맥락 체계는 어떤 순간에 가장 필요한 기억이 무엇일지를 추론하는 역할을 한다. 만약 우리의 진화가 위치에 따라 조직된 기억 체계에서 출발했다면, 오늘날 우리는 바로 이런 형태의 기억을 가지고 있을 것이며, 그것의 이점은 상당할 것이다.

그러나 우리 조상들은 인지적 산맥의 이 부분을 전혀 정복하지 못했다. 진화 과정이 맥락 기억과 일단 마주치자 또 다른 꼭대기를 찾아 헤매는 일은 더 이상 일어나지 않았다. 그 결과 우리에게 정확하고 신뢰할 만한 기억이 필요할 때, 우리가 할 수 있는 일이란 마치 그런 것을 가지고 있는 것처럼 꾸미는 일뿐이다. 다시 말해 우편번호 기억과 비슷한 클루지를 만들어 실제로는 전혀 그렇지 않은 기층 위에 덧씌우는 것이다.

우리의 기억은 정확성보다는 속도를 중시한다

근본적으로 살펴볼 때 만약 기억이 없다면, 우리는 아무것도 하지 못할 것이다. 스티븐 핑커가 언젠가 말했듯이 "상당한 정도로 우리의 기억은 우리 자신이다." 그러나 어찌 보면, 기억은 인간 정신의 원죄에 해당하는 것이다. 매우 많은 것이 기억에 의존하고 있지만 기억은 (특히 컴퓨터의 기억과 비교해볼 때) 심할 정도로 신뢰할 수 없는 것이다.

그 이유는 우리가 컴퓨터로서가 아니라, 말 그대로 행위자로서 진화했기 때문이다. 우리는 행동하는 유기체, 세계를 지각하고 그것에 반응해 행동하는 존재다. 그리고 이런 사정 때문에 정확성보다는 속도를 중시하는 기억 체계가 발달하였다. 많은 상황에서, 특히 신속한 결정이 필요한 상황에서 최근도recency와 빈도와 맥락은 기억을 조정하기에 적합한 강력한 도구들이다. 우리 조상들은 거의 언제나 즉각적인 결정이 필요한 상황에서 살았다. 그리고 인간 이외의 거의 모든 생물들은 여전히 그렇게 살고 있다. 이런 상황에서 최근에 일어난 사건이나 자주 일어나는 사건처럼 상황적으로 중요한 사건에 대한 기억에 빠르게 접근할 수 있는 것은 먹이를 찾고 위험을 피하는 등의 여러 도전을 헤쳐 나가는 데 큰 도움이 되었다. 마찬가지로 쥐나 원숭이의 경우에도 관련된 일반 정보를 기억하는 것으로 충분할 때가 많다. 법정 증언에서 관찰되는 동기 해석의 오류나 편향에 대한 관심 따위는 여기서 전혀 문제가 되지 않는다.

그러나 오늘날 우리는 법정에서, 직장에서 또는 그 밖에 일상의 다양한 분야에서 인류 이전의 우리 조상들이 거의 접하지 않았던 종류의 요구들에 직면해 있다. 그래서 우리는 이제 열쇠를 어디에 두는지가 아니라, 마지막으로 어디에 두었는지, 특정 정보를 어디에서 얻었는지, 누가 우리에게 무엇을 언제 말했는지 등을 구체적으로 기억해야 할 필요가 있다.

우리의 기억은 맥락과 빈도와 최근도의 함수이다

물론 우리의 이런 한계가 미덕이라고 말하는 사람들도 있다. 예컨 대 기억 전문가인 헨리 뢰디거Henry Roediger는 기억의 오류가 추론을 가능케 하기 위해 필요한 대가일지 모른다고 말했다. 그런가 하면 하 버드대학의 심리학자 댄 샥터Dan Schacter는 기억의 단편성이 우리로 하여금 미래를 준비케 한다고 주장했다. "과거의 조각들을 이어 맞추 는 식으로 작동하는 기억이 기록의 완벽한 저장소 같은 기억보다 미 래의 일들을 가상적으로 상상해보는 데 더 적합할지 모른다." 그 밖 에도 사람들은 흔히 말하길, 어떤 일들은 차라리 잊는 편이 나으며, 불완전한 기억이 오히려 고통을 줄여준다고 말한다.

이런 주장들은 언뜻 그럴듯해 보이지만, 실제로 이것들을 지지하 는 증거는 찾아보기 어렵다. 인간 기억의 일상적인 오류가 특정 종류 의 이익을 가져다준다는 생각은 한 가지 요점을 놓치고 있다. 그것은 우리가 기억하지 못해서 곤란을 겪는 일들은 우리가 잊고 싶어 하는 것들이 아니라는 사실이다. 『오즈의 마법사The Wizard of Oz』 마지막 장 면에 나오는 도로시Dorothy처럼 행복한 생각들만 기억하는 이상적인 상태를 말로만 상상하기란 어렵지 않다. 그러나 실제로 많은 경우에 우리는 괴로운 기억을 (프로이트의 견해와는 달리) 쉽게 억압할 수 없 으며, 그것이 자동적으로 잊히는 것도 아니다. 우리가 무엇을 기억하 는가는 우리가 무엇을 기억하고 싶은가에 따라 결정되는 것이 아니 다. 그리고 우리가 무엇을 잊는가는 우리가 무엇을 잊고 싶은가의 문 제가 아니다. 전쟁을 치른 퇴역 군인이나 나치의 유대인 대학살을 경 험한 사람들의 예가 여실히 증명하지 않는가. 우리가 무엇을 기억하는지 그리고 무엇을 잊는지는 맥락과 빈도와 최근도의 함수이지, 내면의 평화를 얻기 위한 수단이 아니다. 불쾌한 기억들을 모두 자동적으로 삭제하는 로봇을 상상할 수는 있다. 그러나 우리 인간은 그런 식으로 설계되어 있지 않다.

기억의 결함과 관련된 보상효과

마찬가지로 오류의 경향이 있는 기억과 추론 능력 사이에는 아무런 논리적 연관이 없다. 과거 사건들에 대해 완벽한 기록을 갖고 있으면서 동시에 미래에 대해 추론할 수 있는 능력을 지니는 것은 원칙적으로 충분히 가능한 일이다. 예컨대 컴퓨터에 기초한 기상예측 체계는 바로 이런 식으로 작동한다. 왜냐하면 이것은 과거에 대한 신뢰할 만한 자료를 바탕으로 미래를 추정하기 때문이다. 만약 이 체계가 지니고 있는 기억의 질을 떨어뜨린다면 그것은 예측을 향상시키기보다 오히려 훼손할 것이다. 나아가 기억을 왜곡하는 경향이 유난히 강한 사람들이 그렇지 않은 사람들보다 더 행복하다거나, 추론을 더 잘한다거나, 미래를 예측하는 예리함을 지니고 있다는 증거는 어디에도 존재하지 않는다. 통계 자료를 근거로 상관관계를 따지자면 오히려 그 반대가 맞을 것이다. 왜냐하면 평균 이상의 기억력과 일반 지능 사이에는 상당한 상관관계가 존재하기 때문이다.

물론 그렇다고 해서 기억의 결함과 관련해 일종의 보상효과가 전혀 없는 것은 아니다. 예컨대 프로이트가 '자유 연상'이라고 부른 것은 우리에게 많은 즐거움을 선사할 수 있다. 우리는 즐거운 마음으로 기억의 조각들을 좇아갈 수 있으며, 문학이나 시를 짓는 데 이것을 활용할 수도 있다. 만약 연쇄적으로 떠오르는 이런저런 생각들이 여러분의 상상력을 자극하거든 마음껏 즐겨라!

그러나 우리의 기억이 왜곡될 수 있고 그리 신뢰할 만하지 않다는 것이 정말로 우리를 더 행복하게 만들까? 레몬을 가지고 레모네이드를 만들 수도 있지만, 처음부터 레몬을 원했는가라는 물음은 그것과 별개의 것이다.

결론적으로 말해 신속하지만 신뢰하기 어려운 맥락 기억을 토대로 우리의 추론 능력이 발달했다는 사실은 어떤 이상적인 타협의 산물이 아니다. 이것은 그저 역사적 사실일 뿐이다. 추론에 사용되는 두뇌 회로가 왜곡될 수 있는 기억을 가지고 작업하는 까닭은 그것이 진화를 통해 생겨난 유일한 토대이기 때문이다. 인간의 사려 깊은 추론에 적합하면서도 정말로 믿을 만한 기억을 갖추려면 진화의 과정이 처음부터 다시 시작되어야만 할 것이다. 만약 그런 체계가 존재한다면 그것은 정말로 강력하고 세련된 것이겠지만, 또한 그것은 간단히 말해 진화를 통해 이루어질 수 없는 것이다.

오염된 신념

속아 넘어가도록 타고난 사람들

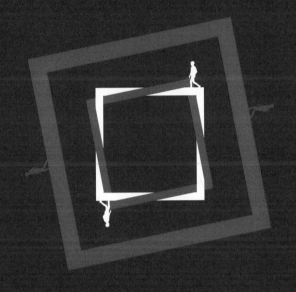

KLUGE 2

앨리스는 웃으며 말했다.

"그렇게 애쓸 필요 없어요. 불가능한 것들을 믿을 수는 없잖아요."

그러자 여왕은 대답했다.

"보아하니 너는 경험이 많지 않은 것 같구나.

나는 어렸을 때 매일 반 시간씩 그렇게 했단다. 왜냐하면 나는

때때로 아침을 먹기 전에 불가능한 것들을 여섯 가지나 믿곤 했기 때문이지."

— 루이스 캐럴Lewis Carroll, 『이상한 나라의 앨리스Alice's Adventures in Wonderland』

"당신은 다른 사람들이 당신을 좋아하고 칭찬하기를 바랍니다. 하지만 당신은 자기 자신에 대해 비판적인 편입니다. 당신에게는 몇 가지 성격적인 결함들이 존재하지만 당신은 대체로 그것들을 보완할 수 있는 능력을 지니고 있습니다. 당신에게는 아직 활용하지 않은 많은 잠재력이 있습니다. 당신은 절제할 줄 알고 자기통제력이 있어 보이지만, 속으로는 걱정과 불안이 많은 편입니다."

만약 내가 여러분에 대해 이와 같은 진단을 내렸다면 여러분은 이 말을 믿겠는가? 이것은 버트럼 포러Bertram Forer라는 심리학자가 점성술을 흉내 내어 만든 것이다. 포러가 밝히고자 했던 것은 사람들이 막연한 일반론을 과잉 해석하여, 실제로는 그렇지 않은데도 마치 그것이 (특별히) 자기 자신에 대한 것인 양 믿는 경향이 있다는 점이다. 특히 이런 막연한 기술에 몇 가지 긍정적인 속성들이 포함되어 있을 경우에, 이런 종류의 함정은 더욱 강력해진다. 방송 전도사들이나 심야의 정보 광고들도 똑같은 방법으로 우리에게 접근한다. 그들은 불

특정 다수에게가 아니라, 청취자 개개인에게 말하고 있는 것 같은 인상을 풍기려고 애를 쓴다. 우리 인간이라는 종은 너무 쉽게 속아 넘어간다. 이 장은 본질적으로 그 이유에 관한 것이다.

우리가 논의하고 평가하며 성찰의 대상으로 삼을 수 있는 어떤 신념을 명백한 형태로 가질 수 있는 능력은 언어와 마찬가지로 진화의 최근 산물이다. 이것은 인간에게는 보편적이지만 대부분의 다른 종들에게는 희귀한, 또는 아마도 결여된 능력이다.[1] 하지만 최근의 것이라고 해서 여러 결함이 수정되었을 것이라고 생각한다면 그것은 큰 오산이다. 우리 인간이 신념을 가질 수 있는 능력은 절대적 진리를 발견하고 부호화하는 객관적인 기계처럼 작동하는 것이 아니라, 무계획적인 진화의 흉터를 고스란히 지니고 있으며, 감정, 기분, 욕구, 목표, 사리사욕 따위에 오염되어 있다. 게다가 기억의 특이한 경향들에 놀라울 정도로 취약하다. 우리는 매우 속기 쉬운 존재인데, 이렇게 볼 때 신념과 관련된 우리의 능력은 훌륭한 공학의 산물이라기보다 진화의 편법에 가깝다는 인상을 풍긴다. 한마디로 말해 신념과 관련된 우리의 능력을 떠받치는 체계는 한편으로 강력한 것이지만, 다른 한편으로 미신, 조작, 오류에 취약한 것이기도 하다. 이것은 결코 하찮은 문제가 아니다. 신념 때문에, 그리고 그것을 평가하는 데 사용되는 불완전한 신경 도구 때문에, 가정불화와 종교 분쟁과 심지어 전쟁까지도 일어나지 않는가.

정신적 오염

인간의 신념은 진화의 재고품들로 형성되었다

원칙적으로 따지자면 어떤 신념을 가지고 있는 유기체는 그 신념이 어디서 생겼는지, 그리고 그것을 지지하는 증거들이 얼마나 강력한지에 대해 명확히 이해하고 있어야 할 것이다. 콜게이트Colgate가 좋은 치약이라는 나의 신념은 어디에서 비롯되었는가?《컨슈머리포츠 Consumer Reports》에서 실시하고 발표한 이중 맹검盲檢을 내 나름대로 분석한 결과인가? 아니면 내가 콜게이트 광고를 좋아하기 때문인가? 아니면 콜게이트와 기타 '대표 상품'들을 내가 직접 비교해본 결과인가? 나는 이 물음에 답할 수 있어야 하지만 실제로는 그렇지 못하다.

우리 인간의 신념은 진화의 과정 속에서 주로 다른 목적을 위해 진화된 '재고품'들을 바탕으로 생겨난 것이다. 때문에 우리는 종종 이런저런 신념들이 어디에서 비롯되었는지 스스로도 알지 못하며, 나아가 우리가 부적절한 정보의 영향을 얼마나 크게 받는지 전혀 눈치 채지 못하곤 한다.

예를 들어 대학생들은 잘생긴 교수가 가르치기도 잘한다고 평가하는 경향이 있다. 우리는 어떤 사람에 대해 한 측면에서 긍정적인 느낌을 받으면 그것을 자동적으로 일반화해서, 그 사람의 다른 속성들까지 긍정적으로 평가하는 경향이 있다. 심리학자들은 이것을 '후광효과halo effect'라고 부른다. 이것은 반대의 경우도 마찬가지여서, 만약 우리가 어떤 사람에 대해 부정적인 특성을 발견하게 되면 우리는 그 사람의 나머지 속성들도 부정적일 것이라고 추측하는 경향이 있다. 일종의 '갈퀴효과'인 셈이다. 그런가 하면 정말로 안타까운 한 연구에서는 사람들에게 집단에 따라 두 아이 가운데 한 아이의 사진을 보여주었다. 한 아이는 매력적인 외모를 하고 있었고, 다른 한 아이는 그렇지 않았다. 이때 실험자는 피험자들에게 사진 속의 아이가 다른 아이에게 돌이 든 눈뭉치를 던졌다는 이야기를 해주면서 이 아이의 행동을 해석해볼 것을 요구하였다. 그러자 그리 매력적이지 않은 외모의 아이 사진을 본 사람들은 그 아이가 흉악한 성품을 지녔다고 해석했으며, 나아가 학교를 개혁해야 한다는 주장까지 나왔다. 반면에 매력적인 아이의 사진을 본 사람들은 예컨대 그 아이에게 오늘 안좋은 일이 있었을 것이라는 식으로 더 이해심 많은 평가를 내렸다. 그 밖에도 많은 연구들의 일치된 결론은 입학이나 취업을 위한 면접, 승진 등등에서 매력적인 사람들이 그렇지 않은 사람들보다 더 많은 행운을 누린다는 것이다. 이 모든 연구들은 심미적인 요인이 신념의 형성 과정에 개입하는 잡음으로 작용한다는 사실을 보여준다.

그런가 하면 사람들은 (신체적으로) '더 유능해 보이는' 후보에게 투표하는 경향이 있다. 그리고 모든 광고주들이 너무나도 잘 알고 있듯이 우리는 매력적인 사람이 특정 상표의 맥주를 마시는 것을 보면 그것을 더 많이 구매하는 경향이 있으며, 마이클 조던Michael Jordan처럼 뛰어난 운동선수가 특정 운동화를 신고 있는 것을 보면, 그것을 사고 싶은 마음이 더 생기는 경향이 있다. 수많은 십대들이 '마이크Mike처럼 되려고' 특정 상표의 운동화를 사는 것은 비합리적이라고 말할 수 있겠지만, 역설적으로 나이키가 조던의 추천을 확보하기 위해 수백만 달러를 쏟아붓는 것은 후광효과를 고려할 때 지극히 합리적이다. 특히 충격적인 최근의 한 연구에서는 3~5세의 아이들에게 당근, 우유, 사과주스 같은 음식에 대해 평점을 매기도록 했는데, 이들은 똑같은 음식이 맥도널드 포장에 싸여 있었을 때 더 높은 점수를 주었다. 책에는 당연히 표지가 있고 당근은 스티로폼 포장에 싸여 있다. 우리는 모두 속아 넘어가도록 타고 난 셈이다.

후광효과와 갈퀴효과의 원리

후광효과는 (그리고 그것의 부정적인 역효과는) 실제로 더 일반적인 현상의 특수 사례일 뿐이다. 무엇이든 우리 마음속에 떠돌고 있는 것이라면, 심지어 머릿속에 떠도는 한두 마디 말조차 우리의 지각과 신념에 영향을 미칠 수 있다. 예컨대 내가 여러분에게 다음과 같은 단어 목록을 외우도록 요구했다면 과연 무슨 일이 벌어질까? "가구, 확신하는, 구석, 모험적인, 의자, 탁자, 독립적인, 텔레비전." 벌써 느꼈는가? 만약 여러분이 이 목록을 정말로 외우려고 노력한다면 더 재미있는 일이 벌어질 것이다.

이제 도널드라는 사람에 대해 쓴 다음 글을 읽어보자.

도널드는 이른바 자극적인 것을 추구하는 데 많은 시간을 쓴다. 그는 이미 매킨리산을 등정했으며 카누를 타고 콜로라도강의 급류를 타고 내려간 적도 있다. 그런가 하면 자동차 파괴 경기에도 출전했으며 보트에 대해 많이 알지도 못하면서 제트엔진이 달린 보트를 운전하기도 했다. 그는 몇 번이나 부상과 심지어 죽음의 위험에 처하기도 하였다.

요즘 그는 새로운 자극을 찾고 있다. 그는 스카이다이빙을 해보거나 아니면 돛단배를 타고 대서양을 횡단할까 생각 중이다.

이제 여러분의 이해력을 검사하는 의미에서 도널드의 특성을 한 개의 단어로 요약해보라. 여러분의 머릿속에 떠오르는 단어는 아마도 …… 주석을 참조하라.[2] 만약 여러분이 사전에 약간 다른 단어 목록(예를 들어 "가구, 자만하는, 구석, 무모한, 의자, 탁자, 무관심한, 텔레비전"이라는 목록)을 암기했다면, 아마도 다른 단어가 먼저 떠올랐을 것이다. 곧 '모험적인'이 아니라 '무모한'이라는 단어가 떠올랐을 확률이 크다. 어쩌면 도널드는 모험적이기도 하고 무모하기도 하다고 충분히 말할 수 있을 것이다. 그러나 이 두 단어가 함축하는 의미는 매우 다르다. 여기서 우리가 알 수 있는 것은 사람들이 어떤 사람을 특징 지을 때 이미 자기 머릿속에 있던 것과 관련짓는 경향이 있다는 사실이다. 결국 도널드에 대한 여러분의 인상은 이 상황과 전혀 무관해야 할 정보 조각에 의해 좌우된 셈이다.

초점 맞추기 착각

또한 '초점 맞추기 착각focusing illusion'이라고 불리는 현상은 단순히 사람들의 주의를 이런저런 정보로 돌림으로써 사람들의 생각을 조작하는 일이 얼마나 쉬운지를 보여준다.

간단하면서도 흥미로운 한 연구에서 대학생들은 두 질문에 대답해야 했다. "당신은 전반적으로 얼마나 행복한 삶을 살고 있다고 생각합니까?" "당신은 지난달에 데이트를 몇 번 했습니까?" 한 집단의 대학생들은 바로 위와 같은 순서로 두 질문을 받은 반면에, 다른 집단의 대학생들은 두 질문을 반대 순서로 받았다. 그 결과 행복에 관한 질문을 먼저 들은 집단에서는 사람들의 대답 사이에 상관관계가 거의 존재하지 않았다. 데이트를 많이 하지 못한 사람들 가운데도 자기가 행복하다고 응답한 사람들이 적지 않았으며, 데이트를 많이 한 사람들 가운데도 몇몇은 자기가 불행하다고 응답했다. 그러나 질문의 순서를 뒤바꾸자 사람들의 초점은 분명하게 낭만에 맞추어졌다. 졸지에 사람들은 행복을 연애와 무관한 것으로 볼 수 없게 된 것이었다. 그래서 데이트를 많이 한 사람들은 자기가 행복하다고 생각했고 데이트를 많이 하지 못한 사람들은 자기가 불행하다고 생각했다. 결론적으로 말해 데이트에 관한 질문을 먼저 받은 경우에 행복에 대한 사람들의 판단은 데이트 횟수와 높은 상관관계를 보였다. 그러나 행복에 관한 질문을 먼저 받은 경우에는 그렇지 않았다.

어쩌면 여러분은 이것이 그리 놀랍게 여겨지지 않을지 모른다. 그러나 이것은 놀라운 결과다. 왜냐하면 이것은 우리의 신념이 실제로 얼마나 무른지를 잘 보여주기 때문이다. 자기 자신에 대한 내면적인 느낌조차 우리의 초점이 마침 그때 어디에 맞추어져 있는가에 따라 영향을 받을 수 있는 것이다.

신념, 변덕스러운 기억에 오염되다

중요한 것은 우리의 모든 신념이 예측하기 어려운 맥락 기억의 여과작용을 거친다는 사실이다. 이전에 형성된 신념이 곧바로 머릿속에 떠오르는 경우도 있지만, 그렇지 않은 경우에는 그때그때 머리에 떠오르는 기억을 바탕으로 우리의 신념을 계산해내지 않으면 안 된다.

그러나 신념이 변덕스러운 기억에 얼마나 많이 오염될 수 있는지를 제대로 깨닫고 있는 사람은 그리 많지 않다. 데이트에 관한 질문을 먼저 받았던 학생들을 생각해보라. 아마도 그들은 자기가 행복에 관한 두 번째 질문에 대해 최대한 객관적으로 대답했다고 생각했을 것이다. 이 두 번째 질문에 대한 대답이 첫 번째 질문에 대한 대답 때문에 편향될 수도 있다는 사실을 깨달은 학생이 있다면, 그는 자기의식이 예외적으로 강한 학생일 것이다. 정신의 오염이란 이처럼 알아차리기 어려운 것이다. 우리가 객관적으로 처신하고 있다는 우리의 주관적 인상은 객관적 현실과 좀처럼 일치하지 않는다. 우리가 객관적으로 사고하려고 아무리 애를 써도 인간의 신념은 기억에 의해 매개되기 때문에, 우리가 아주 어렴풋이 의식하는 사소한 것들의 영향에서 결코 벗어날 수 없다.

교통체증과 부부싸움의 공통점

공학의 관점에서 볼 때 만약 우리가 진화를 통해 맥락 기억과 함께 기억의 창고를 체계적으로 탐색하는 방법을 갖추고 있었다면, 우리의 처지는 훨씬 좋았을 것이다. 여론조사의 자료가 모집단의 전형적인 단면에서 수집되었을 때 가장 정확하듯이, 인간의 신념은 균형잡힌 증거들에 기초할 때 가장 건전할 것이다. 그러나 아쉽게도 진화는 편향되지 않은 표본이라는 통계학적 개념을 결코 발견하지 못했다.

우리는 흔히 무슨 기억이든 가장 최근의 것을, 또는 가장 쉽게 기억나는 것을 다른 자료보다 훨씬 중요하게 여긴다. 예컨대 나는 최근에 시골길을 운전하면서 다음 모텔에 도착할 때까지 얼마나 걸릴지 생각해본 적이 있었다. 그러면서 교통이 원활할 때면 나는 다음과 같이 생각했다. "외곽 고속도로에서 시속 80마일로 달리고 있네. 1시간이면 도착하겠는걸." 그러다 공사 때문에 도로가 막히면 나는 다음과 같이 계산했다. "이러면 안 되는데. 2시간은 걸리겠구먼." 그러나 묘하게도 나는 이 두 자료의 평균을 내어 다음과 같이 생각하지는 못했다. "때로는 교통이 원활하고 때로는 막히네. 그러면 상황이 좋을 때와 나쁠 때를 고려해 1시간 30분쯤 걸린다고 봐야겠지."

살다보면 흔히 겪는 대인 간의 마찰도 적지 않은 부분은 우리가 수집한 표본이 현실을 얼마나 잘 대표하고 있는지에 대해 과신하는 데서 비롯한다. 우리는 종종 누가 설거지할 차례인지에 대해 배우자나 룸메이트와 다투곤 하는데, 이럴 때면 우리는 흔히 자기가 이전에 설거지한 일은 잘 기억하면서 상대방이 설거지한 일은 (자기도 모르게) 잘 기억하지 못한다. 어쨌든 우리의 기억은 일차적으로 우리 자신의 경험에 초점이 맞춰지도록 조직된다. 하지만 이런 불균형을 상쇄하기 위한 조치는 거의 취해지지 않는다. 때문에 우리는 우리 자신이 전반적으로 더 많은 일을 했다고 믿게 되고, 독선적인 확신 속에 불끈 화를 내기까지 한다. 여러 연구에 따르면 집안일을 함께 하기이든 학술논문의 공동 집필이든 거의 모든 협동 작업에서 주관적으로 지각된 각 개인의 공헌의 합은 실제로 수행된 작업의 총량을 초과한다. 우리는 다른 사람이 한 일은 잘 기억하지 못하면서 자기가 한 일은 잘 기억한다. 때문에 누구나(심지어 요령만 피우던 게으름뱅이도) 다른 사람이 부당하게 이익을 취하고 있다는 느낌을 받게 된다. 만약 우리의 자료 표본(곧 우리의 기억)이 제한된 것이라는 점을 깨닫는다면 우리 모두는 훨씬 더 관대해질 것이다.

닻 내림 효과

정신적 오염은 매우 강력한 것이어서 전혀 상관없는 정보가 우리를 좌지우지하는 일도 드물지 않게 일어난다. 한 선구적인 실험에서 심리학자 아모스 트버스키Amos Tversky와 대니얼 카너먼Daniel Kahneman은 1에서 100까지의 숫자가 적힌 원판을 돌리면서, 피험자들에게 이 원판 돌리기의 결과와 아무 상관이 없는 질문을 던졌다. "유엔에 가입한 아프리카 국가들은 몇 퍼센트인가요?" 대부분의 참가자들은 답을 확실히 알 수가 없어서 어림짐작을 해야 했으므로 이것은 꽤 공평한 과제였다. 그러나 이들의 추정치는 원판의 숫자에 따라 큰 영향을 받았다. 원판의 숫자가 10이었을 때 유엔과 관련된 질문에 대한 대답은 평균적으로 25퍼센트였다. 그러나 원판이 65를 가리켰을 때 대답은 평균 45퍼센트였다.[3]

'닻 내림과 조정anchoring and adjustment'이라고 알려진 이 현상은 여러 곳에서 관찰된다. 시험 삼아 다음을 해보라. 여러분의 핸드폰 번호 끝자리 세 개에 400을 더하라. 그렇게 했으면 이제 다음 질문에 답하라. "유럽을 침입한 훈Huns족의 왕 아틸라Attila가 결정적으로 패배한 것은 몇 년도인가요?" 자신의 전화번호에 400을 더한 값이 600 미만인 사람들은 이 질문에 대해 평균 서기 629년이라고 추측했다. 반면에 자신의 전화번호 더하기 400이 1200~1399 사이인 사람들은 평균적으로 서기 979년이라고 답했다. 무려 350년의 차이가 난 것이다.[4]

사소한 차이로 달라지는 선택

도대체 이런 일이 왜 일어날까? 전화번호나 원판 돌리기의 숫자가 역사나 유엔 구성에 관한 견해에 왜 영향을 미칠까? 닻 내림과 조정의 과정이 일어날 때 사람들은 임의의 출발점에서 시작해 자기가 원하는 답을 찾을 때까지 이동한다. 만약 원판 돌리기의 결과가 10이면 사람들은 (아마도 무의식적으로) 다음과 같은 물음에서 시작한다. "10이 유엔에 관한 질문의 답으로 그럴듯한가?" 그래서 10이 그럴듯해 보이지 않으면 사람들은 그럴듯해 보이는 값을 (예컨대 25를) 찾을 때까지 수치를 점점 올린다. 만약 원판 돌리기에서 65라는 숫자가 나왔다면 사람들은 아마도 반대 방향으로 답을 찾을 것이다. "65가 답으로서 그럴듯한가? 55는 어떤가?" 문제는 우리가 임의로 선택된 출발점에 준거하기 때문에 때로는 전혀 그럴듯하지 않은 답을 내놓을 수도 있다는 사실이다. 낮은 수치에서 출발하면 그럴듯해 보이는 가장 낮은 수치에 이를 것이고 높은 수치에서 출발하면 그럴듯해 보이는 가장 높은 수치에 이를 것이다. 사람들은 가장 현명한 답을 찾기 위해, 즉 그럴듯해 보이는 범위의 중간 값을 구하는 식으로 전략적으로 행동하지 않는다. 만약 정답이 25~45 사이일 것이라고 생각한다면, 왜 25 또는 45라고 말하는가? 그것보다는 35라고 말하는 것이 정답이 될 확률이 클 것이다. 그러나 닻 내림과 조정의 심리에 따르는

사람들은 실제로 그렇게 행동하지 않는다.[5]

닻 내림 효과가 심리학자들의 큰 관심을 끈 것은 사실이지만, 이것이 주변 정보 또는 심지어 전혀 무관한 정보가 신념과 판단에 영향을 미칠 수 있음을 보여주는 유일한 사례는 결코 아니다. 또 다른 예를 들어보자. 한 실험에서 펜이 입술에 닿지 않도록 가볍게 펜을 치아로 문 사람들은 입술을 오므려 펜을 문 사람들보다 제시된 만화를 더 재미있다고 평가하였다.

왜 그럴까? 여러분 스스로 거울을 쳐다보면서 다음 지시를 따라 해보면, 그 이유를 짐작할 수 있을 것이다. 펜이 입술에 닿지 않도록 가볍게 펜을 이빨로 물고 있어라. 그런 상태에서 여러분의 입술 모양을 보라. 그러면 여러분이 미소 지을 때처럼 입가가 위로 올라간 것을 볼 수 있을 것이다. 그러면 맥락 의존적인 기억의 영향 때문에 위로 향한 입술은 자동적으로 행복한 생각을 유발하는 경향이 있다.

이와 비슷한 실험에서는 사람들에게 평소 잘 사용하지 않는 손(곧 오른손잡이는 왼손)으로 유명 인사들의 이름을 최대한 빨리 쓰면서 동시에 이들을 특정 범주에 따라 (좋아한다, 좋아하지 않는다, 어느 쪽도 아니다) 분류하라는 과제를 주었다. 이때 한 집단은 그들이 잘 사용하는 손의 손바닥을 아래로 향하게 하여 탁자 윗면을 짚은 채 이 과제를 수행해야 했고, 다른 한 집단은 그들이 잘 사용하는 손의 손바닥을 위로 향하게 하여 탁자 아랫면을 짚은 채 이 과제를 수행해야 했다. 그 결과 손바닥을 위로 향했던 사람들은 유명 인사들을 긍정적으로 더 많이 분류한 반면, 손바닥을 아래로 향했던 사람들은 유명 인사들을 부정적으로 더 많이 분류하였다. 왜 그랬을까? 손바닥을 위로 향했던 사람들은 상대에게 긍정적으로 '접근'하는 자세를 취하게 된 반면에 손바닥을 아래로 향했던 사람들은 상대를 '회피'하는 자세를 취하게 되었기 때문이다. 경험적인 연구 결과들은 이렇게 사소한 차이가 일상적으로 우리의 기억과 나아가 신념에 영향을 미친다는 사실을 보여준다.

단순한 친숙 효과

오염의 또 다른 원천은 일종의 편리한 사고방식, 곧 사람들이 자신에게 친숙한 것을 좋은 것이라고 믿는 경향이다. 이른바 '단순한 친숙 효과mere familiarity effect'라는 기묘한 현상을 예로 들어보자. 사람들은 한자 글자 같은 것을 평가하라고 하면, 처음 보는 글자보다 이전에 보았던 글자를 더 긍정적으로 평가하는 경향이 있다. 그런가 하면 최소한 12개 언어로 반복 실험된 연구에서 사람들은 자기 이름에 들어간 글자에 대해 놀라울 정도로 애착을 보였다. 그들은 이런 글자가 포함된 단어를 그렇지 않은 단어보다 더 긍정적으로 평가했다. 내 동료 가운데 한 명은 사람들이 유명한 그림을 좋아하는 이유가 그것이 아름답기 때문이라기보다, 친숙하기 때문일지 모른다는 상당히 과격한 주장을 펴기도 하였다.

우리 선조들의 관점에서 보자면 친숙한 것을 선호하는 편향은 충분히 의미가 있을 수 있다. 우리 조상의 조상의 조상이 알았고 또 그를 해치지 않았던 것이라면 그가 몰랐던 것(그리고 어쩌면 그를 해칠지도 모르는 것)보다 안전한 것일 확률이 높다. 친숙한 것을 선호하는 행동은 우리 선조들의 일상 속에서 적응에 도움이 되는 것으로 선택된 것일지 모른다. 자기가 잘 아는 것을 선호하는 생물은 신기한 것을 지나치게 좋아하는 생물보다 더 많은 새끼를 낳게 되었을지 모른다. 이와 비슷하게 사람들은 스트레스를 받으면 위안이 되는 음식을, 대체로 평소에 가장 즐겨 먹던 음식을 찾는 경향이 있는데, 이것도 진화적 적응의 관점에서 쉽게 가설적으로 설명할 수 있을 것이다.

미학의 영역에서는 사람들이 이미 친숙한 것을 더 좋아한다고 해서 실제로 문제가 될 것은 없다. 내가 이 한자를 좋아하든 저 한자를 좋아하든 그것은 정말로 중요하지 않다. 마찬가지로 내가 1970년대의 디스코 음악을 좋아하는 이유가 도나 섬머Donna Summer의 뛰어난 음악성 때문이 아니라, 그것이 그저 친숙하기 때문이라고 하더라도 전혀 문제될 것이 없다.

왜 정치가들은 쓸모없는 정책을 고집할까?

그러나 우리가 친숙한 것에 집착하는 것이 문제가 될 수도 있다. 특히 이것이 우리의 이른바 합리적인 의사결정에 얼마나 큰 영향을 미치는지 깨닫지 못할 때 심각하다. 실제로 이것의 부작용이 세계적인 규모에서 문제가 될 수도 있다. 예컨대 사람들은 이미 실행되고 있는 정책을 그렇지 않은 정책보다 선호하는 경향이 있다. 이는 기존 정책이 잘 작동하고 있음을 증명하는 객관적인 자료가 없을 때에도 그러하다. 특정 정책의 비용과 이득을 분석하는 대신에 사람들은 종종 "이미 있는 것이라면 어떻게든 작동하고 있을 것이다."라는 단순한 판단술을 적용하곤 한다.

최근의 한 연구에 따르면 사람들은 현재 무슨 정책이 실시되고 있는지에 대해 전혀 알지도 못하면서 이렇게 행동한다. 이스라엘의 연구팀은 대부분의 사람들이 잘 모르는 많은 정책들과 지역 법령들을 가지고 실험을 하였다. 실제로 사람들은 이 정책들을 잘 몰랐기 때문에 실험자가 제시하는 것을 덮어놓고 믿을 수밖에 없었다. 그런 상황에서 연구자들은 사람들이 '진리'라고 믿게 된 것에 대해 얼마나 큰 집착을 보이는지 검사하였다. 피험자들은 예컨대 도둑고양이에게 먹이를 주는 일 등에 대한 정책을 평가하라는 과제를 부여받았다. 도둑고양이에게 먹이를 주는 일은 법률적으로 문제가 없는가 아니면 불법인가? 이때 실험자들은 한 집단의 피험자들에게는 도둑고양이에게 먹이를 주는 일이 현재 합법적이라고 이야기했고, 다른 한 집단에게는 불법이라고 이야기했다. 그런 다음 피험자들에게 기존 정책을 바꾸어야 하는지를 물었다. 그러자 대부분의 사람들은 기존 정책이 무엇이든 그것을 선호했으며, 더 나아가 기존 정책이 대안 정책보다 왜 더 나은지에 대한 근거들을 열거하였다.

미술 교육에 대한 허구적 규정을 소재로 한 실험에서도 결과는 비슷했다. "학생들의 미술 교육 시간은 5시간이 적당한가 아니면 7시간이 적당한가? 현재 규정에는 X시간으로 되어 있다." 이렇게 친숙한 것을 선호하는 경향은 훨씬 중요한 이해관계가 걸린 현실 세계에서도 당연히 나타난다. 이것은 왜 현직에 있는 사람이 선거에서 거의 언제나 유리한 위치에 있는지를 설명해준다. 심지어 현직에 있다가 최근에 고인이 된 사람이 살아 있는 경쟁자를 이기는 일도 있지 않은가.[6]

위협적인 상황에서 강화되는 친숙 효과

친숙한 것에 매달리는 경향은 우리가 처한 상황이 위협적일수록 더욱 강해진다. 위안이 되는 음식을 찾는 것이 이 경우에 대표적인 예가 될 수 있다. 다른 조건들이 동일할 때 위협적인 상황에 처한 사람들은 그들 자신의 집단, 목적, 가치 등에 평소보다 더 강력하게 집착하는 경향이 있다.

예컨대 한 실험 연구에서는 사람들에게 자신의 죽음에 대해 깊이 생각하도록 하였다. "만약 당신이 죽는다면 당신에게 무슨 일이 일어날 것이라고 생각하는지를 최대한 자세하게 적으시오." 그러자 대부분의 사람들은 종교적으로나 인종적으로 자기와 같은 집단의 사람들에게는 평소보다 더 친절한 태도를 취한 반면에, 자기와 다른 집단의 사람들에게는 더 부정적인 태도를 취했다.

그런가 하면 죽음에 대한 공포는 사람들의 정치적·종교적 신념을 더욱 극단화하는 경향이 있다. 자신이 언젠가 죽을 수밖에 없다는 사실에 주목하게 된 애국주의적인 미국인들은 성조기를 체sieve로 쓸 수 있다는 생각에 (통제집단의 애국주의자들보다) 더 소스라치게 놀랐으며, 자신의 죽음에 대해 깊이 생각해볼 것을 요구받은 독실한 기독교인들은 십자가를 망치 대용으로 쓰는 사람에 대해 (통제집단의 독실한 기독교인들보다) 덜 관대한 태도를 보였다. 그러나 우리는 방금 전에 죽음에 대해 생각했을 때 지갑을 열어 더 많은 자비를 베풀기도 한다. 또 다른 연구에 따르면 사람들은 위기의 시기에 소수집단에게 더 부정적인 태도를 취하는 경향이 있다. 게다가 기묘하게도 이것은 다수집단의 성원들만 그런 것이 아니라, 소수집단의 성원들 자신도 그러하다.

사람들은 자신의 이해관계에 심각한 손상을 입힌 정권을 인정하거나 심지어 사랑하기까지 한다. 심리학자 존 조스트John Jost가 말했듯이 "봉건제도, 십자군 전쟁, 노예제도, 공산주의, 남아프리카의 인종차별 정책, 탈레반Taliban 정권 등을 체험한 사람들 가운데 많은 사람들은 자신들의 체제가 비록 불완전했지만 도덕적으로 정당했으며, 그들이 상상할 수 있는 대안 체제보다 더 낫다고 믿었다." 이쯤 되면 정신적 오염은 매우 심각한 문제가 아닐 수 없다.

말썽꾸러기 생각 도구

반사 체계와 숙고 체계의 변주

초점 맞추기 착각, 후광효과, 닻 내림과 조정, 친숙효과 등 지금까지 살펴본 정신적 오염의 예들은 모두 이 책 전체에 걸쳐 자주 언급될 중요한 구별을 강조하고 있다. 곧 우리의 사고는 크게 두 종류로 나눌 수 있다. 하나는 빠르고 자동적이며 주로 무의식적으로 진행되는 사고이고, 다른 하나는 신중하고도 판별력 있게 천천히 진행되는 사고이다.

나는 첫 번째 종류의 사고를 '선조 체계ancestral system' 또는 '반사 체계reflexive system'라고 부르고자 하는데, 이것은 우리가 이것을 의식하든 의식하지 않든 빠르고 자동적으로 전개되는 듯하다. 그리고 나는 두 번째 종류의 사고를 '숙고 체계deliberative system'라고 부르고자 한다. 왜 냐하면 이 체계가 하는 일이란 어떤 일에 대해 곰곰이 생각하고 살펴 며 심사숙고하여 (때로는 제대로 때로는 그릇되게) 판단을 내리는 것이 기 때문이다.

반사 체계는 숙고 체계보다 분명히 더 오래된 것이며, 거의 모든 다세포생물에게서 이런저런 형태로 발견된다. 이것은 울퉁불퉁한 길 을 걸을 때 걸음걸이를 자동으로 조정하거나, 오랜만에 보는 옛 친구 를 금세 알아차리는 것 같은 일상적인 행동의 바탕을 이루고 있다. 반면에 우리의 목표와 선택의 논리를 의식적으로 따지는 숙고 체계 는 훨씬 뒤늦게 생긴 것으로, 아주 소수의 종들만, 어쩌면 인간만 지 니고 있는 것이다.

우리가 알고 있는 바로는 이 두 체계의 신경적 기초는 매우 다르 다. 반사 체계의 일부는 소뇌, 운동 통제와 관련된 기저핵basal ganglia, 정서와 관련된 편도체amygdala와 같은 진화적으로 오래된 뇌 체계에 의존하고 있다. 반면에 숙고 체계는 기본적으로 전뇌forebrain에, 특히 다른 포유동물에서도 작게나마 발견되는 전전두피질prefrontal cortex에 근거하는 듯하다.

내가 이 두 번째 체계를 '합리적rational' 체계가 아니라 굳이 '숙고 deliberative' 체계라고 부르는 까닭은 이 체계가 정말로 합리적인 사고 를 가능케 한다는 보장이 없기 때문이다. 이 체계는 원칙적으로 상당 히 영리하게 작동할 수 있지만, 때때로 결코 이상적이라고 할 수 없 는 추론에 만족하곤 한다. 이런 의미에서 숙고 체계는 최고 법원과 비슷한 면이 있다고 말할 수도 있겠다. 왜냐하면 최고 법원의 결정이 항상 현명한 것은 아니겠지만, 적어도 현명하게 판별하려는 의도는 항상 존재하기 때문이다.

거꾸로 우리는 반사 체계가 비합리적일 것이라고 가정하지 말아야 할 것이다. 이것이 숙고 체계보다 근시안적인 것은 틀림없지만, 만약 이것이 완전히 비합리적인 체계였다면 이것은 아예 존재하지도 않았을 것이다. 비록 이것의 결정이 주의 깊은 사고의 결과인 것은 당연히 아니지만, 대부분의 경우에 반사 체계는 이것이 할 일을 잘 수행한다. 또한 반사 체계를 정서와 동일시하는 것은 언뜻 그럴듯해 보일지 몰라도 위험한 것이다. 공포 등의 많은 정서는 반사적이라고 주장할 수 있겠지만, 남의 불행을 고소해하는 마음처럼 반사적이지 않은 정서도 있기 때문이다. 게다가 반사 체계의 매우 많은 부분은 정서와 별로 상관이 없다. 우리가 계단에서 발을 헛디뎌 본능적으로 난간을 붙잡을 때 반사 체계는 분명히 우리의 안전에 긴요한 것이지만, 이것은 정서와 아무 상관 없이 일어날 것이다. 반사 체계는 (어쩌면 실제로는 여러 개의 반사 체계들은) 경험을 바탕으로 (정서적으로든 아니면 다른 방식으로든) 신속한 판단을 내리며, 이것은 감정 자체와는 다른 것이다.

선조 체계의 강력한 영향력

비록 숙고 체계가 진화의 최근 산물로서 더 정교한 것은 사실이다. 그러나 이것의 결정은 덜 객관적인 반사 체계가 제공하는 간접 정보에 거의 언제나 의존한다. 그래서 숙고 체계의 지배력에는 한계가 있을 수밖에 없다. 우리가 아무리 주의 깊게 추론하려고 애를 써도 컴퓨터과학자들이 흔히 말하듯이 "쓰레기를 넣으면 쓰레기가 나온다." 다시 말해 선조 체계가 균형 잡힌 자료를 건네리라는 보장은 존재하지 않는다. 게다가 더 심각한 것은 우리가 스트레스를 받거나 피곤하거나 마음이 산란한 경우에 숙고 체계는 가장 먼저 작동을 멈추는 경향이 있다. 그러면 우리는 정작 숙고 체계가 가장 필요할 때에 오히려 저급한 반사 체계의 신세를 져야만 하는 처지가 된다.

우리가 지니고 있는 선조 체계가 무의식적으로 미치는 영향은 매우 강력한 것이어서 때로는 우리가 상황을 의식적으로 통제하려고 노력하면 할수록 오히려 역효과가 생기기도 한다. 예컨대 한 연구에서 피험자들은 시간 압박 속에서 신속한 결정을 내려야만 했다. 이때 (아마도 조상 전래의 반사 체계의 산물이라 할) 성차별적인sexist 생각을 (의도적으로) 억압하라는 말을 들은 사람들은 그런 말을 듣지 않은 사람들보다 실제로 더 자주 성차별적인 생각을 하게 되었다. 게다가 더욱 위험한 사실은 진화를 통해 생겨난 추론 능력이 맥락적으로 조직된 기억의 꼭대기에 위치하기 때문에, 객관성의 환상이 생긴다는 점이다.

진화는 우리에게 신중한 사고를 위한 도구를 주었지만 이것을 아무 간섭 없이 사용할 수 있다고 보장해주지는 않았다. 우리 자신은 우리의 신념이 냉정하고 확실한 사실들에 기반을 두고 있다고 느낄지 모르지만, 선조 체계는 우리가 깨닫지도 못하는 미묘한 방식으로 우리의 신념에 영향을 미치고 있다.

확증 편향과 동기에 의한 추론

신념을 위협하는 증거를 배척하는 사람들

우리는 주제가 무엇이든 우리의 신념을 위협할 만한 것보다 우리의 신념에 잘 들어맞는 것에 더 주의를 기울이는 경향이 있다. 심리학자들은 이것을 '확증 편향confirmation bias'이라고 부른다. 예컨대 우리가 (거창한 것이든 하찮은 것이든) 어떤 이론을 믿고 있다면, 그것을 위협할지도 모를 증거보다 그것을 지지하는 증거가 우리 눈에 더 잘 띄는 경향이 있다.

이 장 첫머리의 점성술을 흉내 낸 서술을 생각해보라. 점성술을 믿고자 하는 사람이라면 사실처럼 보이는 부분("당신은 다른 사람들이 당신을 좋아하고 칭찬하기를 바랍니다.")에는 주목하고, 그렇지 않은 부분("어쩌면 이 사람은 겉으로도 전혀 절제력이 없어 보일 수도 있다.")은 무시할 것이다. 점성술을 믿고자 하는 사람은 그것이 꼭 들어맞은 것 같은 한 경우에는 주목하면서 그것이 무슨 뜻으로 해석하든 상관없을 정도로 막연한 의미를 지니는 수천 번의 경우는 무시하거나, 이러저러하게 합리화할 것이다. 이것이 바로 확증 편향이다.

영국의 심리학자 피터 웨이슨Peter Wason이 수행한 오래된 실험을 예로 들어보자. 웨이슨은 피험자들에게 세 개의 다른 숫자가 적힌 (예컨대 각각 2, 4, 6이 적힌) 세 장의 카드를 보여주면서, 어떤 규칙에 의해 이런 배열의 숫자가 나왔는지를 추측해보라고 하였다. 그런 다음 피험자들에게 그 규칙에 맞게 새로운 숫자 배열을 말하도록 한 뒤에 그것이 규칙에 맞는지 틀리는지를 알려주었다. 이런 상황에서 피험자들은 흔히 '4, 6, 8'이라고 말했다. 그리고 실험자가 맞는다고 대답하면 '8, 10, 12'와 같은 식으로 계속 이어졌다. 그러면 실험자는 다시 맞는다고 말했다. 이런 상황에서 피험자들은 대부분 "세 개의 짝수를 매번 2를 더하는 순서로 말하기"와 같은 것이 규칙일 것이라고 결론내릴 것이다. 그러나 대부분의 사람들은 이런 규칙을 반박할 만한 증거까지 고려하지는 못했다. 예컨대 '1, 3, 5' 또는 '1, 3, 4'도 타당한 배열일지 고민한 피험자는 매우 드물었다. 그 결과 단순히 "임의의 세 숫자를 작은 것부터 차례대로 말하기"가 실제 규칙이었다는 사실을 알아맞힌 사람은 거의 없었다. 더 일반적으로 말하자면 대부분의 사람들은 자신의 이론을 확증하는 사례를 찾기에 바빠, 혹시 다른 원리가 더 잘 적용되지 않을까 하고 고민하지 않는다.

균형감각을 상실한 사람들

그 뒤에 이루어진 그리 유쾌하지 않은 연구에서는 두 집단의 사람들에게 어떤 아이가 학교에서 시험을 치르고 있는 장면의 영상을 보여주었다. 이때 한 집단에게는 이 아이가 사회경제적으로 특권층에 속하는 집안 출신이라고 알려주었고, 다른 집단에게는 이 아이가 사회경제적으로 열악한 환경 출신이라고 알려주었다. 그러자 이 아이가 유복한 집안 출신이라고 믿은 사람들은 이 아이가 평점 이상으로 시험을 잘 치르고 있다고 말한 반면, 다른 집단의 사람들은 이 아이의 성적이 평점 이하일 것이라고 말했다.

어쩌면 확증 편향은 맥락적으로 조직된 기억의 불가피한 결과일지 모른다. 우리는 기억을 끄집어낼 때 컴퓨터처럼 모든 관련 자료를 체계적으로 검색하는 것이 아니라, 그냥 일치하는 것들을 찾는다. 때문에 우리가 처음에 갖고 있던 생각을 확증하는 것들이 우리의 주의를 끄는 것은 어쩔 수 없는 일이다. O.J. 심슨의 살인혐의 재판을 돌이켜볼 때 만약 그가 유죄라는 쪽으로 여러분의 생각이 기울어 있다면, 아마도 여러분에게는 그의 유죄를 의심케 하는 증거들(조잡한 경찰 조사, 그의 손에 맞지 않는 장갑 등)보다, 그의 유죄를 시사하는 증거(그의 동기, DNA 증거, 또 다른 그럴듯한 혐의자가 없다는 점 등)들이 더 쉽게 기억날 것이다.

어떤 것을 잘 살피려면 당연히 해당 주장의 양면을 평가해야 한다. 그러나 (머릿속에 자연스럽게 떠오르는 것이 아닌) 대안을 고려하기 위해 일부러 노력을 기울이지 않는 한, 우리는 자신이 받아들이는 주장과 일치하지 않는 증거보다 그것과 일치하는 증거를 더 잘 떠올릴 것이다. 그리고 우리는 자신의 신념과 일치하는 것처럼 보이는 정보를 가장 또렷이 기억하기 때문에, 우리의 신념이 아무리 잘못된 것일지라도 그것을 버리기가 매우 어렵다.

과학자들도 마찬가지다. 과학의 목적은 증거에 대해 균형 잡힌 접근을 하는 것이다. 그러나 과학자들은 인간이다. 그리고 인간은 어쩔 수 없이 자신의 이론을 확증하는 증거에 주의가 쏠리기 마련이다. 과거의 과학서적을 읽다보면 우리는 천재뿐만 아니라, 지금의 시점에서 볼 때 제정신이 아닌 것 같은 사람들(지구가 편평하다고 주장한 사람들이나 연금술사 등)도 발견하게 된다. 역사는 이런 허구를 믿은 과학자들에게 결코 관대하지 않다. 그러나 현실적인 감각을 지닌 사람이라면, 인간처럼 맥락 의존적인 기억을 지닌 종에게 이런 오류는 늘 존재하는 위험이라는 사실을 인정할 것이다.

지나치게 낙천적이고 부정적인 사람들

1913년에 엘리너 포터Eleanor Porter는 20세기의 영향력 있는 아동소설로 손꼽히는 『폴리아나Pollyanna』를 썼다. 이것은 무슨 상황에서든 밝은 면만 보는 한 소녀에 관한 이야기다. 그 뒤 시간이 지나면서 폴리아나라는 이 소녀의 이름은 상이한 두 가지를 함축하는 용어로 흔히 쓰이게 되었다. 긍정적으로는 영원히 변치 않는 낙천가를 뜻하고, 부정적으로는 현실의 합리적인 선을 넘어 지나치게 낙천적인 사람을 뜻한다. 폴리아나는 가공의 인물이었을지 모르지만 우리 모두에게는 그와 비슷한 구석이, 곧 현실과 일치하든 일치하지 않든 세상을 긍정적으로 지각하는 경향이 있다. 그래서 장군과 대통령은 도저히 승리할 수 없는 전쟁을 고집하며, 과학자는 자기가 좋아하는 이론에 불리한 증거들이 산더미처럼 쌓여도 그 이론에 대한 신념을 좀처럼 버리려 하지 않는다.

심리학자 지바 쿤다Ziva Kunda가 말년에 수행했던 다음 연구를 살펴보자. 실험실에 도착한 피험자들은 그들이 한 가지 시시한 게임을 하게 될 것이라는 이야기를 들었다. 그들은 게임을 하기에 앞서 한 사람을 보게 되었는데, 이때 한 집단의 피험자들은 이 사람이 자기와 같은 팀이 될 것이라는 이야기를 들었고, 다른 집단의 피험자들은 이 사람이 상대팀에 속할 것이라는 이야기를 들었다. 그런데 게임은 피험자들 몰래 이미 조작되어 있었다. 피험자들이 본 사람이 먼저 게임을 하였는데, 그는 모든 질문을 맞히면서 게임을 완벽하게 마무리했다. 이런 상황에서 연구자는 피험자들이 이 사람의 능력을 어떻게 평가하는지 알아보고자 하였다. 그리고 그 결과는 완전히 폴리아나를 닮은 것이었다.

게임을 완벽하게 치른 사람과 같은 편이 될 것이라고 예상한 사람들은 이 사람이 아주 뛰어난 사람임에 틀림없다며 감동을 받았다고 말했다. 반면에 이 사람이 다른 편이 될 것이라고 예상한 사람들은 이 사람이 능력이 뛰어나기보다 운이 좋았을 것이라며 부정적인 반응을 보였다. 똑같은 자료에 대해 상이한 해석이 나온 것이었다. 두 집단 모두 한 사람이 게임을 완벽하게 치르는 것을 관찰하였지만, 이 관찰을 바탕으로 그들이 내린 해석은 이 사람이 자신들의 삶에서 어떤 역할을 할 것으로 예상하는지에 따라 달랐다.

이와 비슷한 연구에서는 대학생들에게 세 명이 대화를 나누는 장면의 비디오를 보여준 뒤에 이 세 사람 각각에 대해 얼마나 큰 호감을 느끼는지를 점수로 평가하도록 하였다. 이때 연구자는 피험자들에게 비디오에 나오는 세 사람 가운데 (사전에 무작위로 선택된 특정의) 한 명과 나중에 데이트를 하게 될 것이라고 (비디오를 보기 전에) 이야기하였다. 그러자 피험자들은 자신의 데이트 상대로 지목된 사람에게 가장 높은 점수를 주는 경향을 보였다. 이것은 우리가 믿는 것이 (이 경우에는 우리가 다른 사람을 얼마나 좋게 느끼는지에 대한 신념이) 우리가 믿고 싶은 것에 의해 얼마나 쉽게 오염될 수 있는지를 보여준다. 내가 어릴 때 좋아했던 해리 닐슨Harry Nilsson의 뮤지컬 〈더 포인트The Point!〉에는 다음과 같은 구절이 나온다. "딕! 너는 네가 보고 싶어 하는 것만 보고 듣고 싶어 하는 것만 듣는구나."

믿고 싶은 것만 믿는 사람들

우리는 우리가 믿고 싶은 것을 우리가 믿고 싶지 않은 것보다 훨씬 더 관대하게 받아들이는 경향이 있다. 이것은 '동기에 의한 추론 motivated reasoning'이라고 불리는 편향으로서 확증 편향과도 비슷한 구석이 있다. 확증 편향은 우리의 신념과 일치하는 자료에 주의가 쏠리는 자동적인 경향인 반면, 동기에 의한 추론은 우리가 좋아하는 것보다 좋아하지 않는 것에 대해 더 까다롭게 따지는 보완적인 경향이다. 예컨대 쿤다의 한 연구에서 (절반은 남자, 절반은 여자로 구성된) 피험자들은 카페인이 여성에게 위험하다고 주장하는 기사를 읽었다. 여기서도 우리의 신념과 추론이 동기에 의해 오염될 수 있다는 생각은 그대로 확인되었는데, 곧 카페인을 많이 섭취하는 여성들은 카페인을 조금 섭취하는 여성들보다 이 기사의 결론에 대해 더 회의적인 태도를 취하는 경향이 나타났다. 반면에 자기와 아무 상관이 없다고 생각한 남성들의 경우에는 이런 차이가 나타나지 않았다.

이런 일은 현실 세계에서도 끊임없이 일어난다. 실제로 동기에 의한 추론을 과학적으로 입증한 최초의 사례는 실험연구가 아니라, 1964년 흡연과 폐암에 관한 공중보건국장의 첫 보고서가 발표된 직후에 있었던 현지 조사였다. 흡연이 폐암을 일으키는 것 같다는 보건국장의 결론은 요즘에는 거의 뉴스거리도 되지 않겠지만, 당시에는 언론을 떠들썩하게 만든 엄청난 사건이었다. 이때 의욕적인 두 과학자는 거리로 나가 사람들에게 보건국장의 결론에 대한 의견을 물었다. 그러자 과연 예상대로 비흡연자들은 보건국장이 말한 것을 상당 부분 그대로 받아들인 반면에, 흡연자들은 이 보고서에 대해 상대적으로 회의적인 반응을 보였다. 그러면서 흡연자들은 온갖 해괴한 반론들을 제기하였다. "많은 흡연자들이 장수한다." 이것은 제시된 통계적 증거를 무시한 것이다. "어차피 인생은 위험한 것이다." 논점을 흐린다. "과식이나 과음보다 차라리 흡연이 낫다." 역시 논점 흐리기다. "신경 쇠약자가 되느니 흡연이 낫다." 아무 근거도 없는 전형적인 주장이다.

실제로 우리 인간은 균형 있게 사고하도록 태어나지 않았다. 일류대학에 다니는 똑똑한 학생들도 이런 약점을 보이기는 마찬가지다. 한 유명한 연구에서는 스탠퍼드대학의 학생들에게 사형제도의 효과에 관한 여러 연구들을 평가하라는 과제를 주었다. 이때 사전 조사에 따르면 일부 학생들은 사형제도를 지지하는 견해를 가지고 있었고, 일부 학생들은 그것을 반대하는 견해를 가지고 있었다. 연구 결과, 학생들은 자신의 견해에 반대되는 연구에서는 쉽게 결함을 찾아낸 반면에, 자신의 견해와 일치하는 결론을 내린 연구에서는 똑같이 심각한 결함이 있어도 그것을 잘 찾아내지 못했다.

무엇이든 믿을 준비가 되어 있는 사람들

지금까지 살펴본 신념의 오염, 확증 편향, 동기에 의한 추론을 다합치면 결국 우리 인간은 거의 무엇이든 믿을 준비가 되어 있는 종이라 하겠다. 역사적으로 보더라도 우리 인간은 편평한 지구, 귀신, 마녀, 점성술, 정령精靈, 자기 채찍질이나 방혈放血의 이로움 따위를 (반대 증거에도 불구하고) 믿어왔다. 다행히 오늘날에는 이런 믿음들이 대부분 사라져버렸다. 그러나 일부 사람들은 아직도 자기가 힘들여 번 돈을 심령술적인 해석이나 집회를 위해 지불한다. 그리고 나도 가끔 사다리 아래를 지나갈 때면 망설이곤 한다.[7] 정치적인 예를 하나 들어보자면 2003년 미국이 이라크를 침공한 지 18개월이 지난 뒤에도, 조지 부시George W. Bush에게 투표했던 사람들의 58퍼센트는 반대 증거에도 불구하고, 이라크에 대량살상무기가 있었다고 여전히 믿고 있었다.

게다가 보도에 따르면 부시 대통령은 자기가 하느님과 개인적으로 직접 소통한다고 믿고 있다고 한다. 물론 이것은 적어도 선거와 관련해 생각해볼 때 결코 나쁜 일이 아니었다. 퓨 리서치센터Pew Research Center의 2007년 2월 조사에 따르면, 미국인의 63퍼센트는 신을 믿지 않는 후보자에게 투표하기를 꺼린다고 한다.

그러나 『신앙의 종말The End of Faith』의 저자 샘 해리스Sam Harris 같은 비평가들에게는 이것이 너무나도 어리석게 보였다.

오늘날 우리 문화가 얼마나 …… 비합리적인지를 알아보려면 …… 공개석상에서 '하느님God'이라는 단어가 나올 때마다 이것을 여러분이 좋아하는 그리스신화의 신 이름으로 바꾸어보라. 부시 대통령이 국가조찬기도회에서 이렇게 연설했다고 상상해보라. "모든 생명과 모든 역사의 배후에는 공정하고 신의 있는 제우스의 손길로 마련된 봉헌과 목적이 존재합니다." 그의 의회연설(2001년 9월 20일)에 다음과 같은 문장이 들어 있다고 상상해보라. "자유와 두려움, 정의와 잔학함은 언제나 싸우고 있습니다. 그리고 우리도 알다시피 아폴로는 이것들 사이에서 중립을 취하지 않습니다."

위험한 추론과 자기기만의 결합

특히 종교가 사람들에게 큰 영향력을 행사하는 까닭은 부분적으로 그것이 진실이기를 사람들이 원하기 때문이다. 무엇보다도 종교는 사람들로 하여금 세상이 공정하다는, 노력하면 보상받을 것이라는 느낌을 갖게 한다. 그리고 이런 믿음은 사람들로 하여금 개인적인 차원에서나 우주적인 차원에서 목적의식과 소속감을 갖게 한다. 어떤 것을 믿고 싶은 마음이 그것을 실현하는 데 도움이 되는 것은 틀림없는 사실이다. 그러나 이런 것들은 "어떻게 사람들이 직접적인 증거가 없음이 분명한데도 종교적인 믿음을 고수할까?"라는 의문을 설명해주지는 못한다.[8] 이것을 설명하려면 진화를 통해서 우리 인간은 스스로 믿고 싶어 하는 것을 믿도록 자신을 속일 수 있다는 사실을 고려하지 않으면 안 된다. (우리는 기도하고 나서 뭔가 좋은 일이 생기면 이 두 가지가 서로 연관이 있다고 생각한다. 그러나 아무 일도 생기지 않을 때는 이런 불일치를 그냥 지나친다.) 동기에 의한 추론과 확증 편향이 없다면 세상은 전혀 딴판일 것이다.

흡연자에 대한 연구에서도 볼 수 있듯이 동기에 의한 추론은 적어도 한 가지 장점을 가지고 있다. 곧 이것은 우리의 자존심을 지키는 데 도움이 될 수 있다. 물론 이것은 흡연자들에게만 해당하는 이야기가 아니다. 나는 주변에서 자신의 신념에 위배되는 연구를 접하면 필사적으로 그것의 흠을 잡으려 하는 과학자들을 많이 보아왔다.

그러나 문제는 이런 자기기만이 장래에 부담으로 작용할 수 있다는 점이다. 만약 우리가 동기에 의한 추론으로 자신을 속인다면 우리는 잘못된 신념 또는 망상을 고수하는 셈이다. 그리고 이것은 (우리가 별 근거도 없이 타인의 견해를 무시하여) 사회적 마찰을 불러올 수도 있고, (흡연자가 흡연의 위험을 무시하여) 자기 파괴에 이를 수도 있으며, (과학자가 자신의 이론에 위협이 되는 자료를 인정하지 않아) 과학적인 대실수로 이어질 수도 있다.

만약 권력을 가진 사람이 동기에 의한 추론에 빠져 자신의 오류를 시사하는 중요한 신호들을 무시한다면 커다란 재앙이 초래될 수도 있을 것이다. 근대 군대의 역사에서 발생한 가장 큰 실수의 하나는 1944년 봄에 아마도 이런 이유로 일어났을 것이다. 당시에 히틀러는 육군 대장 에르빈 롬멜Erwin Rommel이 선견지명을 가지고 경고했음에도, 힘 있는 육군 원수 게르트 폰 룬트슈테트Gerd von Rundstedt의 조언에 따라, 노르망디 대신 칼레 지역을 방어하기로 결정하였다. 룬트슈테트는 자신의 계획에 지나치게 집착한 나머지 히틀러에게 잘못된 조언을 하였으며, 히틀러는 그 대가로 프랑스를, 아니 어쩌면 서부전선 전체를 잃고 말았다.[9]

그런데 동기에 의한 추론은 도대체 왜 존재할까? 이것은 진화의 관성 탓이라기보다 우리에게 예견의 능력이 없기 때문이다. 우리는 진화를 통해 신중하게 추론하는 능력을 가지게 되었지만, 그것을 현명하게 사용하는 데 필요한 통찰력을 함께 지니고 있지는 않다. 추론이라는 강력한 도구와 자기기만이라는 위험한 유혹이 결합하면, 어떤 큰 위험이 따르는지를 우리는 예견할 수 없다. 즉 우리에게는 사실상 우리가 편향되지 않도록 막아줄 내적 장치란 존재하지 않는다. 결국 신중한 추론의 기제mechanism를 얼마만큼 사용할지 결정하는 것은 우리의 의식적인 자아의 몫이며, 때문에 우리는 (불행이든 다행이든) 우리가 원하는 만큼 편향될 수밖에 없다.

뒤엉켜 있는 신념과 추론

삼단논법의 함정에 빠지다

우리 자신의 이해관계가 크게 걸려 있지 않은 경우에도, 우리의 지식(또는 우리가 알고 있다고 믿는 것)은 우리가 추론하고 새로운 신념을 형성하는 데 방해가 되곤 한다. 삼단논법이라고 알려진 고전적 논법을 예로 들어보자. 삼단논법은 대전제, 소전제, 결론의 세 단계로 이루어진 연역적 형식논리로서 흔히 다음과 같이 이해된다.

모든 인간은 죽는다.
소크라테스는 인간이다.
따라서 소크라테스는 죽는다.

우리는 누구나 이런 형태의 논리를 이해할 수 있으며, 이 추상적인 형태를 아래처럼 마음대로 일반화해서 사용할 수도 있다.

모든 글로크는 프럼이다.

스키저는 글로크다.

따라서 스키저는 프럼이다.

이것은 우리로 하여금 신속하게 새로운 신념을 형성하게 해준다. 우리가 이미 알고 있는 것(대전제와 소전제)을 추론의 도식("모든 X는 Y이다. Q는 X이다. 따라서 Q는 Y이다.")에 넣으면 새로운 신념이 연역된다. 전제가 참이기만 하면, 논리적 규칙에 따라 참된 결론이 도출되는 이 도식의 작업 방식은 아름답기까지 하다.

우리 인간이 이런 종류의 작업을 해낼 수 있다는 사실 자체는 매우 다행스러운 것이다. 그러나 불행스럽게도 우리는 많은 훈련을 쌓지 않으면, 이것을 특별히 잘하지는 못한다. 논리적 추론의 능력이 자연선택의 산물이라면, 이것은 매우 최근에 일어난 적응의 결과일 것이다. 여기에는 아직도 개선되어야 할 심각한 결함들이 존재한다.

예컨대 아래 삼단논법을 살펴보라. 이것은 앞의 것과 매우 비슷하지만 약간의 중요한 차이를 담고 있다.

모든 생물은 물을 필요로 한다.

장미는 물을 필요로 한다.

따라서 장미는 생물이다.

이것은 타당한 논법인가? 이때 우리가 주의를 집중할 곳은 결론 자체가 아니라 논법이다. 장미가 생물이라는 것은 우리가 이미 알고 있는 사실이다. 여기서 문제는 논리가 옳은가 하는 점이다. 낮에 이어서 밤이 오듯이 전제로부터 결론이 당연하게 나오는가 하는 점이다. 사람들은 대부분 이 논법이 맞는다고 생각한다. 그러나 주의 깊게 살펴보면 모든 생물이 물을 필요로 한다는 진술은 마찬가지로 어떤 무생물이 물을 필요로 할지도 모른다는 가능성을 배제하지 않는다. 예컨대 여러분 자동차의 배터리도 물을 필요로 하지 않는가? 이 논법이 틀렸다는 것은 해당 문장의 단어를 바꿔보면 쉽게 알 수 있다.

전제 1: 모든 곤충은 산소를 필요로 한다.

전제 2: 쥐는 산소를 필요로 한다.

결론: 따라서 쥐는 곤충이다.

우리 인간이 정말로 추론 능력이 뛰어난 동물이라면 위에서 예로 든 장미와 쥐의 논법이 똑같은 형식적 구조를 따르고 있다는 사실을 곧바로 깨닫고, 이것에 상응하는 추론을 잘못된 것으로 거부해야 할 것이다. 그러나 우리 대부분은 이 두 삼단논법을 나란히 놓고 비교해야만 오류를 깨닫는다. 우리는 이미 가지고 있는 신념에 현혹되어 어떤 주장이 논리적인지 주의 깊게 따지는 일을 너무 자주 게을리한다.

우리는 논리적으로 추론하도록 진화하지 않았다

어떻게 이토록 어처구니없는 일이 발생할까? 아주 훌륭하게 제작된 체계가 있다면, 이 체계에서는 신념과 (새로운 신념을 형성하는) 추론의 과정이 엄격하게 분리되어 있을 것이다. 이런 체계는 직접적인 증거를 가진 것과 그저 추론된 것을 분명하게 구별할 것이다. 그러나 인간의 마음으로까지 발전한 진화의 경로는 다른 것이었다. 인간이 (삼단논법처럼) 명시적인 형태의 형식논리를 다루게 되기 훨씬 전부터, 물고기에서 기린에 이르기까지 다양한 생물들은 아마도 특별한 성찰의 과정 없이 자동적으로 비형식적인 추론들을 수행했을 것이다. 사과가 먹기 좋다면 배도 그럴 것이다. 아마도 원숭이나 고릴라는 이것이 추론이라는 사실을 깨닫지 못한 채 이런 추론들을 했을 것이다. 우리가 아는 것과 추론한 것을 그렇게 쉽게 혼동하는 까닭은, 어쩌면 우리의 조상들에게 이 두 가지가 별로 다르지 않았기 때문일 것이다. 우리의 조상들이 별도의 성찰 체계를 통해 이 둘을 구별하기보다 자동적으로 생기는 많은 추론들을 신념의 일부로 다루었기 때문일 것이다.

논리의 법칙들을 체계화하는 능력(예컨대 "P이면 Q이다. P이다. 따라서 Q이다."는 타당한 반면에 "P이면 Q이다. Q이다. 따라서 P이다."는 타당하지 않다는 것을 깨달을 수 있는 능력)은 매우 최근에야 비로소, 아마도 호모사피엔스가 등장한 뒤 언젠가 진화했을 것이다. 그리고 그때에는 이미 신념과 추론이 너무 많이 뒤얽혀 있어서, 일상적인 사고에서 이 두 가지를 완전히 분리하기가 불가능하게 되었을 것이다. 결국 이렇게 해서 우리가 갖게 된 것은 클루지와 다름없다. 이것은 신중한 추론의 훌륭한 체계이지만 여기에는 편견과 사전에 형성된 신념의 안개가 쓸데없이 너무 자주 낀다.

이것은 뇌의 연구들을 통해서도 확인된다. 인간이 삼단논법을 평가할 때는 두 개의 상이한 신경회로가 사용된다. 하나는 논리적 추론 및 공간적 추론과 더 밀접한 관련이 있으며(양측 두정엽bilateral parietal), 다른 하나는 사전에 형성된 신념과 더 밀접한 관련이 있다(전두엽과 측두엽frontal-temporal). 전자의 논리적이고 공간적인 추론은 노력을 필요로 하지만, 후자는 자동적으로 발동된다. 때문에 논리를 제대로 구사하기란 어려울 수밖에 없다.

언어와 추론의 상관관계

아마도 명백하게 논리를 사용하는 추론 자체는 진화의 산물이 아닐 것이다. 인간이 때때로 형식 논리학적인 의미에서 합리적일 수 있는 것은 우리가 진화를 통해 그렇게 만들어졌기 때문이 아니라, 논리의 규칙들을 배울 수 있을 만큼 (그리고 일단 설명을 들으면 그것의 타당성을 인식할 수 있을 만큼) 영리하기 때문일 것이다. 언어는 정상적인 인간이라면 누구나 습득할 수 있지만, 형식 논리를 습득해 사용하고 신념에 관해 추론할 수 있는 능력은 진화의 산물이라기보다 문화의 산물일 것이다. 진화는 인간에게 이런 능력을 가능케 해주었지만, 이것을 보장하지는 않는다.

형식적 추론은 기본적으로 문자를 사용하는 문화에서는 존재하는 것처럼 보이지만, 문자를 모르는 문화에서는 좀처럼 확인하기 어렵다. 예컨대 러시아의 심리학자 알렉산더 루리아Alexander Luria는 1930년대 후반에 중앙아시아의 산악 지방에 가서 토착민들에게 다음과 같은 삼단논법에 대해 물어본 적이 있다. "시베리아의 어느 마을에 사는 곰들은 모두 흰색이다. 당신의 이웃이 그 마을에 가서 곰 한 마리를 보았다. 그 곰은 무슨 색이었을까?" 그러자 토착민들은 이 물음을 전혀 이해하지 못했다. 오히려 이 사람들은 다음과 같이 반문했을 것이다. "내가 그것을 어떻게 알아요? 왜 교수님이 직접 가서 그 사람한테 물어보지 않나요?" 이런 식의 반응은 그 뒤에 이루어진 또 다른 연구들을 통해 본질적으로 확증되었다. 문자를 모르는 사회에 사는 사람들은 삼단논법에 관한 질문을 받으면 일반적으로 그들이 이미 알고 있는 사실에 근거해 대답할 뿐, 연구자가 관심을 가지는 추상적인 논리적 관계는 전혀 눈치채지 못하는 것처럼 반응한다. 물론 그렇다고 해서 이런 사회의 사람들이 형식 논리를 학습하지 못한다는 것은 아니다. 일반적으로 적어도 이런 사회의 어린이들은 형식 논리를 학습할 수 있다. 그러나 이것은 추상적 논리를 습득하는 것이 언어를 습득하는 것처럼 자연스럽고 자동적인 현상이 아님을 보여준다. 나아가 이것은 신념에 관한 추론을 하는 데 필요한 형식적 도구들이 적어도 학습의 산물이며, (인간의 합리성이 선천적이라는 견해를 지지하는 사람들이 가정하듯이) 인간의 표준 능력이 아님을 시사한다.

믿기 위해 근거를 만들다

우리는 일단 어떤 것이 (무슨 이유에서든) 참이라고 결정하면 그것을 믿기 위해 종종 새로운 이유들을 만들어내곤 한다. 예컨대 내가 몇 년 전에 수행했던 연구에서는 절반의 피험자들에게 뛰어난 소방 활동이 모험을 무릅쓰는 능력에 대한 측정치에서 높은 점수와 상관관계가 있다는 연구 보고서를 읽도록 하였다. 그리고 다른 절반의 피험자들에게는 정반대의 보고서를 읽도록 하였다. 곧 그들은 뛰어난 소방 활동이 모험을 무릅쓰는 능력과 부정적으로 상관관계가 있다는, 다시 말해 모험을 무릅쓰는 사람들이 열등한 소방 활동을 보였다는 연구를 읽었다. 그런 다음 두 집단을 다시 하위집단으로 반씩 나누어 일부 사람들에게는 그들이 읽은 것에 대해 생각해보고 이런 연구 결과가 나오게 된 이유를 적도록 하였다. 그리고 다른 사람들에게는 그냥 지능검사에 나오는 것과 같이 난해한 기하학 문제들을 풀도록 하였다.

그런 다음 나는 사회심리학자들이 흔히 그러듯이 피험자들의 과제를 180도 바꾸어버렸다. "이 뉴스가 실린 기사와 여러분이 실험 전반부에 읽은 연구 보고서는 가짜였습니다. 소방 활동에 관한 연구 자료는 실제로 날조된 것입니다! 내가 알고 싶은 것은 여러분이 정말로 어떻게 생각하는지입니다. 과연 소방 활동은 위험을 무릅쓰는 일과 실제로 상관관계가 있을까요, 없을까요?"

원래 연구가 전혀 쓸모없는 것이라고 내가 말했는데도 그 연구 결과에 대해 생각해보고 스스로 그것을 설명할 기회를 가졌던 하위집단의 사람들은 그들이 처음에 읽었던 것이 무엇이든 그것을 계속 믿었다. 한마디로 말해 만약 여러분이 어떤 사람으로 하여금 무엇을 믿을 만한 이유를 스스로 만들어내도록 할 수만 있다면, 그 사람은 그것을 정말로 믿기 시작할 것이며, 경우에 따라서는 (원래의 증거가 믿을 수 없는 것으로 명백히 판명이 났는데도) 여러분을 꾸짖기까지 할 것이다. 정말로 합리적인 사람이라면 흔들림 없이 참된 전제에서 참된 결론으로 나아가면서, 오직 참된 것만을 믿을 것이다. 그러나 진화의 산물이자 클루지인 우리 인간은 종종 결론에서 출발해 그것을 믿기 위한 이유를 찾는 식으로 거꾸로 나아가는 비합리적인 존재이다.

오감이 뒤흔드는 신념

나를 믿겠소, 아니면 당신의 눈을 믿겠소?

내가 보기에 신념은 세 가지 근본적인 요소들을 꿰매어 놓은 것 같다. 곧 기억 능력(만약 신념이 마음속에 오랫동안 머물지 않고 그냥 생겼다가 사라지는 것이라면 그런 신념은 아무 쓸모도 없을 것이다.), 이미 아는 사실에서 새로운 사실을 도출하는 추론 능력, 그리고 무엇보다도 지각 능력이 바로 그것이다.

지각과 신념은 언뜻 별개로 보일지 모른다. 지각은 우리가 보고 듣고 맛보고 맡고 느끼는 것인 반면에, 신념은 우리가 아는 것 또는 안다고 생각하는 것이다. 그러나 진화의 역사를 살펴볼 때 이 두 가지는 그렇게 다르지 않다. 신념에 이르는 가장 확실한 길은 무엇을 보는 것이다. 내 아내의 누런 사냥개 아리가 꼬리를 흔들면 나는 이 개가 즐거워하고 있다고 생각한다. 문구멍으로 편지가 떨어지면 나는 편지가 왔다고 생각한다. 치코 막스Chico Marx가 말했듯이[10] "당신은 나를 믿겠는가, 아니면 당신의 눈을 믿겠는가?"

문제는 우리가 직접 관찰하지 않은 것을 믿기 시작하면서 생긴다. 그리고 현대 세계에서 우리가 믿는 많은 것들은 직접 또는 쉽게 관찰할 수 없는 것들이다. 우리가 직접 경험하는 대신에 친구, 선생님, 대

116

중매체 등으로부터 간접적으로 새로운 신념을 습득하는 것은 인간이 엄청나게 복잡한 문화와 과학기술을 건설하는 데 핵심이 되는 능력이다.

나의 친구인 사냥개 아리는 기본적으로 시행착오를 통해 학습한다. 그러나 나는 주로 책과 잡지와 인터넷을 통해 학습한다. 나는 내가 읽은 것에 대해 의심을 품을 수도 있을 것이다. 그러나 전체적으로 볼 때 나는 좋든 싫든 내가 읽은 것을 믿는 경향이 있으며, 이렇게 해서 나는 대중매체를 통해 많은 것을 학습하게 된다. 반면에 아리는 (마찬가지로 좋은 싫든) 아리가 보고 듣고 느끼고 맛보고 맡는 것만 안다.

스피노자의 가설

요즘 행복에 관한 연구로 유명한 심리학자 대니얼 길버트Daniel Gilbert는 1990년대 초기에 17세기 철학자 스피노자까지 거슬러 올라가는 한 이론을 검증하였다. 스피노자의 생각은 사람들이 "모든 정보를 이해와 동시에 [먼저] 받아들이고 …… 틀린 정보는 …… [나중에야] 물리친다."는 것이었다.

스피노자의 가설을 검증하기 위하여 길버트는 피험자들에게 명제들을 제시하면서 이것들의 참 또는 거짓을 판단하라고 하였다. 그리고 동시에 피험자들의 주의를 분산시키는 짧은 음조를 이따금 제시하면서 이것이 들릴 때마다 버튼을 누르라고 하였다. 그러자 (스피노자가 실험을 했다면 예측했을 것처럼) 피험자들이 음조의 방해를 받을수록 거짓 명제를 받아들이는 빈도가 증가하였다.[11]

그 밖에 다른 연구들도 사람들이 어수선한 조건이나 시간 압박을 받을 때, 거짓된 것을 더 자주 받아들인다는 사실을 보여준다. 결국 다른 조건이 동일하다고 할 때, 우리는 우리가 접하는 생각을 (그것을 제대로 평가할 기회를 얻지 않는 한) 자동적으로 믿는다는 얘기다.

헛소문도 많이 들으면 진실이 된다

이렇게 듣고 받아들여 평가하는 것과 듣고 평가한 뒤 받아들이는 것 사이에 존재하는 순서의 차이는 언뜻 하찮아 보일지 몰라도 심각한 결과를 낳을 수 있다. 아이러 글래스Ira Glass의 주간 라디오 쇼 〈이 사람의 인생This American Life〉에서 최근에 소개된 한 사례를 예로 들어보자. 평생을 정치에 헌신했으며 뉴햄프셔 민주당 대표의 유력한 후보였던 한 사람이 상당량의 아동 포르노물을 소지했다는 혐의로 고발당했다. 그를 고발한 공화당의 주 하원의원은 아무런 증거도 제출하지 않았지만 고발을 당한 이 정치인은 정치 경력에 결정적인 타격을 입고 물러나지 않을 수 없었다. 두 달에 걸친 조사 끝에 아무 증거도 발견되지 않았지만, 그가 입은 손상은 이미 돌이킬 수 없었다. 우리의 법률 체계는 '유죄로 증명되기 전까지는 무죄'라는 원칙을 토대로 할지 몰라도 우리의 마음은 그렇지 않다.

실제로 훌륭한 법률가라면 누구나 직감하듯이 가능성에 대해 그저 묻기만 해도 사람들이 그것을 믿을 확률이 높아질 수 있다. "당신이 열두 살 때부터 포르노 잡지를 읽었다는 것이 사실인가요?" "이의 있습니다! 그것은 사건과 무관한 얘기입니다!" 이것은 실험적 증거들을 통해서도 입증된다. 때로는 어떤 것을 선언적 진술이 아니라, 질문의 형태로 듣기만 해도 그것을 믿기에 충분한 것이다.

지각의 논리와 신념의 주기

우리 인간은 우리가 듣는 것을 왜 그렇게 자주 무비판적으로 받아들이는 것일까? 그 이유는 애당초 지각을 위해 사용되던 기제로부터 신념이 진화했기 때문이다. 그리고 지각의 경우에는 우리가 보는 것의 상당 부분이 참이다. (적어도 텔레비전과 '포토숍Photoshop' 프로그램이 있기 전에는 그랬다.) 우리가 볼 수 있는 것은 대개 믿어도 별 문제가 없다.

그런데 신념의 생성과 소멸을 둘러싼 주기도 똑같은 식으로 진행된다. 우리는 직접 감각을 통해서든 아니면 (아마도 더 빈번하게는) 간접적으로 말과 대화를 통해서든, 어떤 정보를 얻게 되면 그것을 곧바로 믿는 경향이 있다. 그리고 나중에야 비로소 (그나마 그럴 일이 생기면) 그것이 믿을 만한 것인지 따져본다.

그런데 이렇게 신념의 주기까지 "먼저 쏘고 나중에 질문하라."는 식으로 진행되면 문제가 생긴다. 왜냐하면 언어의 세계는 시각의 세계보다 훨씬 덜 믿을 만하기 때문이다. 만약 어떤 것이 오리처럼 생겼고 또 오리처럼 꽥꽥거린다면 우리는 그것이 오리라고 생각해도 된다. 그러나 우비를 걸쳐 입은 웬 녀석이 내게 오리를 팔겠다고 말한다면 그것은 얘기가 다르다. 특히 블로그, 초점집단focus group,[12] 언론대책 전문가 등이 판치는 이 시대에 언어가 언제나 진리의 확실한 원천인 것만은 아니다. 이상적으로 따지자면 (정보를 입수해 참이라고 가정한 뒤 시간이 있으면 평가하는) 지각의 기본 논리는 신념이 언어를 통해 명시적으로 전달될 경우에 순서가 뒤바뀌어야 할 것이다.

그러나 진화는 흔히 그렇듯이 이 경우에도 앞으로 생길 결과는 아랑곳하지 않은 채 누적된 기술로 신념의 기제를 제작하는 게으른 방식을 취했다. 우리가 들었거나 읽은 것을 별다른 의심도 없이 받아들이는 경향은 이런 결과의 하나일 뿐이다.

생각보다 행동이 앞서야 했던 동물의 비극

요기 베라Yogi Berra는 야구 경기의 90퍼센트가 반半 정신적인 것이라고 말한 적이 있다. 나는 우리가 믿는 것의 90퍼센트가 이미 반 요리된 것이라고 말하고 싶다. 우리의 신념들은 기억의 장난, 감정, 정말로 아무 상관이 없어야 할 지각 체계의 변덕 등으로 오염되어 있다. 게다가 21세기에 접어든 오늘날까지도 여전히 완벽함과는 거리가 먼 논리와 추론의 체계는 더 말할 것도 없다.

'믿다believe'라는 단어를 사전에서 찾아보면 "어떤 것이 참이라고 받아들이다."라는 정의와 "특히 절대적인 증거가 없는 상황에서 어떤 것이 존재한다고 생각하다." 라는 정의가 나란히 적혀 있다. 과연 신념은 우리가 참이라고 아는 것일까 아니면 참이기를 바라는 것일까? 우리는 이 둘의 차이를 말하기가 종종 쉽지 않은데, 이런 사실이야말로 우리 인간이 어디에서 왔는지를 정확히 말해주고 있다.

흔히 생각보다 행동이 앞서야만 했던 동물들에서 진화한 호모사피엔스에게 우리가 무엇을 아는지, 그리고 그것을 어떻게 알게 되었는지를 기억하고 적절히 고려할 수 있는 체계란, 게다가 우리가 그저 그랬으면 하고 바라는 것에 오염되지 않은 체계란 낯선 단어일 뿐이다.

선택과 결정

진화의 덫에 걸린 호모 이코노미쿠스

KLUGE 3

사람들은 때때로 마치 두 개의 자아가 있기라도 한 것처럼 행동한다. 하나는 청결한 허파와 장수를 바라는 반면에 다른 하나는 담배를 숭배한다. 하나는 애덤 스미스의 『도덕감정론The Theory of Moral Sentiments』에 나오는 극기 이야기를 읽으면서 자기를 계발하려고 열심이지만, 다른 하나는 텔레비전에 나오는 옛날 영화를 보려고 한다. 이 둘은 서로 통제권을 쥐려고 끊임없이 다툰다.

— 토마스 쉘링Thomas Schelling

1960년대 말과 1970년대 초에 한참 유행한 TV 쇼 〈정직한 카메라Candid Camera〉(이것은 유튜브나 〈아메리카 퍼니스트 홈 비디오America's Funniest Home Videos〉 같은 리얼리티 프로그램의 전조가 되는 쇼였다.)에서 심리학자 월터 미셸Walter Mischel은 네 살 된 미취학 아동들에게 한 가지 선택을 제안했다. 그것은 아이들이 지금 마시멜로 한 개를 먹거나, 또는 미셸이 돌아올 때까지 기다리면 마시멜로 두 개를 먹을 수 있다는 제안이었다. 그렇게 말하고 나서 미셸은 방에 아이만 홀로 남겨둔 채 매정하게 자리를 떴다. 방에는 아이와 마시멜로 한 개와 카메라만 있었다. 그리고 미셸이 돌아오는 기적은 들리지 않았다. 이런 상황에서 몇몇 아이들은 미셸이 방을 나가자마자 마시멜로를 덥석 집어 먹었다. 그러나 대부분의 아이들은 더 큰 보너스를 받기 위해 그가 올 때까지 기다리려고 애를 썼다. 그것은 결코 쉽지 않은 일이었다. 방에 우두커니 있어야 했던 아이들의 고통은 그대로 드러났다. 앞에 놓인 마시멜로의 달콤한 유혹을 뿌리치기 위해 아이들은 온갖 짓을 다했다. 혼자 뭐라고 중얼거리기도 하였고, 펄쩍펄쩍 뛰기도 했으며, 손으로 눈을 가리는가 하면, 손을 깔고 앉기도 하였다. 그것은 경우에 따라서는 어른들도 취할 만한 전략이었다. 그렇다고 하더라도 미셸이 돌아오기까지 15~20분을 기다리기란 약 절반의 아이들에게는 무리였다.

어쩌면 다음의 두 경우에는 15분을 기다리지 말고 포기하는 것만이 정말로 의미 있는 선택일지 모른다. 첫째, 아이가 당장 마시멜로를 먹지 않으면 정말로 굶어 죽을 정도로 배가 고팠을 경우, 둘째, 20분 뒤에 마시멜로 두 개를 쥐고 있는 자신의 미래상이 일고의 가치도 없을 만큼, 아이가 건강하게 오래 사는 것에 대해 상상조차 하지 않을 경우가 그것이다. 있음직하지 않은 이런 가능성들을 제외할 때, 실제로 기다리기를 포기한 아이들은 비합리적으로 행동한 셈이다.

이렇게 유혹에 넘어가는 것은 어린아이들만의 이야기가 아니다. 십대들은 종종 자동차 전용 고속도로에서도 사고가 날 만큼 과속으로 차를 몰며, 모든 연령대의 사람들은 위험하다는 것을 알면서도 낯선 사람과 콘돔 없이 성관계를 맺는다. 나중에 후회할 것을 알면서도 딸기 치즈케이크를 먹지 않으면 안 되는 나도 마시멜로 이야기의 아이들과 크게 다를 바 없다. 만약 주위 사람들에게 당장 현금으로 바꿀 수 있는 100달러짜리 보증수표를 갖겠는지 아니면 3년 동안 현금으로 바꿀 수 없는 200달러짜리 수표를 갖겠는지 물어보면, 아마도 반 이상이 당장 100달러를 갖겠다고 할 것이다. (그런데 신기하게도 시간 범위가 더 커지면 사람들은 대부분 반대로 선택한다. 나는 뒤에 가서 사람들이 6년 뒤의 100달러보다 9년 뒤의 200달러를 선호한다는 이야기를 할 것이다.) 또 알코올 중독자, 약물 중독자, 강박적인 도박꾼 등은 매일 스스로도 제어할 수 없는 선택을 하며 살아간다. 그런가 하면 로드아일랜드의 한 기결수는 90일의 금고형을 선고받은 뒤 89일째 되는 날 감옥에서 탈출을 시도하였다.

지금까지 언급한 경향들은 전체적으로 철학자들이 '의지의 허약함'이라고 부르는 것을 예시하고 있다. 그리고 이것들은 모두 우리의 일상적인 선택을 지배하는 뇌의 기제가 우리의 기억과 신념을 지배하는 기제만큼이나 엉성할 것임을 시사하는 단서들이다.

위키피디어Wikipedia를 보면 '경제인Homo economicus'이란, 곧 많은 경제 이론들이 가정하는 경제적 인간이란 "부를 원하고 불필요한 노동을 피하며, 이런 목적에 맞게 판단을 내릴 능력을 지닌 합리적이고 자기이해에 충실한 행위자"라는 가정을 뜻한다고 정의되어 있다.

언뜻 보기에는 이 가정이 매우 그럴듯해 보인다. 우리 가운데 자기이해에 충실하지 않은 사람이 어디 있겠는가? 여건만 허락한다면 어느 누가 불필요한 노동을 피하지 않겠는가? 생각해보라. 손님이 들이닥치지 않는다면 왜 군이 집 안 대청소를 하겠는가?

그러나 건축가 미스 판 데어 로에Mies van der Rohe의 유명한 말처럼 "신은 세부에 존재한다." 우리는 불필요한 노동을 정말로 요령 있게 잘 피한다. 그러나 진정한 합리성이란 우리가 결코 쉽게 달성할 수 없는 매우 높은 기준이다. 우리가 정말로 합리적이려면 적어도 매사를 냉철한 눈으로 바라보고 결정할 수 있어야 할 것이다. 순간의 쾌락에 흔들림 없이 모든 결정에 앞서 해당 손실과 이익을 냉정하게 따져볼 줄 알아야 할 것이다. 그러나 애석하게도 심리학과 신경과학이 제시하는 증거는 반대편으로 쏠려 있다. 여건이 좋으면 우리는 합리적일 수 있다. 그러나 많은 경우에 우리는 그렇지 않다.

인간이라는 종이 무엇을 잘 하며 또 무엇을 잘 못하는지, 언제 우리가 견실한 결정을 내리는 경향이 있으며 또 언제 모든 것을 엉망진창으로 만드는 경향이 있는지를 이해하려면 경제적 인간이라는 이상을 떠나 인간 심리의 좀 더 끈적끈적한 현실로 들어갈 필요가 있다. 그리고 왜 어떤 결정은 아주 현명해 보이고 또 어떤 결정은 아주 어리석어 보이는지를 알기 위해서는 보다 근본적으로 우리의 선택 능력이 어떻게 진화했는지를 이해할 필요가 있다.

우리는 호모 이코노미쿠스일까?

인간의 선택은 '경우에 따라서' 완전히 합리적이다

우선 좋은 소식부터 살펴보자. 인간의 선택은 경우에 따라 완전히 합리적일 수 있다. 예컨대 뉴욕대학의 두 교수는 세계에서 가장 간단한 터치스크린 비디오게임이라고 할 만한 것을 연구하였다. 그리고 이 간단한 과제의 변수로 따지자면, 사람들은 거의 그 이상을 상상하기 어려울 정도로 (위험 대비 보상을 최대화한다는 의미에서) 합리적이라는 사실을 발견했다. 화면에 녹색과 빨간색의 두 목표물이 (정지 상태로) 나타난다. 이때 피험자는 녹색 동그라미를 손으로 만지면 점수를 얻게 되고 빨간색 동그라미를 손으로 만지면 더 많은 점수를 잃게 된다. 문제는 이 동그라미들이 가끔 겹친다는 데 있다. 만약 피험자가 겹치는 부분을 만지면 그는 보상과 (보상보다 더 큰) 벌점을 함께 받아 결과적으로 손실을 볼 것이다. 화면을 재빨리 만져야 하는 상황에서 눈과 손을 완벽하게 조정할 수 있는 사람은 아무도 없으므로, 이때 최선의 방법은 녹색 동그라미의 중심이 아닌 곳을 만지는 것이다. 예를 들어 녹색 동그라미가 빨간색 동그라미의 오른쪽에 겹쳐 있을 경우에 녹색 동그라미의 중심을 만지려는 시도는 위험한 것이다. 괜히 녹색 동그라미의 정중앙을 만지려 하다가는 간혹 손이 목표물의 왼쪽으로 빗나가 녹색 동그라미와 빨간색 동그라미가 겹쳐 있는 실점 구역을 건드릴 수도 있겠기 때문이다. 그것보다는 녹색 동그라미의 중심 오른쪽 어딘가를 만지는 것이 녹색 동그라미를 만질 확률을 높게 유지하면서 빨간색 동그라미를 건드릴 확률을 최소화하는 더 좋은 방법인 것이다. 실험에 참여한 사람들은 모두가 이것을 (비록 언제나 명쾌하게 의식한 것은 아니었지만) 어떤 식으로든 간파하였다. 게다가 더욱 놀라운 사실은 피험자들의 이런 행동이 눈과 손의 조정 체계의 개인적 특성에 맞게 거의 완벽히 조절된 방식으로 정확히 이루어졌다는 점이다. 이쯤 되면 애덤 스미스도 더 바랄 것이 없을 것이다.

예외에 가까운 합리성

그러나 나쁜 소식은 이렇게 절묘한 합리성이 정상보다는 예외에 가깝다는 사실이다. 사람들이 동그라미 만지기 과제를 그렇게 잘 할 수 있었던 까닭은 이 과제가 (물체를 향해 손을 뻗친다는) 정말로 오래된 정신적 능력에 근거하기 때문이다. 손을 뻗는 것은 반사에 가깝다. 그것은 인간뿐만 아니라 먹을 것을 움켜잡아 입으로 가져갈 수 있는 모든 동물이 할 수 있는 행동이다. 우리가 성인이 될 때쯤이면 우리가 손을 뻗치는 기제는 아주 잘 조율되어 있어서 그것에 대해 더 이상 생각조차 하지 않는다.

예컨대 내가 찻잔을 향해 손을 뻗칠 때는 엄밀하게 기술적으로 따져 몇 가지 선택이 이루어진다. 곧 나는 차를 마시기로, 다시 말해 차가 제공하리라 기대되는 쾌감과 갈증 해소가 차를 엎지를 위험보다 크다고 결정한다. 나아가 나는 (더욱 무의식적으로) 내 손을 어느 각도로 뻗칠 것인지 결정한다. (찻잔에 더 가까이 있는) 왼손을 사용할 것인가, 아니면 (더 능숙한) 오른손을 사용할 것인가? (내가 정말로 원하는 내용물을 담고 있는) 원통형 찻잔의 중심 부위를 잡을 것인가, 아니면 (안에 담긴 차에 더 멀리 있지만 더 잡기 쉬운) 손잡이를 잡을 것인가? 손과 근육이 자동적으로 상호 조정되고 손가락이 집게 모양으로 되면서 팔꿈치가 돌아가 손이 제 위치에 있게 된다. 이렇게 손을 뻗치는 행동은 우리가 살아가는 데 반드시 필요한 행동이며, 여기에는 많은 결정들이 포함되어 있다. 그리고 이런 결정들이 제대로 이루어지기까지 진화의 오랜 시간이 필요했다.

형편없는 의식적 의사결정

그러나 경제학은 사람들이 커피 잔을 향해 손을 어떻게 뻗치는가에 관한 이론이 아니다. 경제학은 사람들이 돈을 어떻게 사용하는지, 사람들이 시간을 어떻게 배분하며 은퇴 후 생활을 어떻게 계획하는지 등에 관한 이론이다. 나아가 경제학은 적어도 부분적으로 사람들이 어떻게 의식적인 결정을 내리는지에 관한 이론이고자 한다.

그런데 진화의 비교적 최근 산물인 의식적 의사결정에 가까이 갈수록 우리의 결정은 더 형편없는 것이 될 때가 많다. 뉴욕대학의 교수들이 만지기 과제를 더 분명한 언어 문제로 변형시키자 피험자들의 과제 수행은 급격히 저하되었다. 비교적 최근에 진화한 숙고 체계는 이 과제에서 오래된 근육 통제 체계의 적수가 되지 못했다. 그리고 이 특수한 과제 외에도 인간의 수행 능력이 합리성과는 거리가 멀다는 수많은 증거들이 존재한다.

너무나도 비합리적인 우리의 뇌

우리의 뇌는 예상 효용에 둔감하다

예를 들어 여러분이 두 가지 복권 가운데 선택을 해야 한다고 상상해보라. 그런데 하나는 100만 달러의 상금을 탈 확률이 89퍼센트, 500만 달러의 상금을 탈 확률이 10퍼센트, 아무것도 못 탈 확률이 1퍼센트이다. 그리고 다른 하나는 100만 달러의 상금을 탈 확률이 100퍼센트이다. 그러면 여러분은 어느 복권을 사겠는가? 이럴 때 거의 모든 사람들은 확실한 후자를 선택한다.

그렇다면 좀 더 복잡한 상황을 생각해보자. 하나는 100만 달러를 탈 확률이 11퍼센트이고, 다른 하나는 500만 달러를 탈 확률이 10퍼센트이다. 그러면 여러분은 무엇을 선택하겠는가? 이럴 때 거의 모든 사람들은 두 번째 것, 곧 500만 달러를 탈 10퍼센트 확률을 선택한다.

이런 상황에서는 어떤 것이 합리적인 행동일까? 합리적 선택 이론에 따르자면 여러분은 '예상 효용expected utility'을 계산해야 한다. 곧 가능한 모든 결과에 대해 가능성에 따라 가중치를 더한 뒤 예상되는 이익 총액의 평균을 내는 식으로 예상 이익을 계산하는 것이다. 이렇게 따지면 100만 달러를 탈 11퍼센트 확률은 11만 달러의 예상 이익에 해당하고, 500만 달러를 탈 10퍼센트 확률은 50만 달러의 예상 이익에 해당하므로 후자가 분명히 더 나은 선택이다. 여기까지는 좋다. 그러나 똑같은 논리를 앞의 예에 적용해보면 사람들의 행동이 결코 합리적이지 않다는 것을 발견하게 된다. 왜냐하면 89퍼센트, 10퍼센트, 1퍼센트로 나뉜 복권의 경우에 예상 이익은 (100만 달러의 89퍼센트 더하기 5백만 달러의 10퍼센트 더하기 0달러의 1퍼센트는) 139만 달러인 반면에, 다른 쪽은 확실하게 100만 달러밖에 안 되기 때문이다. 그런데도 거의 모든 사람들은 100만 달러 쪽을 선택한다. 사실상 50만 달러에 가까운 돈을 그냥 내버리는 셈이다. 이것은 '합리적 선택'의 관점에서 볼 때 완전히 잘못된 것이다.

우리의 뇌는 돈을 상대적으로 계산한다

또 다른 실험에서는 대학생들에게 두 가지 상품복권 가운데 하나를 선택할 기회를 주었다. 하나는 100명 중 한 명에게 500달러짜리 파리 여행권을 주는 것이었고, 다른 하나는 역시 100명 중 한 명에게

500달러짜리 학교 수업료 할인권을 주는 것이었다. 그러자 이 경우에 대부분의 사람들은 파리 여행권을 선택했다. 실제로 이것은 그리 큰 문제가 아니었다. 파리가 대학 경리과보다 더 매력적으로 느껴지면 그럴 수도 있는 것이었다. 그러나 확률이 100명 중 한 명에서 100명 중 99명으로 늘어나자, 대부분의 사람들은 반대쪽을 선택했다. 당첨될 확률이 거의 확실해지자 대부분의 학생들이 여행 대신에 수업료 할인권을 선택한 것이었다. 만약 학생들이 정말로 파리 여행을 가고 싶어 했다면 이것은 완전히 정신 나간 짓이 아닌가?

전혀 다른 종류의 예로서 내가 서문에서 언급했던 간단한 문제를 살펴보자. 여러분이라면 100달러짜리 전자레인지를 사는데 25달러를 아끼기 위해 시내 반대편까지 차를 몰고 가겠는가? 이 경우에 대부분의 사람들은 그렇다고 말할 것이다. 그러나 1,000달러짜리 텔레비전을 사는데 똑같이 25달러를 아끼기 위해 시내 반대편까지 차를 몰고 가는 사람은 거의 없을 것이다.

경제학자의 관점에서 보자면 이런 종류의 사고도 마찬가지로 비합리적인 것이다. 이 경우에 차를 몰고 가는 것이 가치 있는 일인지 아닌지를 결정하는 것은 딱 두 가지다. 운전에 사용되는 여러분의 시간의 가치와 휘발유의 지출이 바로 그것이다. 그 밖에는 아무것도 없다. 만약 여러분의 시간과 휘발유의 가치가 25달러보다 적으면 차를 몰고 가는 것이고, 그것이 25달러보다 많으면 차를 몰고 가지 말아야 할 것이다. 이것으로 얘기는 끝난 것이다. 앞의 예에서 시내 반대편까지 차를 몰고 가는 데 드는 노동과 그것으로 얻을 수 있는 금전적 이익은 두 경우 모두 똑같으므로, 왜 한 경우에는 차를 몰고 가고 다른 한 경우에는 그렇지 않은지를 설명해줄 합리적 이유란 존재하지 않는다.

그렇지만 경제학 수업을 들은 적이 없는 사람이라면 100달러를 지출할 때 25달러를 절약한 것은 좋은 거래("25퍼센트나 절약했네!")로 보이는 반면에 1,000달러를 지출할 때 25달러를 절약한 것은 어리석은 시간 낭비("겨우 2.5퍼센트를 아끼려고 그렇게 멀리 시내 반대편까지 갔단 말이야? 아주 시간이 넘쳐나는군!")로 보인다. 경제학자의 냉철한 눈으로 따지자면 1달러는 1달러다. 그러나 웬만한 사람들은 대부분 돈에 대해 다소 덜 합리적인 방식으로, 곧 절대적인 관점에서가 아니라, 상대적인 관점에서 생각한다.

베버의 법칙: 우리의 뇌는 돈보다 먹는 것에 탐닉한다

어째서 우리는 돈에 대해 (더 합리적인) 절대적 관점에서가 아니라 (덜 합리적인) 상대적 관점에서 생각하는 것일까?

무엇보다도 인간은 (돈은 말할 것도 없고) 수에 대해 생각하도록 진화하지 않았다. 돈이나 수의 체계는 어디에나 있는 것이 아니다. 물물교환으로만 교역이 이루어지는 문화도 있으며, 수를 나타내는 용어가 '하나, 둘, 여럿'과 같이 지극히 제한되고 단순한 셈법을 지닌 문화도 있다. 분명히 셈법과 돈은 모두 문화적 발명품이다. 그런가 하면 모든 척추동물은 일부 심리학자들이 수의 '근사 체계approximate system'라고 부르는 것을 지니고 있어서 많은 것과 적은 것을 구별한다. 그리고 이 체계는 다시 '비선형적nonlinear'이라고 하는 독특한 속성을 지니고 있다. 1과 2의 차이가 101과 102의 차이보다 주관적으로 크게 느껴지는 것은 이 때문이다. 뇌의 많은 부분은 베버Weber의 법칙으로 알려진 이 원리에 따라 제작되어 있다. 그래서 150와트 전구는 100와트 전구보다 그저 약간 더 밝게 느껴지지만, 100와트 전구는 50와트 전구보다 훨씬 더 밝게 느껴진다.

몇몇 영역에서 베버의 법칙을 따르는 것은 어느 정도 의미 있는 일이다. 예컨대 밀 100킬로그램이 쌓여 있던 창고에 밀 2킬로그램이 추가되는 것은 그리 중요한 일이 아니다. 오히려 정말로 중요한 것은 굶어 죽느냐 그렇지 않느냐의 차이이다. 그러나 우리의 뇌는 돈 문제에 잘 대처하도록 진화하지 않았으며, 오히려 먹는 것에 잘 대처하도록 진화하였다.

그래서 오늘날에도 이 둘 사이에는 상당한 혼선이 존재한다. 예컨대 사람들은 배부를 때보다 배고플 때 자선단체에 돈을 덜 기부하는 경향이 있다. 그런가 하면 한 실험에서 '돈에 대한 큰 욕망'의 상태에 놓인 피험자들은 (다이어트를 하던 사람들을 제외하고) '돈에 대한 작은 욕망'의 상태에 있던 사람들보다 시식을 하는 동안에 더 많은 초콜릿을 먹었다.[1] 이처럼 돈에 대한 이해가 음식에 대한 이해와 뒤얽혀 있다는 점을 고려할 때, 우리가 돈에 대해 상대적 관점에서 생각한다는 사실은 우리의 인지 발달 역사에서 일어난 또 하나의 우발적인 사건을 보여주는 예일 것이다.

크리스마스 적금의 비밀: 우리의 뇌는 미래를 염두하지 않는다

연말 크리스마스 쇼핑에 필요한 목돈을 마련하기 위해 1년 내내 조금씩 돈을 적립하는 '크리스마스 적금'은 우리의 주제와 관련해 또 다른 적절한 예를 제공한다. 왜냐하면 이 적금의 목표는 그럴듯하지만, 이와 관련된 행동은 (적어도 고전경제학의 관점에서 볼 때) 비합리적이기 때문이다. 크리스마스 적금계좌는 일반적으로 수지가 적기 때문에 다른 곳에 투자하는 것보다 낮은 이율을 거두기 쉽다. 게다가 그렇게 돈을 놀리느니 차라리 고율의 신용카드 부채를 갚는 데 돈을 쓰는 것이 더 나을 것이다. 그러나 사람들은 온갖 목적의 실제 또는 가상계좌를 만들어 저금하면서, 마치 그 돈이 자기 돈이 아닌 것처럼 1년 내내 이런 종류의 투자를 한다.

크리스마스 적금이나 그와 비슷한 것들이 존재하는 이유는 그것들이 재정적으로 합리적이기 때문이 아니라, 그것들이 진화의 역사를 거쳐온 우리 뇌의 특이한 구조에 부합하기 때문이다. 다시 말해 그것들은 우리의 허약한 의지에 대처하는 한 방법을 제공한다. 만약 우리가 더 뛰어난 자기통제력을 지니고 있다면, 이런 식의 대처는 필요하지 않을 것이다. 만약 그렇다면 우리는 최고의 수익률을 내는 한 개의 통합계좌에 모든 돈을 1년 내내 넣어두고 필요할 때마다 꺼내 쓸 것이다. 그러나 우리가 이렇게 간단하고 재정적으로도 견실하지 못한 이유는 오로지 현재의 유혹이 미래의 추상적인 현실을 압도하기 때문이다. 나아가 현재의 유혹은 미래의 우리 자신을 무일푼으로 방치하는 경향이 있다. 한 평가에 따르면 전체 미국인의 거의 3분의 2가 노후를 위해 터무니없이 적은 돈을 저금한다고 한다.

우리의 뇌는 날아간 비용에 집착한다

합리성은 우리가 이른바 '날아간 비용'에 대해 생각할 때도 문제가 된다. 예를 들어 여러분이 연극을 보기 위해 20달러짜리 입장권을 샀다고 가정해보라. 그런데 극장에 들어서는 순간 표를 잃어버렸다는 것을 알게 되었다. 게다가 표가 일반 입장권이어서 특정 좌석이 지정되어 있는 것도 아니고 표를 다시 지급받을 수도 없다고 가정하자. 이런 상황에서 여러분이라면 다시 표를 사겠는가?

실험 결과에 따르면 이럴 때 절반의 사람들은 그렇다고 말하고 절반의 사람들은 포기하고 집으로 돌아간다. 결국 50 대 50으로 나뉘는 셈인데, 이것은 충분히 그럴 수 있어 보인다.

그러나 이것을 약간 다른 상황과 비교해보자. 이번에는 여러분이 미리 구입한 입장권 대신에 현금을 잃어버렸다고 상상해보라. ("여러분이 연극을 보려고 하는데 입장권이 20달러라고 상상해보라. 그런데 극장에 들어서서 표를 구입하려는 순간 여러분이 20달러 지폐를 잃어버렸다는 것을 알게 되었다. 그래도 여러분은 20달러를 지불하고 연극 입장권을 구입하겠는가?") 이 경우에는 자그마치 88퍼센트의 사람들이 돈을 다시 지불하겠다고 말했다. 그런데 주머니에서 추가로 나가는 돈은 두 상황 모두에서 20달러로 똑같지 않은가?

더 재미있는 예를 살펴보자. 여러분이 미시간 주말 스키 여행을 위한 100달러짜리 표를 구입했다고 치자. 몇 주 후에 여러분은 다시 이번에는 위스콘신 주말 스키 여행을 위한 50달러짜리 표를 구입한다. 그런데 여러분은 위스콘신 스키 여행이 값은 더 싸도, 더 재미있을 것이라고 정말로 생각한다. 여러분은 새로 구입한 위스콘신 스키 여행 티켓을 지갑에 넣는 순간 여러분이 멍청한 짓을 했다는 것을 깨닫는다. 두 개의 여행 일정이 똑같은 주말로 잡혀 있는 것이다! 게다가 둘 중 하나를 팔기에는 이미 늦었다. 그렇다면 여러분은 어디로 여행을 가겠는가?

이런 질문을 받은 피험자들의 반 이상은 위스콘신 여행이 더 재미있을 것이라는 점을 알면서도 (더 비싼) 미시간 여행을 선택하겠다고 말했다. 그러나 두 여행을 위한 비용을 이미 지불한 상황에서 (그리고 돈을 되돌려 받을 수도 없는 상황에서) 이런 선택은 사리에 맞지 않는다. 위스콘신 여행이 추가 비용 없이 더 큰 효용(만족)을 줄 터이기 때문이다. 그러나 사람들은 '낭비'에 대한 걱정 때문에 덜 재미있는 여행을 선택한다.[2] 이런 이상한 사고방식이 세계적인 규모로 전개된다면 엄청난 결과를 초래할 수도 있을 것이다. 우리가 알다시피 대통령들조차 기존 정책이 통하지 않는다는 것이 모두에게 명백해진 뒤에도 한참 동안 그 정책을 고집한다.

우리의 뇌는 가격과 가치를 혼동한다

경제학자들에 따르면 우리는 사물의 예상 효용에 따라, 다시 말해 그것이 얼마나 큰 만족을 가져다줄 것인지에 따라 그것의 가치를 평가해야 하며, 그래서 효용이 가격보다 클 때에만 그것을 사야 한다.[3] 그러나 여기서도 인간의 행동은 경제적 합리성과 일치하지 않는다. 사람들이 가치를 결정하는 첫째 원리가 상대적 관점에서 결정한다는 것이라면, 둘째 원리는 무엇이 정말로 가치 있는 것인지에 대해 사람들이 아주 막연하게 생각한다는 것이다.

그래서 우리는 종종 "얼마나 괜찮은 거래를 하고 있는가?" 등과 같은 부차적인 기준에 의존하곤 한다. 예를 들어 밥 메릴Bob Merrill의 유명한 노래 "창가의 그 개는 얼마인가요?"라는 질문을 생각해보라. 잘 키운 개 한 마리가 도대체 얼마의 가치를 지니겠는가? 구릿빛 사냥개 한 마리는 영화 한 편의 가격보다 100배 더 가치가 있는가? 아니면 1,000배 더 가치가 있는가? 아니면 페루 여행보다 두 배 더 가치가 있는가? 아니면 BMW 오픈카 가격의 10분의 1의 가치가 있는가? 아마도 이런 질문은 경제학자들만 던질 것이다.

그러나 사람들이 실제로 하는 행동도 이상하기는 마찬가지다. 사람들은 종종 문제의 개보다 파는 사람이 떠드는 말에 더 주의를 기울이곤 한다. 그래서 개를 키운 사람이 600달러의 값을 부르면 고객은 500달러로 깎아내려 개를 산 뒤에, 스스로 운이 좋았다고 생각할 것이다. 그런데 파는 사람이 500달러에서 시작해 조금도 깎아주지 않는다면, 고객은 투덜대며 가게를 나설지 모른다. 그리고 십중팔구 그 고객은 바보일 것이다. 왜냐하면 개가 건강하다고 칠 때 500달러면 꽤 잘 산 것일 터이기 때문이다.[4]

또 다른 예를 들어보자. 어느 뜨거운 여름날 여러분이 바닷가에 있다고 상상해보라. 그런데 마실 것이 하나도 없고 시원한 맥주 생각이 간절하다. 이때 한 친구가 친절하게도 돈을 주면 맥주를 사다 주겠다고 말한다. 다만 친구는 여러분이 맥주를 사는 데 최대 얼마를 지불할 용의가 있는지를 미리 말해달라고 요구한다. 그는 여러분 대신 결정을 내려야 하는 부담을 떠맡고 싶지 않은 것이다. 이럴 때 사람들은 보통 맥주를 어디서 구입할 것인가에 따라 상한선을 정한다. 만약 유원지에서 맥주를 사야 한다면 여러분은 6달러까지도 부를 것이다. 그러나 친구가 바닷가 끝에 있는 편의점으로 갈 것이라면, 4달러 이상은 부르지 않을 것이다.

그러나 이러한 접근법은 경제학자의 관점에서 볼 때 멍청하기 짝이 없다. 진정한 척도는 "그 가게나 유원지에서 부르는 가격이 비슷한 다른 시설들에 비해 적당한가?"가 아니라 "그 맥주가 내게 얼마나 큰 만족을 가져다줄 것인가?"이어야 할 것이다. 6달러는 6달러일 뿐이다. 만약 맥주가 10달러어치의 만족을 가져다준다면 6달러는 싼 것이다. 설령 그 맥주를 세계에서 가장 비싼 가게에서 샀다고 하더라도 말이다. 한 경제학자가 무미건조하게 말했듯이 "소비의 경험은 동일하다."

심리학자 로버트 치알디니Robert Cialdini는 그의 친구인 한 상점 주인의 어처구니없는 일화를 우리에게 소개해주었다. 이 주인은 몇몇 목걸이를 처분하는 데 애를 먹고 있었는데 휴가를 떠나면서 점원들에게 이 목걸이들을 반값에 팔라는 메모를 남겼다. 그러나 점원들은 이 메모를 잘못 읽고 목걸이의 가격을 두 배로 올렸다. 여러분이라면 100달러에도 꼼짝 않던 목걸이들이 200달러에 팔릴 것이라고 예상하겠는가? 그러나 바로 그런 일이 일어났다. 주인이 휴가에서 돌아왔을 때 목걸이들은 모두 팔리고 없었다. 이렇게 특정 목걸이가 쌀 때보다 비쌀 때 더 잘 팔린 까닭은 명백히 고객들이 (내재적인 가치 대신에) 표시 가격을 가치의 대표로 간주했기 때문일 것이다. 경제학의 관점에서 볼 때 이것은 미친 짓이다.

우리의 뇌는 틀 짜기에 취약하다

그렇다면 이런 일은 왜 일어나는가? 마지막에 든 몇 개의 예들은 앞 장에서 살펴본 무엇인가를 연상시킬 것이다. 그것은 바로 닻 내림 효과다. 우리가 부르는 가격이 물건의 내재적 가치뿐만 아니라, 상점 주인의 출발 가격 같은 부적절한 것들에도 의존한다면, 이것은 이미 닻 내림 효과가 우리 머리를 확실히 어지럽힌 결과다.

닻 내림 효과는 인간 인지의 매우 기본적인 부분이기 때문에 이것은 강아지나 물건의 가치를 평가할 때뿐만 아니라, 삶 자체처럼 무형의 것에도 적용된다. 예컨대 최근의 한 연구에서는 사람들에게 연간 자동차 사망 사고율을 줄이기 위한 안전 개선 조치에 얼마나 많은 비용을 지불할 용의가 있느냐고 물었다. 이때 질문자는 사람들에게 (25파운드나 75파운드처럼) 꽤 낮은 비용을 지불할 용의가 있는지를 묻는 데서 출발했다. 그러면 사람들은 어느 누구도 이기적인 망나니처럼 보이고 싶지 않았을 터이므로 대부분 지불할 용의가 있다고 답했다. 그런데 재미있는 일은 그 다음에 일어났다. 실험을 한 연구자는 피험자의 상한선에 이를 때까지 계속 비용을 올려 불렀다. 그러자 1년에 25파운드를 지불하는 것에서 질문을 시작한 경우에는 평균 149파운드까지 올라갔고, 반면에 1년에 75파운드를 지불하는 것에서 질문을 시작한 경우에는 거의 40퍼센트나 더 많은 평균 232파운드까지 최대치가 올라갔다고 한다.

실제로 우리의 거의 모든 선택은 그것이 경제적인 것이든 아니든, 문제가 어떻게 제기되는가에 따라 어떤 식으로든 영향을 받는다. 예를 들어 다음과 같은 상황을 생각해보자.

한 나라에 희귀한 질병이 발발해 600명의 생명이 위협받는 상황에 처했다고 상상해보자. 그래서 이 질병을 퇴치할 두 대안 프로그램이 제안되었다. 이때 두 프로그램의 결과에 대한 과학적 추정치는 정확히 다음과 같았다.

프로그램 A를 채택하면 200명의 생명을 구할 것이다.

프로그램 B를 채택하면 600명의 생명을 구할 확률이 3분의 1이고, 한 명의 생명도 구하지 못할 확률이 3분의 2이다.

이 경우에 대부분의 사람들은 모든 생명을 위험에 떠맡기고 싶지 않기 때문에 프로그램 A를 선택할 것이다. 그러나 똑같은 대안을 아래와 같이 다르게 제시하면 사람들의 선택은 정반대로 바뀐다.

프로그램 A를 채택하면 400명이 죽을 것이다.

프로그램 B를 채택하면 아무도 죽지 않을 확률이 3분의 1이고, 600명이 죽을 확률이 3분의 2이다.

600명 중에서 '200명의 생명을 (확실히) 구하는 것'은 좋은 생각처럼 보인다. 반면에 똑같은 600명 중에서 '400명을 죽게 놔두는 것'은 결코 좋아 보이지 않는다. 그러나 실제로는 문제의 표현 방식만 바뀌었을 뿐, 두 가지는 완전히 똑같은 결과를 나타내고 있다. 심리학자들은 이런 것을 가리켜 '틀 짜기framing'라고 부른다.[5]

정치인과 광고주들이 즐겨 쓰는 전략

정치인들과 광고주들은 인간이 틀 짜기의 영향에 취약하다는 점을 언제나 이용한다. '사망세'는 '상속세'보다 훨씬 불길하게 들리며, 범죄율이 3.7퍼센트라고 묘사된 지역은 범죄 없는 비율이 96.3퍼센트라고 묘사된 지역보다 더 많은 자금을 지원받는다.

틀 짜기가 이렇게 영향력을 발휘하는 까닭은 선택이 (신념과 마찬가지로) 불가피하게 기억의 매개를 통해 이루어지기 때문이다. 그리고 우리가 이미 살펴보았듯이 진화를 통해 형성된 우리의 기억 체계는 그때그때의 맥락 특징에 의해 본질적이고도 불가피하게 영향을 받는다. 그래서 맥락이 바뀌면 (이 경우에는 실제 사용된 단어가 바뀌면) 여러분의 선택도 따라서 바뀔 수 있는 것이다. '사망세'는 죽음에 대한 생각을, 우리 모두가 두려워하는 운명을 환기시키는 반면에 '상속세'라고 하면 정말로 부유한 사람들만 생각이 나고 평범한 납세자들과는 별 상관이 없는 세금인 것처럼 들릴 수도 있다. '범죄율'은 범죄에 대해 생각하게 하지만 '범죄 없는 비율'은 안전에 대한 생각을 촉발한다. 우리가 무엇을 생각하는지, 결정의 순간에 우리가 무엇을 기억 속으로 불러내는지가 때로는 결정적인 차이를 낳는다.

실제로 광고업 전체는 바로 이런 원리에 기초하고 있다. 어떤 상품이 사람들의 머릿속에 유쾌한 연상을 불러일으킨다면 그것이 적절하든 적절하지 않든 그 상품은 더 잘 팔릴 것이다.[6]

한 법률 회사의 이혼 광고

시카고의 한 법률회사는 최근에 기억과 암시의 힘을 최대한 활용한 광고를 선보였다. 그것은 포테이토칩이나 맥주를 선전하는 광고가 아니라 이혼을 부추기는 광고였다. 그들은 어떤 방법을 썼을까?

약 15미터 넓이의 광고판에는 빼어난 미모의 한 여성이 레이스가 달린 검은 브래지어 밖으로 터져 나올 듯한 가슴을 뽐내고 있었으며, 그 옆에는 역시나 잘생긴 한 남성이 웃통을 드러낸 채 오일로 번득이는 근육질 몸매를 자랑하고 있었다. 그리고 법률회사의 이름과 연락처 바로 위에는 다음과 같은 짧은 문구가 적혀 있었다. "인생은 짧습니다. 이혼하십시오."

맥락적 기억과 자동적인 예비 효과의 영향을 그다지 받지 않는 종이 있다면 이런 광고판이 별다른 영향을 미치지 않을 것이다. 그러나 우리 인간과 같은 종에게는 이것이 우려할 만한 영향을 미칠 수 있다. 이혼은 한 개인이 취할 수 있는 가장 어려운 선택 가운데 하나다. 우리는 이혼을 결정하기에 앞서 한편으로는 미래에 대한 희망과 다른 한편으로는 외로움에 대한 두려움, 후회, 재정상태의 변화, 그리고 무엇보다 자녀들에 대한 고려 등을 견주어보지 않으면 안 된다.

우리가 정말로 합리적인 세계에 살고 있다면 말초신경을 자극하는 이런 광고판 따위는 아무런 문제도 되지 않을 것이다. 그러나 클루지스러운 뇌의 지배를 받는 피와 살로 된 인간들이 살아가는 실제 세계에서 이런 광고는 평소 이혼을 생각지도 않던 사람에게까지 이혼에 대한 생각을 불어넣을 수 있다. 게다가 이런 광고는 이혼에 대한 사람들의 사고방식에 특정한 틀을 덧씌우는 효과를 발휘할지 모른다. 그래서 결혼을 인생의 반려자, 가족, 재정적 안정 등의 관점에서 평가하는 대신에, 낭만적인 연애와 화끈한 성적 만남의 관점에서 보도록 유도할지 모른다.

물론 이것은 나의 추측이다. 왜냐하면 이 법률회사는 여론의 압력에 못 이겨 불과 두세 주 만에 이 광고판을 내려야 했으며, 따라서 그것의 영향을 입증할 직접적인 증거는 존재하지 않기 때문이다.

그러나 실제 마케팅에 대한 많은 연구들은 점점 더 나의 추측을 뒷받침하고 있다. 예컨대 한 연구에서는 사람들에게 앞으로 6개월 안에 차를 사고 싶은 마음이 얼마나 되느냐고 물었다. 그리고 이런 질문을 받은 사람들은 이런 질문을 받지 않은 사람들보다 거의 두 배나 더 차를 구입한 것으로 나타났다. 그러므로 많은 자동차 판매인들이 사람들에게 혹시 차를 살 계획이 있느냐고 묻는 대신에 언제 살 계획이냐고 묻는 것은 그리 놀라운 일이 아니다. 앞서 언급한 법률회사의 문제에서와 마찬가지로 여기서도 똑같은 기제가 작동하고 있다. 맥락은 우리에게 생각할 재료를 제공함으로써, 신념은 물론 선택에까지 영향을 미친다.

근시안적 선택과 할인 쌍곡선

진화의 모순: 선조의 자산이 현대인의 부채가 되다

내가 지금까지 논의한 틀 짜기, 닻 내림, 광고에 대한 민감성 등의 현상들은 문제의 일부일 뿐이다. 그 밖에도 우리의 선택은 우리의 그때그때 내부 상태에 따라 떠오르는 기억의 영향을 받기도 한다. 예컨대 한 연구에서는 사무직 노동자들에게 일주일 후 늦은 오후에 어떤 간식을 먹고 싶은지 선택하도록 했다. 그러자 선택의 시점에 (실제로 간식을 먹기 일주일 전에) 배고픔을 느꼈던 사람들의 72퍼센트는 포테이토칩이나 초코바와 같이 건강에 좋지 않은 간식을 선택하였다. 그러나 배고픔을 느끼지 않았던 사람들 중에서는 42퍼센트만 건강에 좋지 않은 간식을 선택하였고, 나머지 다수는 사과나 바나나를 선택하였다. 사과나 바나나가 더 나은 선택이라는 것을 모르는 사람은 없을 것이다. 이것은 건강 유지라는 우리의 장기 목표와 일치한다. 그러나 우리가 배고픔을 느낄 때면 소금과 정제 설탕의 쾌감에 대한 기억이 떠올라 우리의 장기 목표보다 더 큰 힘을 발휘하곤 한다.

이 모든 것은 당연히 진화와 관련이 있다. 합리성이란 말 그대로 관련 증거들을 철저하고 사려 깊게 비교 평가할 것을 요구한다. 그러나 포유동물의 기억회로는 전혀 이런 목적에 맞게 조율되어 있지 않다. 기억의 신속함과 맥락 민감성은 위협적인 환경에서 급히 결정을 내려야 했던 우리 선조들에게 틀림없이 큰 도움이 되었을 것이다. 그러나 이렇게 과거에 자산이었던 것이 현대에는 부채가 되었다. 맥락은 우리에게 이렇게 말하는데, 합리성은 저렇게 말하고 있다면, 합리성은 언제나 양자 간의 싸움에서 지고 만다.

미래보다 현재에 급급한 사람들

진화의 관성은 현대인이 이따금 비합리적으로 행동하는 데 중요한 역할을 하였다. 곧 우리는 어느 정도 불확실성을 예상하도록 설계되어 있지만, 실제로 이런 불확실성이란 오늘날 대부분 (그리고 다행히도) 존재하지 않는 것들이다. 아주 최근까지도 우리 선조들은 내년 추수가 잘 되리라고 기대할 수 없었다. 그리고 손안에 쥔 새 한

마리가 수풀에 있는 두 마리 또는 세 마리보다 확실히 더 나은 것이었다. 냉장고도 없고 방부제도 없으며 식품점도 없는 상황에서는 그저 살아만 남는 일도 오늘날과 달리 매우 불확실한 것이었다. 토마스 홉스의 불후의 표현을 빌리자면, 삶이란 "더럽고 잔인하며 짧은" 것이었다.

때문에 수억 년에 걸친 진화의 과정을 살펴보면, 주로 순간을 살아가는 생물들이 강력하게 선택되었다. 지금까지 연구된 모든 종의 동물들은 '할인 쌍곡선hyperbolic discounting curve'이라고 알려진 것을 따르는 경향이 있다.[7] 이것은 유기체가 미래보다 현재를 훨씬 더 소중하게 여기는 경향이 있다는 사실을 멋지게 표현하고 있다. 나아가 유혹이 가까이 있을수록 그것을 물리치기란 더더욱 어렵다. 예컨대 비둘기는 10초 후에 1온스의 음식을 먹으니 14초를 기다려 4온스의 음식을 먹는 것이 더 낫다는 것을 10초 전에는 알아차릴 수 있다. 그러나 9초가 지난 뒤 마지막 순간에 다시 선택하게 하면 비둘기는 애초의 선택을 바꿀 것이다. 딱 1초 전에는 당장 음식을 먹고 싶다는 욕망이 나중에 더 많은 음식을 먹고 싶다는 욕망을 압도하는 것이다. 저녁을 기다리는 동안에 포테이토칩에 손이 가는 배고픈 사람처럼 비둘기는 4초를 더 기다리지 못한다.

인간의 삶은 비둘기의 삶보다 일반적으로 훨씬 더 안정되어 있다. 그리고 인간의 전두엽은 훨씬 더 크다. 그러나 아직도 우리 인간은 순간을 살아가던 선조들의 경향을 넘어서지 못했다. 우리는 배가 고플 때면 다음 주에 어떻게 되든 당장 탄수화물과 지방으로 배를 채우지 않으면 안 되는 것처럼 게걸스럽게 감자튀김을 먹곤 한다. 비만이

고질적인 까닭은 평소에 운동이 부족하기 때문만이 아니라, 우리 뇌가 비교적 편리한 현대인의 삶을 따라잡지 못했기 때문이기도 하다.[8]

왜 이렇게 많은 사람들이 신용카드 때문에 고생할까?

이러한 문제적 경향은 음식에만 국한된 것이 아니다. 이것은 사람들이 돈을 어떻게 쓰는지, 왜 노후를 위해 충분히 저축하지 못하는지, 왜 그렇게 자주 신용카드 빚을 엄청나게 지는지 등도 설명해준다. 예컨대 지금의 1달러는 1년 뒤의 1달러 20센트보다 더 가치 있어 보인다. 게다가 복리가 얼마나 빨리 오르는지에 대해 어느 누구도 진지하게 생각하지 않는 것 같다. 그것은 왜냐하면 주관적인 미래가 너무 멀리 있기 때문이다. 또는 그렇게 믿도록 우리가 진화했기 때문이다. 인간의 마음은 미래뿐 아니라 돈에 대해서도 생각하는 것이 서툴기 때문에 신용카드는 거의 마약만큼이나 심각한 문제를 야기한다. 코카인을 정기적으로 흡입하는 미국인은 50명 중에 1명도 되지 않는다. 그러나 미국인의 거의 절반이 정기적으로 신용카드 빚을 지고 있으며, 약 10퍼센트의 사람들은 만 달러 이상의 빚을 지고 있다.

만약 우리 선조들의 경우에 그랬던 것처럼 우리의 수명이 훨씬 더 짧거나 이 세계가 훨씬 더 불확실하다면, 미래보다 현재를 극단적으로 선호하는 우리의 태도가 사리에 맞을 것이다. 그러나 은행 계좌를 정부가 보증하고 식품점에 물건들이 안정적으로 다시 채워지는 사회에서 이렇게 현재를 중시하는 태도는 심각한 역효과를 낳을 수 있다.

우리가 미래를 깎아내릴수록 우리는 약물, 술, 과식 같은 단기 유혹에 굴복할 것이다. 하워드 래클린Howard Rachlin은 이러한 현상을 다음과 같이 요약한다.

> 일반적으로 볼 때 이를테면 10년의 기간을 건강하게 사는 것은 본질적으로 만족스러운 것이다. …… 10년 이상의 기간에 대해서는 사실상 모두가 TV 앞에서 포테이토칩만 축내며 사는 것보다 건강하게 사는 것을 선호할 것이다. 그러나 우리는 또한 이 음료를 마시지 않는 것보다 마시는 것을, 이 초콜릿 아이스크림을 먹지 않는 것보다 먹는 것을, 이 담배를 피우지 않는 것보다 피우는 것을, 30분 운동하는 것보다 이 TV 프로그램을 보는 것을 (많든 적든) 선호하기도 한다.

나는 단기적인 것과 장기적인 것 사이의 이러한 긴장이 현대인의 삶의 많은 부분을 규정하고 있다고 말해도 지나치지 않다고 생각한다. 우리는 종종 지금 운동하러 갈 것인지 아니면 집에서 TV를 볼 것인지 선택해야 하고, 지금 즐겁게 감자튀김을 먹을 것인지, 아니면 나중에 튀어나올 배를 걱정해 삼가야 할지 갈등하곤 한다.

정서와 기억과 선택의 도미노 현상

끊임없이 갈등하는 우리의 뇌

그러나 우리가 근시안적으로 선택한다는 이야기는 현대인의 소시민적 갈등의 절반만을 설명해줄 뿐이다. 왜냐하면 우리 인간은 또 다른 선택이 존재한다는 사실을 충분히 이해할 만큼 영리한 유일한 종이기 때문이다. 지금 1온스의 음식을 선택한 비둘기가 과연 자기가 잃은 것에 대해 후회할까? 비록 나는 얄궂게도 스마트푸드 Smartfood(산뜻한 음식)라는 상표가 붙은 팝콘 한 봉지를 단숨에 해치우곤 하지만, 몇 시간 뒤면 후회할 것이라는 점도 잘 알고 있다.

이것도 마찬가지로 우리의 마음이 클루지임을 보여주는 확실한 징후다. 내가 어떤 멍청한 짓을 하면서 동시에 그것이 멍청한 짓이라는 것을 안다는 사실은 나의 뇌가 갈등 관계 속에서 작동하는 여러 체계들을 끌어 모은 것임을 시사한다. 진화는 조상 전래의 반사 체계를 먼저 만들었고, 그 다음에 합리적 사고를 위한 체계를 발전시켰다. 이것 자체는 좋다. 그러나 이런 경우에 훌륭한 공학자라면, 이 두 체계를 어떻게 통합할 것인가에 대해서도 고민할 것이다. 그래서 깊이 생각하지 말고 곧바로 행동해야 하는 위급상황을 빼고는, 아마도 좀 더 분별력 있는 전뇌 중심으로 선택이 이루어질 것이다.

그러나 실제로 선조 체계는 그것이 필요하든 필요하지 않든 언제나 우리가 제일 먼저 의지하는 기본 값인 듯하다. 우리는 급박할 때뿐만 아니라 피곤할 때, 주의가 산만할 때, 또는 그냥 나태할 때에도 숙고 체계를 외면한다. 숙고 체계를 사용하는 것은 의지의 작용을 필요로 하는 것 같다. 왜 그럴까? 아마도 그 이유는 단순히 선조 체계가 먼저 생겼기 때문일 것이다. 그리고 (기술들의 누진적인 중첩을 통해 만들어진 체계에서는) 먼저 생긴 것이 본래대로 남아 있는 경향이 있기 때문일 것이다.

결국 먼저 생긴 것이 얼마나 근시안적이든 상관없이 우리의 숙고 체계는 (설사 어떻게 발언권을 얻게 되더라도) 어쩔 수 없이 이런저런 것들로 오염될 수밖에 없다. 이렇게 볼 때 미래를 깎아내리는 행동이 그렇게 요지부동의 습관으로 남아 있는 것은 그리 놀랄 일이 아니다.

이성보다 감정에 의존하는 선택

우리가 결국 선택을 그르치게 되는 것은 논리와 정서 사이에 긴장이 생길 때다. 즉각적인 현재의 유혹은 그것의 한 예일 뿐이다. 많은 알코올 중독자들은 자기가 계속 술을 마시면 폐인이 될 것이라는 점을 알고 있다. 그러나 지금의 한 잔이 가져다줄 쾌감을 머릿속에 떠올리는 것만으로도 분별력 있는 선택은 물 건너 가기 쉽다. 이럴 때는 정서만 있고 논리는 없다.

파리스Paris가 메넬라오스Menelaus의 아내를 유괴하자, 메넬라오스가 트로이에 전쟁을 선포했다는 것은 그저 신화일지 모른다.[9] 그러나 인류 역사에서 가장 중요했던 몇몇 결정들이 이성적이기보다 감정적인 이유로 내려졌다는 데에는 의심의 여지가 없다.

예컨대 2003년 미국의 이라크 침공이 아마도 그런 경우일 것이다. 보도에 따르면 부시 대통령은 전쟁을 불과 몇 달 앞두고 사담 후세인에 대해 다음과 같이 말했다고 한다. "어쨌든 그는 내 아버지를 죽이려고 했던 녀석이다." 누가 자기 배우자를, 특히 불륜 현장에서 발각된 배우자를 죽이기로 작정할 때는 거의 확실하게 감정이 개입된다.

물론 긍정적인 감정도 결정에 영향을 미친다. 집을 장만할 때, 결혼 상대를 정할 때, 정체가 불분명한 사람과 이따금 한바탕 즐길 때 그러하다. 내 아버지가 습관적으로 말하듯이 "모든 판매는 (그리고 실제로 모든 선택은) 감정적인 것이다."

"인간의 생명이 중요하지만 난 돌고래 보호에 기부하겠어"

이러한 현상은 위에서 언급한 질투, 사랑, 복수 등 명백한 경우들 뿐만 아니라, 감정이 전혀 개입되지 않은 것처럼 보이는 경우들에도 해당된다. 예를 들어 한 연구에서는 사람들에게 돌고래 보호 같은 각종 환경 사업이나, 또는 피부암 발병률을 줄이기 위해 농부들에게 무료 의료진단 서비스를 제공하는 일 등에 대해 얼마를 기부할 용의가 있느냐고 물었다. 어떤 사업이 더 중요하다고 생각하느냐고 물었을 때에는 대부분 농부들과 관련된 사업을 지적하였다. 이것은 아마도 인간의 생명이 돌고래의 생명보다 더 귀중하다고 생각했기 때문일 것이다. 그러나 돌고래 사업과 농부 사업 각각을 위해 얼마의 돈을 기부할 의향이 있느냐고 물었을 때에는 대부분 귀여운 돌고래에게 더 많은 점수를 주었다. 이 두 선택을 따로따로 떼어놓고 보면 일리가 있을 수도 있지만, 둘을 함께 놓고 보면 사람들의 태도가 매우 모순됨을 알 수 있다. 인간의 생명이 더 중요하다고 생각하는 사람이 왜 돌고래 사업에 더 많은 돈을 기부하려 할까? 우리의 숙고 체계가 선조 체계와 불일치하는 것은 하나의 문제다. 그리고 이 두 체계가 통제권을 두고 서로 경쟁하면서 멋대로 이랬다저랬다 하는 것은 또다른 문제다.

또 다른 최근 연구에서는 사람들에게 행복하거나 슬프거나 중립적인 얼굴 사진을 약 60분의 1초 동안 보여준 다음에 '새로 나온 레몬 라임 음료'를 마시도록 했다. 그러자 슬픈 얼굴을 보았던 사람들보다 행복한 얼굴을 보았던 사람들이 레몬 라임을 더 많이 마셨으며, 이 특혜에 대한 대가로 두 배나 더 많이 지불할 뜻을 표시하였다. 이 모든 것은 신념에 대해서 만큼이나 선택에 대해서도 예비 효과가 작용함을 보여주는 듯하다. 아마도 행복한 얼굴은 마치 이 음료가 유쾌한 것이라도 되는 듯이 이것에 접근하도록 우리를 예비시킨 반면에, 슬픈 얼굴은 마치 이 음료가 불쾌한 것이라도 되는 듯이 이것을 피하도록 우리를 예비시켰을 것이다. 광고주들이 거의 언제나 록밴드 알이엠REM의 노래 가사처럼 '빛나는 행복한 사람들'만 제시하는 것은 전혀 놀라운 일이 아니다.

더 우려스러운 한 연구에서는 피험자들에게 이른바 '죄수의 딜레마prisoner's dilemma' 게임을 하도록 요구하였다. 이것은 두 사람이 서로 협력하거나 아니면 '배신'해야 하는 게임이다. 그래서 두 사람 모두 협력할 경우에는 둘 다 더 큰 보상을 받고, 한 사람은 배신하고 다른 한 사람은 협력할 경우에는 배신한 사람만 약간 보상을 받으며, 둘 다 배신할 경우에는 아무런 보상도 없다. 이것은 심리학 연구에서 자주 사용되는 일반적인 절차인데, 특히 이 연구에서는 사람들이 게임을 시작하기 전에 대기실에 있는 동안 언뜻 실험과 무관해 보이는 뉴스를 무심코 듣도록 하는 책략을 사용하였다. 이때 일부 피험자들은 한 성직자가 가난한 환자를 위해 신장을 기부했다는 친사회적인 뉴스를 들은 반면에, 다른 피험자들은 한 성직자가 살인을 범했다는 뉴스를 들었다.

그러자 무슨 일이 일어났을까? 아마도 여러분은 이미 짐작했을 것이다. 착한 성직자에 관한 뉴스를 들은 사람들은 나쁜 성직자에 관한 뉴스를 들은 사람들보다 게임에서 훨씬 더 협조적이었다. 이 모든 연구들에서는 이런저런 정서가 일정하게 기억을 예비시키고, 이렇게 예비된 기억이 다시 선택에 영향을 미친다.

섹스와 참을 수 없는 내장의 유혹

그런가 하면 경제학자 조지 뢰웬슈타인George Loewenstein이 '내장의 유혹the attraction of the visceral'이라고 부른 것은 또 다른 종류의 사례를 보여준다. 초코 치즈케이크를 추상적으로 (보지 않은 상태에서) 물리치는 것과 음식점 점원이 후식으로 갖다 줄 때 물리치는 것은 다르다는 얘기다. 한 연구에서는 대학생들에게 게임에서 지면 추가로 30분을 실험실에서 보내야 하고, 이기면 갓 구운 초콜릿칩 쿠키들을 가질 수 있는 게임을 제안하였다. 그러자 쿠키에 대해 그저 이야기를 들은 학생들보다 쿠키를 실제로 보고 냄새까지 맡은 학생들이 더 적극적으로 게임에 참여하였다.

그러나 배고픔은 성욕에 비하면 아무것도 아니다. 위의 연구를 수행한 연구자들은 후속 연구에서 젊은 남성들에게 한 이야기를 글로 읽거나 또는 (더 '내장에 가까운', 다시 말해 더 직접적인) 비디오로 보도록 하였다. 이 이야기에서는 조금 전 저녁 때 만난 남녀 한 쌍이 당장 성관계를 맺을지에 대해 대화를 나눈다. 둘 다 성관계를 맺고 싶어 하지만 아무도 콘돔을 가지고 있지 않으며 근처에 상점도 없다. 이때 여자는 자기가 피임약을 복용하고 있으며 병도 없다면서 남자에게 그냥 할 것인지 결정하라고 말한다. 연구자들은 이 이야기를 제시한 뒤에 피험자들에게 만약 피험자 자신이 이 남자의 처지라면 어떤 결정을 내리겠느냐고 물었다.

이 이야기를 글로 읽은 집단과 비디오로 본 집단 가운데 과연 어느 집단이 더 대담한 결정을 내렸을까? (덧붙이자면 남자 대학생들은 상대 여성이 매력적일수록 자기가 성병에 걸릴 위험이 적다고 믿는 경향이 있다!) 물론 남자들이 때때로 허리 아랫부분으로 생각한다는 것은 새삼스러운 것이 아니다. 그러나 실험적 증거들은 우리의 선택이 언제나 순수 '이성적인' 사고를 따르는 것은 아니라는 사실을 매우 생생하게 보여준다.

배고픔, 성욕, 행복, 슬픔 등은 흔히 사람들이 합리적인 사고에 개입되지 말아야 할 것이라고 말하는 요소들이다. 그러나 기술의 누진적인 중첩을 통한 진화는 우리가 뭐라고 우기든 이런 요인들이 위세를 떨치도록 만들었다.

도덕적 선택과 도덕적 직감

전차 살해 실험과 크리스마스 휴전

우리의 의사결정 능력의 결함은 도덕적 선택에서 더욱 분명하게 나타난다. 예를 들어 폭주하는 전차가 다섯 사람을 치어 죽일 위험한 상황이 벌어졌다고 상상해보자. 그런데 오직 여러분만이 어느 스위치를 누르면 전차의 선로를 바꿀 수 있는 위치에 있다고 하자. 하지만 이렇게 선로를 바꾸면 다섯 명 대신 한 명이 죽게 된다. 이런 상황에서 여러분이라면 스위치를 누르겠는가?

이제 상황을 약간 바꿔 여러분이 폭주하는 전차의 선로 위를 지나는 육교에 있다고 하자. 그런데 여러분이 다섯 사람을 구하려면 옆에 있는 꽤 덩치 큰 사람을 육교 아래 선로로 밀쳐 떨어뜨려야만 한다. 이 사람은 여러분보다 훨씬 덩치가 크다. 여러분 스스로 뛰어내리는 것은 아무런 도움이 되지 않는다. 만약 여러분이 그 사람을 떨어뜨린다면 그 사람은 죽겠지만, 대신 다른 다섯 사람의 목숨을 구할 것이다. 여러분은 이것이 괜찮다고 생각하는가? 이럴 때 사람들은 대부분 (두 경우 모두 한 명을 희생시켜 다섯 명을 구하는 것인데도) 스위치를 누르는 것에 대해서는 긍정적으로 답변하는 반면에, 누군가를 육교 아래로 밀치는 것에 대해서는 부정적으로 답변한다.

이런 차이는 왜 생기는 것일까? 이 물음에 확실하게 답할 수 있는 사람은 없다. 그러나 부분적으로는 두 번째 경우가 좀 더 직접적^{visceral}이기 때문일 것이다. 스위치를 누르는 것은 상당히 기계적이며 실제 충돌과 간접적으로만 관련이 있는 반면, 누군가를 강제로 죽게 만드는 것은 매우 직접적이다.

1차 세계대전 초기였던 1914년 크리스마스 때 영국군과 독일군이 선언한 비공식 휴전은 내장의 감정이 도덕적 선택에 어떤 영향을 미치는지를 보여준 역사적 사례다. 원래 양국 군대의 의도는 크리스마스를 지낸 뒤 전쟁을 재개한다는 것이었다. 그러나 휴전 기간 동안에 양국 군인들은 서로를 알게 되었고 일부는 크리스마스 식사를 함께 하기도 하였다. 그러다보니 군인들은 상대를 적으로 보는 것이 아니라, 자신들과 똑같은 인간으로 보게 되었다. 결국 군인들은 크리스마스 휴전이 끝난 뒤에도 더 이상 서로를 죽일 수 없었다. 미국의 전 대통령 지미 카터가 2002년 노벨 평화상 수상연설에서 말했듯이 "우리 인간은 우선 상대방을 비인간화하지 않고는 비인간적인 전쟁에 직접 발을 들여놓을 수 없다."

전차 살해 문제와 크리스마스 휴전의 사례는 우리의 도덕적 선택이 언뜻 신중한 사고의 결과처럼 보일지 몰라도, 궁극적으로는 우리의 비이지적인 정서 또한 큰 영향을 미칠 수 있음을 보여준다. 이것은 새 차를 사는 것과 같은 일상적인 상황에서든 사람의 목숨이 걸린 중차대한 결정에서든 마찬가지이다.

이유는 모르겠지만 무조건 나빠!

전차 살해 문제는 본질적으로 같은 물음에 대해, 우리 마음의 어떤 체계를 건드리느냐에 따라 상이한 두 가지 답변을 이끌어냄으로써, 우리 마음 안에 존재하는 간극을 보여준다. 심리학자 조너선 하이트Jonathan Haidt는 한 걸음 더 나아가 우리가 합리적으로 정당화하기 어렵지만, 강력한 도덕적 직감을 지니고 있다고 주장한다. 예를 들어 다음과 같은 장면을 살펴보자.

줄리와 마크는 남매 사이다. 그들은 여름방학을 이용해 프랑스로 함께 여행을 떠났다. 어느 날 밤 그들은 바닷가 근처 오두막에 단둘이 있게 되었다. 그러면서 둘은 한번 사랑을 나눠보면 재미있겠다는 이야기를 주고받았다. 적어도 둘 모두에게 새로운 경험이 될 것이라고 생각했다. 줄리는 이미 피임약을 복용하고 있었지만 만전을 기하기 위해 마크도 콘돔을 사용하기로 하였다. 둘은 사랑을 즐겼고, 그렇지만 다시 사랑을 나누지는 않기로 하였다. 그들은 그날 밤의 일을 특별한 비밀로 간직하였으며, 그것은 그들을 서로 더욱 가깝게 느끼도록 하였다. 여러분은 이 일에 대해 어떻게 생각하는가? 그들이 사랑을 나눈 것은 그럴 수도 있는 일인가?

나는 이 글을 읽을 때마다 뭔가 섬뜩한 느낌을 받는다. 그러나 이것이 정확히 왜 잘못일까? 하이트의 말을 계속 들어보자.

위 이야기를 듣는 사람들은 대부분 남매가 사랑을 나누는 것은 잘못됐다고 즉각 말한다. 그런 다음 사람들은 그 이유를 찾기 시작한다. 사람들은 근친 교배의 위험성에 대해 말하곤 한다. 그러나 줄리와 마크는 이중의 피임 조치를 취했다. 사람들은 줄리와 마크가 마음의 상처를 입을 것이라고 주장한다. 그러나 위 이야기에서도 분명히 드러나듯이 그들은 아무 상처도 입지 않았다. 결국 많은 사람들은 다음과 같이 말한다. "저도 모르겠네요. 왜 잘못됐는지 저도 설명을 못하겠어요. 하지만 그것이 잘못됐다는 것은 알아요."

이처럼 뭔가 분명히 잘못되었다고 느끼지만 왜 잘못되었는지 설명하기 난처한 경우를 가리켜 하이트는 '도덕적으로 말문이 막힘moral dumbfounding'이라고 부른다. 도덕적으로 말문이 막히는 현상이 일어나는 것은 (세부사항을 자세히 뜯어보지 않고 전체적인 상에 주목하는) 선조 체계와 (사태를 자세히 분석할 수 있는) 숙고 체계 사이의 간극 때문이다. 그리고 갈등이 생길 때면, 흔히 그렇듯이 이기는 쪽은 선조 체계다. 설득력 있는 이유를 대지 못한다는 것을 스스로 알면서도, 뭔가 역겨운 느낌이 우리에게서 좀처럼 가시지 않는 것이다.

뇌영상을 이용해 머릿속을 들여다보면 우리의 도덕적 판단이 두 개의 상이한 근원에서 유래한다는 또 다른 증거를 찾아볼 수 있다. 앞에서 언급한 것과 같은 실험 연구에서 한 명을 희생시켜 다섯 명을 구하기로 선택한 피험자들은 배외측 전전두피질dorsolateral prefrontal cortex 과 후측 두정피질posterior parietal cortex이라는 뇌 영역에 주로 의존하였는데, 이 영역들은 신중한 추론과정에 중요하게 관여하는 것으로 알려져 있다. 그런가 하면 다섯 명을 잃더라도 한 개인을 희생시키지 않기로 결정한 사람들은 정서와 좀 더 밀접한 관련이 있는 변연피질limbic cortex의 영역에 더 의존하는 경향을 보였다.[10]

합리적 선택을 위한 전제

반사 체계와 숙고 체계의 어중간한 동거

인간의 마음이 클루지인 까닭은 우리 안에 두 개의 체계가 있다는 사실 자체 때문이 아니라, 이 두 체계가 상호 작용하는 방식 때문이다. 정말로 신중한 추론의 체계라면 당연히 신중해야 할 것이다. 소란에 휩싸이지 않으며, 정서 체계가 개입됐다고 해서 한쪽으로 치우치지 말아야 할 것이다. 현명하게 설계된 신중한 추론의 기계라면 자신의 기억에서 찬반 양쪽의 관련 자료들을 체계적으로 검색해 체계적인 결정을 내릴 것이다. 이런 기계라면 확증과 똑같이 반증에도 민감할 것이며, 구매자와 이해관계가 다를 수밖에 없는 판매자의 출발 가격처럼 명백히 부적절한 정보를 접해도 전혀 동요하지 않을 것이다. 나아가 이런 체계라면 자신의 계획에 어긋나는 것들을 완벽하게 진압할 수 있는 능력을 지니고 있을 것이다. 그리고 이렇게 말할 것이다. "나는 다이어트 중이야. 초콜릿 케이크는 안 돼. 끝!"

그러나 우리가 실제로 지니고 있는 것은 두 체계의 어중간한 결합이다. 그래서 조상 전래의 반사 체계는 유기체의 전체적 목표에 대해 부분적으로만 호응하며, 맥락 기억처럼 낡고 부적당한 부분들로 이루어진 숙고 체계는 무진 애를 써야만 독립적으로 작동할 수 있다.

신중한 선택이 항상 최선일까?

그렇다면 과연 우리의 의식적이고도 신중한 선택이 항상 최선의 선택일까? 전혀 그렇지 않다. 대니얼 카너먼이 관찰했듯이 반사 체계는 그것이 할 수 있는 분야에서 숙고 체계가 숙고하는 것보다 뛰어나다. 예컨대 선조 체계는 통계적 변동에 아주 예민하게 반응한다. 무한히 긴 시간에 걸쳐 형성된 이 체계의 장기는 먹이와 육식동물이 있음직한 장소를 추적하는 것이다. 반면에 숙고 체계는 이따금 신중하기도 하지만, 정말로 공정하고 균형 있게 작동하려면 엄청나게 많은 노력이 필요하다. 물론 선조 체계는 수억 년에 걸쳐 형성된 데 반해 숙고 체계는 아직도 최신 발명품에 해당한다는 점을 고려하면, 이것은 그리 놀라운 일이 아니다.

이런 사정 때문에 불가피하게 선조 체계가 더 잘 담당할 수 있는 결정들이 존재한다. 심지어 몇몇 상황에서는 이 체계만이 현실적인 대안을 제시할 수 있다. 예를 들어 차의 브레이크를 급히 밟아야 할지, 아니면 옆의 좁은 길로 빠져나가야 할지, 순간적으로 결정해야만 하는 상황에서 숙고 체계는 너무 늦다. 또는 고려할 변수들이 너무 많을 때 상황에 따라서는 의식적인 심사숙고보다 무의식적인 결정이 더 나은 기량을 발휘하기도 한다. 만약 여러분의 문제가 매트릭스 정산표를 요구할 정도로 복잡한 것이라면, 통계적인 성향이 강한 선조 체계가 딱 알맞은 도구일 가능성이 있다. 말콤 글래드웰Malcolm Gladwell이 쓴 책 『블링크Blink』에서 말했듯이 "매우 빨리 내린 결정도 의식적이고 신중하게 내린 결정만큼이나 모든 면에서 훌륭할 수 있다."

블링크가 언제나 최선일까?

그렇지만 우리의 본능을 맹목적으로 믿어서는 안 될 것이다. 사람들이 종종 신속하면서도 효과적인 결정을 내릴 수 있는 것은 보통 유사한 문제들에 대해 많은 경험을 했기 때문이다. 글래드웰이 언급하는 대부분의 예들은 (예컨대 모조품을 곧바로 알아보는 미술관 관리자의 능력은) 전문가의 것이지, 아마추어의 것이 아니다.

직관에 대한 세계적 연구자인 네덜란드 심리학자 압 데익스테르후이스Ap Dijksterhuis에 따르면, 가장 훌륭한 직관은 수년간의 경험을 통해 연마된 철저하게 무의식적인 사고의 결과다. 신속하고도 효과적인 결정은 (글래드웰이 말하는 '블링크'는) 많은 경우, 매우 오랜 시간 동안 구워낸 케이크 위의 장식물일 뿐이다. 특히 이제까지 겪은 것과 크게 다른 문제에 직면했을 때, 우리가 가장 먼저 기댈 곳이자 최선의 희망은 신중한 사고일 것이다.

누군가 신중한 판단 대신에 여러모로 취약하고 편향된 무의식적 반사 체계에 상습적으로 의존한다면 그것은 어리석은 일이다. 그러나 조상 전래의 반사 체계를 완전히 버리려고 하는 것도 마찬가지로 어리석은 짓이다. 이것은 완전히 비합리적인 체계가 아니라, 그저 덜 논리적일 뿐이다. 결론적으로 말해 진화는 우리에게 상이한 능력을 지닌 두 체계를 남겨주었다. 하나는 틀에 박힌 일을 처리할 때 뛰어난 능력을 발휘하는 반사 체계이고, 다른 하나는 틀을 벗어나 생각할 때 유익한 숙고 체계다.

우리가 이 두 체계의 장단점을 인식하고 조화를 꾀할 때, 우리의 결정이 편향되기 쉬운 상황들을 밝혀내고 이런 편향을 극복할 전략을 마련할 수 있을 때, 우리는 궁극적으로 지혜로워질 수 있을 것이다.

언어의 비밀

언어, 커뮤니케이션을 방해하다

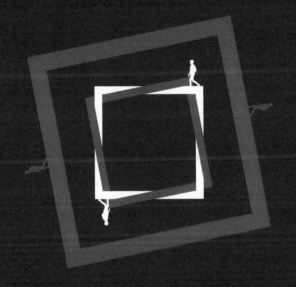

KLUGE 4

——

어느 날 아침 나는 내 잠옷 속에 있는 코끼리를 쏘았다.

코끼리가 어떻게 내 잠옷 속으로 들어갔는지는 알고 싶지도 않다.

— 그로초 막스 Groucho Marx

"그녀는 해변에서 조개를 판다She sells seashells by the seashore." "한 유쾌한 소작 꿩잡이가 유쾌한 꿩 한 마리의 깃털을 잡아 뜯는다A pleasant peasant pheasant plucker plucks a pleasant pheasant." 모두 혀를 꼬이게 만드는 말들이다.[1]

인간의 언어는 대단한 것처럼 보인다. 적어도 (대충 '독수리', '뱀', '표범'에 해당하는) 세 단어밖에 구사하지 못하는 버빗원숭이의 입장에서 보면 그렇다. 그러나 실제로 우리의 언어에는 단어의 발음부터 문장 형성에 이르기까지 온갖 결함과 단점과 특이 사항들이 존재한다. 우리는 말을 시작했다가 중간에 멈추거나 더듬곤 한다. 우리는 '왠지like'라는 표현을 구두점처럼 사용한다.[2] 우리는 셰익스피어의 '원 펠 스웁one fell swoop(단번에)'을 '원 스웰 푸웁one swell foop'으로 발음했던 윌리엄 아치볼드 스푸너William Archibald Spooner 학감처럼, 자음을 맞바꾸기도 한다.[3] 그런가 하면 우리는 '콧마루bridge of the nose'라고 말하려다 '목마루bridge of the neck'라고 말하기도 하고, "그 그룹 멤버들은 모두 필라델피아에서 자랐다All of the members of the group grew up in

Philadelphia."를 "그 그룹 멤버들은 모두 필라델피아에서 토했다All of the members of the group threw up in Philadelphia."로 잘못 듣기도 한다. 이런 언어적 실수들은 모두 우리 마음의 버릇과도 같은 것이다.[4]

인지과학자들의 과제는 이런 말실수들 가운데서 정말로 중요한 특이 사항들을 찾아내는 것이다. 하지만 대개는 그저 사소한 것들이 며, 재미는 있을지 몰라도 인간 마음의 심층 구조를 반영하지는 않는 다. 예컨대 '드라이브웨이driveway'는 흔히 간선 도로에서 집으로 나 있 는 사설 도로를 가리킨다. 우리는 실제로 드라이브웨이에서도 여전 히 (또는 적어도 진입할 때는) 운전drive을 한다. 그러나 이것이 매우 짧 기 때문에 우리는 이 운전 부분을 거의 의식하지 못한다. 게다가 부 동산 붐이 일어나 조경 개념이 바뀌면서 이 단어의 의미도 많이 바뀌 었다.[5] 그런가 하면 '파크웨이parkway'라는 단어에서 '파크park'는 주차 parking와 아무 상관이 없다. 파크웨이는 오히려 공원park, 교외로 빠지 는 삼림 지역 등을 관통하거나 그것과 나란히 나 있는 도로를 가리 킨다. 그러나 이런 사실들이 마음의 깊은 곳을 드러내주는 것은 아니 다. 게다가 명칭을 좀 더 체계적으로 사용하고자 한다면 외국어를 빌 려다 가령 "자동차는 파크플라츠Parkplatz에 주차한다."는 식으로 쓰면 될 것이다.[6]

마찬가지로 변소water closet는 수납실closet보다 크고, 화장실bathroom에 는 욕조bath도 없으면서 변소나 화장실에서 우리 자신을 '구제relieve' 한다고 말하는 것을 지적하는 것은 재미있기는 하지만 의미심장하지 는 않다.[7] 내친김에 덧붙이자면, 공중화장실public restroom은 공적이고 public 방room이긴 하지만, 거기서 쉬는rest 사람을 나는 한 번도 본 적이 없다. 그러나 우리가 "갈 데가 있어서"라고 말할 때 어디를 가려고 하는지 말하기를 꺼리는 것은 정말로 언어의 결함 때문이 아니다. 이것은 그저 예의상 구체적인 것을 에둘러 말하는 완곡어법일 뿐이다.

그러나 가장 흥미로운 언어적 기벽 가운데 몇몇은 더 깊은 뿌리를 가지고 있다. 이것들은 특정 언어의 역사적 우연뿐만이 아니라, 이런 언어를 만들어낸 생물의, 곧 우리 자신의 깊은 진리를 반영한다.

예를 들어 모든 언어에는 애매한 표현들이 수두룩하다는 사실을 살펴보자. 이런 애매한 표현 중에는 우리가 의도적으로 만들어내거나 ("이 사람을 적극 추천하기는 그렇습니다.") 외국인이 우연히 만들어내는 경우도 있지만 (예컨대 호텔에서 손님에게 "침실 담당 여종업원을 이용하세요!"라고 말할 때) 보통 사람들이 거의 우연히 만들어내 이따금 엄청난 결과를 초래하는 경우도 있다. 그런 한 예가 바로 지난 1982년, 이륙 위치에 대한 관제탑의 질문에 비행사가 애매하게 답변해 583명이 사망한 비행기 충돌사고였다. 당시 비행사는 "이륙 준비 완료Ready for takeoff"라고 말했는데 관제탑에서는 이것을 "이륙 중in the process of taking off"이라고 알아들었다고 한다.

언어가 불완전하다는 몇 가지 증거들

버트런드 러셀의 주장은 틀렸다?

완전한 언어라면 (아마도 고의로 애매하게 말하는 경우를 빼고는) 애매하지 않으며, (특이하기보다는) 체계적이고, (할아버지와 손자가 대화에 전혀 어려움이 없을 정도로) 안정되고, (시간과 노력을 낭비하지 않도록) 중복되지 않으며, 나아가 우리의 모든 생각을 표현해낼 수 있어야 할 것이다.[8] 그런 언어라면 모든 말소리는 일정하게 규칙적으로 발음될 것이며, 모든 문장은 수학 공식처럼 분명할 것이다. 20세기의 대표적 철학자 가운데 한 명인 버트런드 러셀은 다음과 같이 말했다.

논리적으로 완벽한 언어에서는 단순한 모든 객체에 대해 오직 한 단어만 존재할 것이다. 그리고 단순하지 않은 모든 것은 단어들의 결합을 통해서, 당연히 단순한 것들을 가리키기 위해 등록된 단어들을 바탕으로, 각각의 단순한 요소에 한 단어가 대응하는 식으로 도출된 결합을 통해서 표현될 것이다. 이런 종류의 언어는 완전히 분석적일 것이며, 긍정 또는 부정하는 논리 구조를 한눈에 보여줄 것이다.

그러나 인간의 모든 언어는 이런 종류의 완전함에 미치지 못한다. 아마도 러셀의 첫 번째 주장은 틀렸을 것이다. 집에서 키우는 반려동물을 멍멍이, 개, 푸들, 포유동물, 동물 등으로 부르는 것은 실제로 매우 편리하고 논리적이기까지 하다. 이상적인 언어라면 단어들의 의미나 발음이 체계적으로 서로 관련되었을 것이라고 생각한 점에서는 옳다. 하지만 우리의 언어는 명백히 그렇지 않다. 예컨대 재규어jaguar, 아메리카 표범panther, 스라소니ocelot, 퓨마puma 등은 발음이 서로 완전히 다르지만, 모두 고양잇과의 동물들을 가리킨다. 반면에 캣cat(고양이)과 비슷한 발음을 가진 캐틀cattle(소), 캐터펄트catapult(투석기), 카타스트로프catastrophe(재난) 같은 단어들은 어느 것도 고양이와 관련이 없다.

그런가 하면 몇몇 경우에 언어는 쓸데없이 중복적인 듯하다. 예컨대 카우치couch와 소파sofa는 정확히 같은 것을 의미한다. 몇몇 경우에는 불완전해 보인다. 예컨대 어떤 언어도 우리가 맡는 냄새의 미묘한 차이를 제대로 표현하지 못한다. 나아가 생각을 표현하기가 놀라울 정도로 어려울 때가 있다. 예컨대 "존이 누구를 떠났다고 생각하나요?Whom do you think that John left?"라는 문장은 문법에 맞다. 이 경우에 답은 이를테면 존의 첫 번째 아내 메리다. 언뜻 비슷한 문장인 "메리를 누가 떠났다고 생각하나요?Whom do you think that left Mary?"라는 문장은 문법에 맞지 않는다.[9] 이 경우에 답은 존일 것이다. 많은 언어학자들이 이런 현상을 설명하려고 시도했지만, 왜 애당초 이런 불균형이 존재해야만 하는지 이해하기 어렵다. 수학이나 컴퓨터 언어에서는 이와 비슷한 현상이 아예 존재하지 않는다.

예외라기보다 상례에 가까운 애매함

인간의 언어에서 애매함은 예외라기보다 상례에 가깝다. '달리다run'라는 단어는 천천히 달리기에서 스타킹이 찢기는 것, 야구에서의 득점까지 무엇이든 의미할 수 있으며, '치다hit'는 철썩 때리기에서 히트곡까지 무엇이든 뜻할 수 있다. 내가 "내일 링을 줄게I'll give you a ring tomorrow."라고 말하면 반지를 선물하겠다는 얘기인가, 아니면 그저 전화를 걸겠다는 것인가? "모든 것은 '이다is'라는 단어의 의미에 달렸습니다"라는 빌 클린턴Bill Clinton의 유명한 말처럼, 아주 대수롭지 않은 단어가 애매할 때도 있다. 그런가 하면 개개의 단어들은 분명해도 전체 문장은 그렇지 않을 수 있다.

격변화와 어미변화 등 모든 측면에서 좀 더 체계적인 듯한 라틴어 같은 언어에서도 애매함은 여전히 나타난다. 예컨대 라틴어에서는 어떤 동사의 주어가 생략될 수 있기 때문에, 3인칭 단수형 동사 '사랑하다amat'는 그것만으로도 완전한 문장이 될 수 있다. 하지만 그렇게 되면 "그가 사랑한다." 또는 "그녀가 사랑한다." 또는 "그것이 사랑한다."를 뜻할 수 있다. 애매함에 관한 최초의 에세이 가운데 하나를 썼던 4세기의 철학자 아우구스티누스는 흔히 정교하다고들 하는 라틴어로 쓴 글에서 "당혹스럽게도 애매함이 무한히 뻗어나는 야생화처럼 자라난다."라고 말했다.

비효율적인 중복성

그 밖에 언어는 우리의 다른 기준들에도 미치지 못한다. 중복redundancy의 문제를 살펴보자. 노력 대비 효율을 최대화한다는 관점에서 볼 때, 되풀이해서 말하기는 사리에 맞지 않을 것이다. 그러나 영어는 중복된 표현들로 가득하다. '무효의null and void', '정지cease and desist', '모든 점에서for all intents and purposes' 같은 중복어들이 존재하며, '사전 계획advance planning' 같은 무의미한 반복이 사용된다.

그런가 하면 삼인칭 단수 접미사 's'는 우리가 주어를 보고 이미 그것이 삼인칭 단수라는 것을 알 수 있을 때만 쓰인다. "그들이 산다 They buy."와 달리 "그가 산다He buys."에 들어 있는 접미사 's'는 이것을 완전히 생략하고 주어에만 의존할 때와 비교해, 아무런 추가 정보도 제공하지 않는다.

"이 개 세 마리는 사냥개다These three dogs are retrievers."라는 문장은 어떤가. 복수의 개념을 한 번이 아니라 자그마치 다섯 번이나 표현하고 있다. 복수형 지시대명사에서('이것this'이 아니라 '이것들these'), 수사에서('셋의three'), 복수 명사에서('개dog'가 아니라 '개들dogs'), 동사에서('이다is'가 아니라 '이다are'), 그리고 끝으로 마지막 명사에서('사냥개retriever'가 아니라 '사냥개들retrievers') 복수임을 표현하고 있다.

이탈리아어나 라틴어처럼 주어를 잘 생략하는 언어에서는 3인칭 복수 표시가 의미를 가진다. 그러나 주어를 꼭 표기해야 하는 영어에서는 3인칭 복수 표시가 아무것도 더해주지 않을 때가 많다.

그런가 하면 소유격 's'가 사용된 '존의 사진John's picture'이라는 구는 적어도 세 가지 의미를 가질 수 있다. 이것은 존이 다른 사람(이를 테면 존의 여동생)을 찍은 사진을 가리키는가? 아니면 다른 사람(이를 테면 그의 여동생)이 존을 찍은 사진을 가리키는가? 아니면 존이 소유하고 있는, 그러나 전혀 다른 사람(이를테면 잡지《내셔널지오그래픽 National Geographic》의 사진작가)이 전혀 다른 것(이를테면 가마우지)을 찍은 사진을 가리키는가?

연쇄식 역설: 너무나도 막연한 인간의 언어

그리고 막연함vagueness의 문제도 있다. "밖이 따뜻하다."라고 말할 때 무엇이 따뜻하고 무엇이 따뜻하지 않은지를 가르는 분명한 경계는 어디인가? 섭씨 21도이면 따뜻한가? 아니면 20도? 19도? 18도? 온도를 계속 낮춰 부를 수는 있지만 도대체 어디서 경계를 그어야 한

단 말인가.

또한 '무더기heap' 같은 단어를 생각해보자. 도대체 얼마나 많은 돌이 쌓여야 무더기가 되는가? 철학자들은 다음과 같은, 이른바 연쇄식 역설과 씨름하기를 즐긴다.

돌 한 개로 무더기가 되지 않는 것은 분명하다. 만약 돌 한 개로 돌무더기가 되기에 충분하지 않다면 돌 두 개로도 충분하지 않을 것이다. 왜냐하면 무더기가 아닌 더미pile에 돌 한 개를 더한다고 해서 더미가 무더기로 바뀌지는 않을 것이기 때문이다. 그리고 돌 두 개로 무더기가 되지 않는다면 똑같은 논리에 의해 돌 세 개로도 무더기가 되지 않을 것이며, 이 논리는 무한히 확장될 수 있을 것처럼 보인다. 거꾸로 따지자면, 머리카락이 만 개인 사람은 확실히 대머리가 아니다. 그런데 대머리가 아닌 사람의 머리카락 한 개를 뽑는다고 해서, 대머리로 바뀌지 않을 것임도 확실하다. 따라서 만약 머리카락이 9,999개인 사람을 대머리로 판정할 수 없다면, 머리카락이 9,998개인 사람에 대해서도 똑같이 말해야 할 것이다. 머리카락을 하나씩 뽑으면서 이 논리를 끝까지 따라가면, 결국 우리는 머리카락이 하나도 없는 사람에 대해서도 '대머리'라고 부를 수 없게 된다.

단어의 의미 경계가 좀 더 분명했더라면 아마도 잘못된 이런 추론이 현혹적으로 보이지도 않았을 것이다.

시간의 흐름과 언어의 가변성

언어는 시간이 흐름에 따라 변화할 수밖에 없는데, 이는 문제를 더욱 복잡하게 만든다. 산스크리트는 힌두어Hindi와 우르두어Urdu를 낳았고, 라틴어는 프랑스어, 이탈리아어, 스페인어, 카탈로니아어Catalan를 낳았으며, 서게르만어West Germanic는 네덜란드어, 독일어, 유대어Yiddish, 프리지아어Frisian를 낳았다. 그리고 앵글로색슨Anglo-Saxon 단음절어(예컨대 '정지!Halt!')와 강한 인상을 풍기는 그레코라틴Greco-Latin 다음절어(예컨대 '모든 교통수단을 폐지하라!Abrogate all locomotion!')가 섞여 있는 영어는 마치 컨트리와 로큰롤의 짬뽕처럼, 프랑스어와 서게르만어의 의붓자식이다.

프랑스 학술원 같은 기관이 언어를 법률로 규제하는 나라에서도 불규칙은 사라지지 않는다. 프랑스 학술원은 '햄버거le hamburger', '약국le drugstore', '주말le week-end', '스트립쇼le strip-tease', '풀오버le pull-over', '티셔츠le tee-shirt', '껌le chewing gum', '커버 걸la cover-girl' 같이 영어에서 파생된 단어들을 프랑스어에서 제거하려고 노력하였지만 조금도 성공을 거두지 못했다. 게다가 아이팟iPod, 팟캐스트podcast, 휴대폰cell phone, 디브이디DVD 등 대중적인 신기술이 급속히 발전하는 오늘날 세계는 매일 새 단어들을 필요로 한다.[10]

"꼭 짚어 말하지 않아도 무슨 말인지 알아"

우리는 단어나 문장이 정확하지 않더라도 언어의 불안정함이나 막연함을 대체로 의식하지 못한다. 왜냐하면 언어를 해독할 때 문법에 담긴 정보를 우리의 세상 지식으로 보충할 수 있기 때문이다. 그러나 언어 이외의 것에 의존할 수 있다는 사실이 변명이 될 수는 없다. "꼭 짚어 말하지 않아도 네가 무슨 말을 하려는지 알아."라는 것은 언어 자체가 부족함을 증명한다. 그리고 언어들이 일반적으로 이와 같은 문제들을 안고 있다는 사실은 언어가 문화적 역사뿐만 아니라, 언어를 배우고 사용하는 생물들의 내면 작용도 함께 반영하고 있음을 시사한다.

인간 언어의 이런 측면들 가운데 일부는 적어도 2,000년 전부터 알려져 왔다. 예컨대 플라톤은 대화편 『크라틸루스Cratylus』에서 "오늘날 유행하는 세련된 언어가 [단어들의] 원래 의미를 비틀고 숨겨서 완전히 바꾸어 놓았다"라고 걱정스레 말하고 있다. 그는 언어가 좀 더 체계적이길 바라는 마음으로 다음과 같이 주장하기도 하였다. "단어들은 될 수 있으면 사물을 닮아야 한다. …… 만약 우리가 아주 적당하게 닮은 것likeness들을 언제나 또는 거의 언제나 사용할 수 있다면, 이것은 언어의 가장 완벽한 상태일 것이다."

완벽한 언어를 창조하려 했던 역사적 시도들

영국 수학자의 야심 찬 도전

늦어도 12세기의 신비주의자 빙겐의 힐데가르트Hildegard of Bingen 이후로 매우 용감한 몇몇 사람들은 이 문제를 어떻게든 개선하기 위해 좀 더 사리에 맞는 언어를 완전히 무에서부터 만들어내려고 시도하였다.

그런 시도 가운데 가장 뛰어난 하나는 단어들의 체계에 관한 플라톤의 관심에 주목했던 영국 수학자 존 윌킨스John Wilkins의 것이었다. 예를 들어 고양이, 호랑이, 사자, 표범, 재규어, 퓨마 등은 명백히 서로 비슷한데 어째서 각각 다른 이름을 붙여야 하는가? 윌킨스는 1668년에 쓴 『참된 문자와 철학적 언어를 위한 소론An Essay Towards a Real Character and a Philosophical Language』에서 단어들이 사물 사이의 관계를 반영하도록 체계적이고 '자의적이지 않은non-arbitrary' 사전을 만들려고 시도하였다. 그는 크기, 공간, 척도 같은 양에서 습관, 질병 같은 질에 이르기까지 40개의 주요 개념들로 이루어진 표를 작성한 다음, 각 개념을 미세하게 나누고 또 나누었다. 그래서 '데de'라는 단어는 (흙, 공기, 불, 물 같은) 요소를 가리켰고, '뎁deb'이라는 단어는 (윌킨스의 도식에서) 첫째 요소인 불을, '데바debα'는 불의 일부인 불길flame을, '데버deba'는 불꽃spark을 가리키는 식으로 모든 단어를 세심하고 예측 가능하게 구성하였다.

대부분의 언어들은 이런 종류의 질서에 신경 쓰지 않은 채 수단과 방법을 가리지 않고 새 단어들을 받아들인다. 그래서 영어를 말하는 사람들이 '오실롯ocelot'이라는 희귀한 단어를 접하게 되면, 그 뜻을 알기 위해 어디서부터 출발해야 할지 종잡을 수가 없다. 이것은 일종의 고양이일까? 아니면 새? 아니면 작은 대양ocean일까? 아즈텍어Aztec를 포함하는 멕시코 북부 원주민 어군인 나와틀어Nahuatl를 모르는 한, 그것에서 파생된 이 단어의 뜻을 헤아릴 길이 없다.

윌킨스는 언어의 체계성을 약속한 반면에 우리가 가지고 있는 것이라고는 단어의 기원에 관한 어원학뿐이다. 오실롯은 멕시코 북부에서 그렇게 부르던 고양잇과의 야생 동물이다. 그리고 남쪽으로 더 가면 퓨마puma는 페루에서 그렇게 부르던 고양잇과 동물이다. '재규어jaguar'라는 단어는 브라질의 투피어Tupi에서 온 것이다. 그런가 하면 '표범leopard', '호랑이tiger', '아메리카 표범panther' 같은 단어들은 고대 그리스어에 나타난다. 어린아이에게 이런 단어들은 하나하나가 아주 새로운 학습 과제다. 그리고 어른들에게도 잘 쓰이지 않는 단어들은 기억하기가 쉽지 않다.

에스페란토의 반쪽짜리 성공

완전한 언어를 만들려고 했던 모든 시도 가운데 어느 정도 실제적인 영향력을 획득한 것은 오직 하나다. 그것은 바로 1859년 12월 15일에 태어난 루도비치 라자루스 자멘호프Ludovic Lazarus Zamenhof라는 사람이 창조한 에스페란토Esperanto다. 현대 언어학의 아버지 노엄 촘스키Noam Chomsky와 마찬가지로, 자멘호프도 히브리어 고전학자의 아들이었다. 그는 십대 때 이미 프랑스어, 독일어, 폴란드어, 러시아어, 히브리어, 이디시어Yiddish, 라틴어, 그리스어를 익혔다. 언어에 대한 사랑과 보편 언어가 있다면, 많은 사회적 해악을 줄일 수 있을 것이라는 신념을 바탕으로, 자멘호프는 누구나 쉽고 빠르게 배울 수 있는 언어를 창조하기로 결심하였다.

Saluton! Cu vi parolas Esperanton? Mia nomo estas Gary.
살루톤! 쿠 비 파롤라스 에스페란톤? 미아 노모 에스타스 개리.

안녕하세요? 에스페란토를 할 줄 아세요? 제 이름은 개리입니다.

자멘호프의 그 모든 노력에도 불구하고 오늘날 에스페란토를 사용할 수 있는 사람은 겨우 몇 백만 명에 불과하다. 이것은 세계 인구의 1퍼센트의 10분의 1이다. 어떤 언어를 다른 언어보다 더 널리 사용하게 만드는 것은 대체로 정치와 돈과 영향력의 문제다. 한때 서양에서 가장 많이 사용된 언어인 프랑스어가 그 자리를 영어에 빼앗긴 까닭은 영어가 더 우수하기 때문이 아니라, 영국과 미국이 프랑스보다 더 강력하고 영향력 있게 되었기 때문이다. 이디시어 학자 막스 바인리히Max Weinrich의 말을 빌리자면 "국어와 방언의 유일한 차이는 육군과 해군이다."[11]

어느 민족국가도 에스페란토의 성공을 위해 투자하지 않았기 때문에, 아직도 에스페란토 대신에 영어(또는 프랑스어, 스페인어, 독일어, 중국어, 일본어, 힌두어, 아라비아어 등)가 세계에서 가장 많이 사용되는 언어의 자리를 차지하고 있다는 사실은 놀라운 일이 아닐 것이다. 그렇긴 하지만 에스페란토와 자연적으로 생겨난 언어들을 비교하는 것은 교육적인 가치가 있다. 어떤 의미에서 에스페란토는 실현된 꿈이다. 예를 들어 독일어에서는 여섯 가지 상이한 방식으로 복수형을 만들 수 있는 반면에, 에스페란토에서는 오직 한 가지 방식밖에 없다. 언어를 배우는 학생이라면 누구나 안도의 한숨을 내쉴 것이다.

하지만 에스페란토는 나름의 새로운 문제들에 직면하고 있다. 언제나 끝에서 두 번째 음절에 악센트가 놓인다는 엄격한 규칙 때문에 예컨대 '센테메senteme'라는 단어가 'sent + em + e'('느낌' + '~로 향한' + 부사 어미)로 이루어진 것인지 아니면 'sen + tem + e'('~ 없이' + '주제' + 부사 어미)로 이루어진 것인지 분간할 길이 없다. 그래서 "라 프로페소로 센테메 파롤리스 둠 두 호로이La profesoro senteme parolis dum du horoj."라는 문장은 "그 교수는 두 시간을 끌 것 같은 느낌으로 이야기했다."를 뜻할 수도 있고, "그 교수는 두 시간 동안 두서없이 이야기했다."를 뜻할 수도 있다. 그런가 하면 "에스티스 바타타 라 데모노 데 라 비로Estis batata la demono de la viro."라는 문장은 삼중으로 애매하다. 이것은 "악마는 그 사람에게 졌다." 또는 "악마는 그 사람을 통하여 졌다." 또는 "그 사람의 악마는 졌다."를 뜻할 수 있다. 아무래도 불규칙성을 없애는 것과 애매함을 없애는 것은 별개의 문제인 듯하다.

인간의 언어보다 명쾌한 컴퓨터 언어

컴퓨터 언어는 이런 문제로 시달리지 않는다. 파스칼Pascal, C언어, 포트란Fortran, 리스프LISP 같은 언어에서는 불규칙성이나 애매함이 여기저기서 발견되지 않는다. 이것은 언어가 꼭 애매할 수밖에 없는 것은 아니라는 사실을 원칙적으로 증명하고 있다. 프로그램만 잘 짜여 있다면, 어떤 컴퓨터도 다음 과제가 무엇인지를 몰라 갈팡질팡하지 않는다. 컴퓨터 프로그램은 그것을 작성하는 언어의 설계 특성 때문에, 결코 곤란한 처지에 빠지지 않는다.

그러나 컴퓨터 언어가 아무리 명쾌하다고 하더라도 세상에 C언어나 파스칼 또는 리스프로 말하는 사람은 아무도 없다. 자바Java가 현재 컴퓨터 세계의 공용어일지는 몰라도 내가 자바로 날씨에 대해 떠드는 일은 절대로 없을 것이다. 소프트웨어 개발자들은 그들이 사용하는 단어와 구절들의 행을 맞추고 여러 색깔로 구별해 추적하는 특수 문서 처리기에 의존하는데, 그 이유는 그만큼 컴퓨터 언어의 구조가 인간의 마음에 부자연스럽게 느껴지기 때문이다.

우리는 완벽한 언어를 습득할 수 없는 걸까?

애매하지 않고 어휘뿐만 아니라 문장 구성에서도 수학적으로 완벽한 인간 언어를 만들려고 진지하게 노력했던 사람은 내가 아는 바로는 오직 한 사람뿐이다. 1950년대 후반에 제임스 쿡 브라운James Cooke Brown이라는 언어학자는 '논리적 언어logical language'의 약자인 로그랜Loglan이라는 이름의 언어를 제작하였다. 이것은 윌킨스 식의 체계적 어휘 외에도 논리와 구조를 지배하는 112개의 '작은 단어'들을 포함하고 있다. 이 작은 단어들 가운데 많은 것들은 비슷한 영어 표현들을 가지고 있다. 예컨대 '투이tui'는 '일반적으로in general', '투에tue'는 '게다가moreover', '타이tai'는 '무엇보다도above all'에 해당한다. 하지만 정말로 중요한 단어들은 대부분의 구어에는 존재하지 않는 괄호라든가 대화 중 앞서 언급한 특정 개체를 적시하기 위한 기술적 도구들과 같은 것들에 상응한다.

예를 들어 영어 단어 '그는he'은 만약 이것이 대화 중 첫 번째 단수 선례를 가리킨다면 '다da'로 번역될 것이다. 그리고 두 번째 단수 선례를 가리킬 경우에는 '데de', 세 번째는 '디di', 네 번째는 '도do', 다섯 번째는 '두du'로 번역될 것이다. 이런 체계는 언뜻 부자연스러워 보일지 몰라도 대명사의 선행 사례에 있어 상당한 혼란을 제거할 것이다.

미국 수화법에서는 비슷한 것을 표시하기 위해 물리적 공간을 이용한다. 그래서 어떤 개체가 언급되고 있는가에 따라 상이한 장소에 표시를 남긴다. 왜 이런 것이 필요한지를 알기 위해 다음의 영어 문장을 살펴보자. "그는 달리고 그는 걷는다He runs and he walks." 이것은 달리고 걷는 한 사람을 기술한 문장일 수도 있고, 각각 달리거나 또는 걷는 두 사람을 기술한 문장일 수도 있다. 반면에 로그랜에서는 전자의 경우라면 "다 프라노 이 다 드조루Da prano i da dzoru."로 분명하게 표현될 것이고, 후자의 경우라면 "다 프라노 이 데 드조루. Da prano i de dzoru."로 역시 분명하게 표현될 것이다.

그러나 로그랜은 에스페란토만큼도 영향력을 획득하지 못했다. 로그랜은 '과학적'으로 탄생했지만, 그것을 모국어로 사용하는 사람은 아무도 없다. 로그랜 웹사이트에서 브라운은 다음과 같이 말했다. "로그랜 연구소에서 …… 기거하는 견습생들은 나한테서 직접 이 언어를 배웠다. 그리고 나는 그들한테서 배웠다! 우리가 매일 꾸준히 연습한 결과, 로그랜으로만 대화하기가 45분, 또는 그 이상까지 지속될 수 있었다는 사실을 말할 수 있게 되어 기쁘다." 그러나 내가 아는 바로는 누구도 이것보다 훨씬 더 멀리 나아가지 못했다. 인간의 마음에는 차라리 영어가 아무리 애매하고 특이하더라도 훨씬 쉽게 느껴진다. 아마도 우리는 아무리 노력해도 완전한 언어를 습득할 수는 없을 것이다.

언어라는 잡탕 속 3가지 충돌

우리가 이미 앞에서도 보아온 것처럼 진화의 과정에서 기능과 역사가 충돌할 때, 즉 훌륭한 설계와 이미 쉽게 이용될 수 있는 원재료가 조화하지 못할 때, 특이 사항idiosyncrasy들이 나타난다. 인간의 척추와 (손목뼈에서 생겨난) 판다의 엄지손가락은 어떤 훌륭한 설계 원칙보다도 진화의 관성에 더 많은 빚을 지고 있는 취약한 해결책들이다. 그리고 언어도 마찬가지다.

언어라는 잡탕 안에는 특이 사항들의 주요 원천이 되는 적어도 세 가지 충돌이 발견된다. 우리 선조들이 소리 내는 방식과 우리가 이상적으로 소리 낼 수 있는 방식 사이의 간극, 우리의 단어들이 영장류의 세계 이해를 바탕으로 형성되었다는 점, 우리의 결함 많은 기억 체계가 위급할 때는 잘 작동하지만, 언어를 위해서는 그다지 적당하지 않다는 점, 이 세 가지가 바로 그것이다. 이것들 가운데 하나만 있어도 언어를 불완전하게 만들기에 충분할 것이다. 그런데 이 세 가지가 함께 있으므로 이것들이 만들어내는 언어란 그야말로 총체적인 클루지다. 놀라울 정도로 멋지고 구속되어 있지 않으며 신축적인, 그러나 명백히 조잡한 클루지다.

복잡한 음성 체계가 초래한 문제들

호흡, 발성, 조음의 비밀

먼저 언어의 발음에 대해 살펴보자. 언어가 이를테면 시각이나 냄새의 매체가 아니라 기본적으로 소리의 매체로 진화한 것은 우연한 일이 아닐 것이다. 소리는 꽤 긴 거리를 이동하며 우리로 하여금 어두운 곳에서도, 더욱이 보이지 않는 상대와도 소통할 수 있게 해준다. 물론 냄새에 대해서도 상당히 비슷하게 말할 수 있겠지만, 소리는 냄새보다 훨씬 더 빠르게, 가장 능숙한 스컹크가 냄새를 조절할 때보다도 더 빠르게, 그리고 정확하게 조절될 수 있다. 그리고 말하기는 몸짓으로 소통하기보다도 빠르다. 말하기는 수화보다 약 두 배 빠르게 진행될 수 있다.

그렇지만 만약 내가 음성을 이용한 소통 체계를 처음부터 만든다면 나는 어떤 소리든 똑같이 잘 재생할 수 있는 디지털 체계인 아이팟을 가지고 시작할 것이다. 하지만 자연은 호흡기관을 가지고 시작하였다. 호흡기관을 음성 산출 수단으로 전환시키는 것은 결코 간단한 일이 아니다. 호흡은 단순히 공기를 내뿜는 것이지만, 소리는 공기를 조절해 적절한 주파수의 진동을 산출하는 것이다. 인간의 쓸데없이 복잡한 음성 체계는 호흡respiration, 발성phonation, 조음articulation의 세 가지 근본적인 부분들로 이루어져 있다.

호흡은 호흡이 뜻하는 바 그대로다. 우리가 숨을 들이쉬면 가슴이 팽창한다. 그리고 가슴이 압축되면 공기가 밖으로 나온다. 그러면 이 공기 흐름은 성대vocal fold에서 더 작은 공기 바람으로 (제임스 얼 존스James Earl Jones 같은 바리톤의 경우에는 초당 약 80회, 어린아이의 경우에는 초당 자그마치 500회 정도로) 재빨리 분할되는데, 이것이 바로 발성이다.

그런 다음 이제 어느 정도 일정해진 이 음원은 여과과정을 거치면서 다양한 주파수 가운데 일부만 통과하게 된다. 시각적인 비유를 들자면 완전한 백색광에 여과장치를 적용해 스펙트럼의 일부만 통과하는 것이다. 성도vocal tract도 이와 비슷하게 '원천과 여과'의 원리에 따라 작동한다. 입술, 혀끝, 혓몸, 연구개velum, 성대들 사이의 문인 성문glottis을 다 합쳐 조음기관이라고 부른다. 이 구성 요소들의 다양한 운동을 통해 음원의 흐름은 우리가 말소리라고 부르는 것으로 조음된다. 예컨대 우리가 '바~'라고 말할 때는 성대가 진동하지만 '파~'라고 말할 때는 그렇지 않다. 그리고 '마~'라고 말할 때는 입술이 닫히는 반면에, '나~'라고 말할 때는 혀가 치아 쪽으로 이동한다.

질식의 위험에 노출되어 있는 호흡기관

호흡과 발성과 조음은 인간에게만 있는 것이 아니다. 물고기가 뭍으로 올라온 뒤에 개구리에서 새와 포유류에 이르기까지 거의 모든 척추동물들은 목소리를 이용해 소통해왔다. 그러나 인간의 진화는 두 가지 핵심적인 개선을 전제한다. 하나는 후두larynx가 아래로 내려간 일이다. 이것은 동물의 세계에서 매우 드문 것이다. 다른 하나는 말소리를 조형하는 조음기관 전체에 대한 통제력이 증가한 일이다. 그리고 이 두 가지는 커다란 차이를 가져왔다.

먼저 후두부터 살펴보자. 대부분의 종들에서 후두는 단 한 개의 긴 관으로 되어 있다. 그러다 진화의 어느 시점에 후두는 아래로 내려갔다. 특히 인간이 자세를 바꾸어 직립하게 되면서 후두는 직각으로 꺾이어 거의 같은 길이의 두 관으로 나뉘었다. 이로 인해 발성에 대한 통제력이 상당히 증가하였다. 하지만 애석하게도 질식의 위험도 높아졌다. 다윈이 처음으로 지적했듯이 "우리가 삼키는 모든 음식 조각과 음료는 기관氣管 입구를 지나야 하기 때문에, 간혹 폐로 들어

갈 위험이 있다." 이것은 우리 모두가 지니고 있는 약점이다.[12]

　사람에 따라서는 이렇게 질식의 위험이 증가한 것을 우리가 치러야 할 작은 대가쯤으로 여기는 사람도 있을 것이고, 심각하게 여기는 사람도 있을 것이다. 그러나 어쨌든 만약 호흡과 말하기가 서로 다른 체계에 근거했다면, 이런 식의 대가를 치를 필요도 없었을 것이다. 우리가 질식하는 소질을 지니고 있다는 것은 진화 과정에서 이미 존재하던 것들로 서투른 수선 작업이 이루어졌음을 시사하는 또 하나의 분명한 징후다.

왜 우리의 소리는 다양하지도, 완벽하지도 못할까?

　어쨌든 이렇게 해서 우리가 물려받은 후두는 그저 절반의 승리였을 뿐이다. 진정한 언어능력의 획득은 조음기관에 대한 통제력의 현격한 증가를 통해 비로소 가능해졌다. 그러나 여기서도 해당 체계는 클루지의 신세를 면치 못했다. 우선 성도는 모비Moby의[13] 기타와 플루트 연주에서 힙합 음악의 자동차 충돌 소음과 총소리에 이르기까지, 거의 모든 소리를 똑같이 잘 재생할 수 있는 아이팟처럼 뛰어나지 못하다. 성도는 오직 단어에만 조율되어 있다. 전 세계 모든 언어들이 낼 수 있는 소리는 총 90가지를 넘지 못하며, 한 언어가 사용하는 소리는 그것의 절반밖에 되지 않는다. 우리 귀가 식별할 수 있는 소리의 다양함을 생각할 때 이것은 터무니없을 만큼 적은 양이다.

　우리가 언어로 어떤 것을 가리키기 위해서 그것이 내는 소리를 재생하는 경우를 생각해보자. 예컨대 내가 우리 집 개인 아리를 지시하기 위해서 '개'라는 단어를 사용하는 대신에 그 개가 으르렁거리는 소리를 재생할 수도 있을 것이다. 그러나 호흡, 발성, 조음의 세 부분으로 이루어진 우리의 장치가 낼 수 있는 소리는 한계가 분명하다. 언어가 사물을 그것의 소리로써 지시한다고 간주되는 경우(이런 것을 우리는 의성법이라고 부른다.)에도 우리가 내는 '소리'는 솔직히 말해 단어처럼 들린다.

'우프woof(으르렁)'는 이를테면 '울wool(털)'과 '후프hoof(발굽)'를 뒤섞어 놓은 듯한 느낌을 주는 매우 잘 만들어진 영어 단어이기는 하지만, 아리의 (또는 어느 다른 개의) 발성을 실제처럼 재생하고 있지는 않다. 게다가 다른 언어의 비슷한 단어들도 소리가 제각각이지만, 어느 것도 정확히 개가 으르렁거리거나 짖는 소리처럼 들리지 않는다. 프랑스 개들은 '와와ouah ouah'거리고, 알바니아 개들은 '함함ham ham' 거리며, 그리스 개들은 '갑갑gav gav', 한국 개들은 '멍멍mung mung', 이탈리아 개들은 '바우 바우bau bau', 독일 개들은 '바우 바우wau wau'거린다. 이렇게 언어마다 독특한 소리를 산출하는 것은 우리의 성도가 말소리를 산출하는 데는 적합하지만, 그 밖에는 별 재주가 없는 투박한 장치라는 증거가 되어준다.

시간조정 장치: 왜 우리는 종종 혀가 꼬일까?

혀를 꼬이게 만드는 어구들은 조음기관이 수행하는 복잡한 작업 때문에 생긴다. 말소리를 산출하기란 그냥 입을 다물거나 혀를 몇 가지 기본 동작에 따라 움직이는 것만으로는 충분하지 않다. 우리는 여러 요소들을 정확한 박자에 따라 상호 조정하지 않으면 안 된다. 아주 똑같은 물리적 운동들이 약간 다른 순서로 수행됨으로써 상이한 두 단어가 산출되기도 한다.

예를 들어 '매드mad(미친)'와 '밴ban(금지)'이라는 단어들은 둘 다 똑같은 네 가지 결정적인 운동들을 포함한다. 연구개의 확장, 치경폐쇄음alveolar closure을 만드는 혀끝의 움직임, 인두에서 혓몸의 확장, 입술의 닫힘이 바로 그것인데, 이때 이 동작들 가운데 하나가 '매드mad'에서는 일찍 이루어지고, '밴ban'에서는 늦게 이루어진다.

문제는 말이 빨라지면서 생긴다. 적절한 타이밍을 맞추기가 점점 더 어려워지기 때문이다. 이런 상황에서 자연은 동작별로 일종의 시계라 할 수 있는 별도의 시간 장치를 마련하는 대신에, 한 장치로 하여금 이중의 (또는 삼중, 사중의) 의무를 수행하도록 하였다.

이 시간장치는 언어가 생기기 훨씬 이전에 진화했는데, 이것은 동작들을 정확히 일치시키거나 (예컨대 박수치기) 또는 정확히 어긋나게 하는 식으로 (발걸음을 바꿔가며 걷기, 두 팔을 번갈아 휘저으며 헤엄치기 등) 오직 매우 단순한 리듬을 따를 때에만 제대로 작동한다. 이것으로도 걷거나 달리는 데는 충분하지만, 행동의 리듬이 좀 더 복잡해지면 사정이 달라진다. 예를 들어 왼손을 한 번 두드리는 동안에 오른손을 두 번 두드리기를 해보라. 천천히 시작하면 이것은 그리 어렵지 않을 것이다. 그러나 점점 빠르게 해보라. 그러면 머지 않아 두드리는 박자가 2대 1에서 1대 1의 비율로 무너지는 것을, 전문용어로는 이전devolve되는 것을 발견하게 될 것이다.

이것은 혀를 꼬이게 만드는 어구들의 문제와도 비슷하다. '쉬 셀즈she sells(그녀는 판다.)'라는 단어들을 말하기는, 결코 쉽지 않은 동작들의 조정을 포함하며, 그것은 2대 1의 비율로 두드리기와 매우 유사하다. 우선 '쉬she'와 '셀즈sells'를 천천히 따로따로 큰 소리로 말해 보면 [s]와 [sh] 소리에 뭔가 공통점(혀끝 운동)이 있다는 것을 알 수 있을 것이다. 그러나 [sh] 소리만이 또한 혓몸 동작을 포함하고 있다. 따라서 '쉬 셀즈she sells'를 말하기는 두 번의 혀끝 동작과 한 번의 혓몸 동작의 조정을 필요로 하는 셈이다.

이 단어들을 천천히 말할 때는 전혀 문제가 없다. 그러나 이것들을 빨리 말하기 시작하면, 우리 안의 시간장치에 부담이 생길 것이다. 그리고 결국에는 1대 1의 비율로 이전될 것이다. 다시 말해 두 번의 혀끝 동작 대신에 한 번의 혀끝 동작마다 한 번의 혓몸 동작을 어쩔 수 없이 하게 될 것이다. '쉬 셀즈she sells'가 어느새 '쉬 쉘즈she shells'로 둔갑할 것이다! 한마디로 말해 혀가 '꼬이는' 까닭은 근육 때문이 아니라, 조상 전래의 시간조정 장치의 한계 때문이다.

왜 우리는 상대의 말을 알아듣기가 힘들까?

우리가 지닌 발성 체계의 특이한 점과 그것의 진화과정은 또 다른 결과를 초래하기도 한다. 음파와 [s]나 [a]와 같은 최소 낱소리인 음소의 관계는 필요 이상으로 복잡하다. 일정하게 배열된 글자들의 발음이 언어적 맥락에 따라 달라지는 것(닥터 소이스Dr. Seuss의 책 『더 터프 코프스 에즈 히 플라우즈 더 도우The Tough Coughs As He Ploughs the Dough』 제목을 읽을 때 'ough'를 어떻게 발음하는지 생각해보라.)처럼, 특정 언어 요소의 발음은 그것 앞뒤에 오는 소리에 따라 달라진다. 예컨대 [s] 소리는 '시이see(보다)'라는 단어에서 (입술을 넓게 벌린 채) 발음되는 방식과 '수우sue(고소하다)'라는 단어에서 (입술을 둥글게 오므린 채)

발음되는 방식이 다르다. 이것은 말 배우기를 그만큼 훨씬 더 힘들게 만든다. 이것은 또한 컴퓨터 음성인식을 어렵게 만드는 이유 중의 하나이기도 하다.

그런데 왜 이렇게 복잡한 체계가 필요할까? 이것 역시 진화 탓이다. 우리가 일단 진화를 통해 조음기관의 작동으로 소리를 산출하게 된 이후로 의사소통의 속도를 유지할 수 있는 유일한 방법은 지름길로 가는 것이었다. 간단한 컴퓨터 모뎀도 그렇게 하듯이 음소 하나하나를 따로 떨어진 별개의 요소로 산출하는 대신에, 우리의 언어 체계는 첫째 소리를 산출하고 있는 도중에 이미 둘째 소리를 준비하기 시작한다. 그래서 내가 '해피happy(행복한)'란 단어의 'h'를 채 입 밖에 내기도 전에 내 혀는 이미 'a'의 예상 위치로 서둘러 가려고 한다. 그리고 내가 'a'를 만들어낼 때 내 입술은 이미 'pp'를 준비하고 있으며, 내가 'pp'에 있을 때, 내 혀는 'y'를 준비하려고 움직인다.

이런 춤은 속력을 높일 수도 있지만 그러려면 많은 연습이 필요하며, 메시지의 해석에 어려움이 따를 수 있다.[14] 근육 통제를 위해 좋은 것이 듣는 사람을 위해서도 반드시 좋은 것은 아니다. 만약 존 포거티John Fogerty의 "불운의 달이 뜨고 있다There's a bad moon on the rise."를 "오른쪽에 욕실이 있다There's a bathroom on the right."로 잘못 듣는다면 어쩔 수 없는 일이다.[15] 진화의 관점에서 보자면 언어 체계는 대부분의 경우에 그럭저럭 잘 작동하며, 그러면 되는 것이다.

영장류의 세계 이해를 바탕으로 형성된 단어들

부분 일치: 우리가 쓰는 단어는 왜 이렇게 부정확할까?

까다로운 사람들은 시대를 막론하고 젊은 세대가 말을 제대로 못한다고 생각한다. 오그덴 내시Ogden Nash는 1962년 『죽어가는 언어에 대한 애도Laments for a Dying Language』에서 다음과 같이 표현했다.

> 겉만 번드레한 단어들을 멋대로 주조해
> 주조된 것들의 가치를 떨어뜨리네.
> 우리는 '이길 수 없으면 함께하라!'의 시대에 살고 있다네.
> 단정치 못함이 스스로를 용서하는 시대를 낳고
> 간밤의 사용이 오용을 묵인하네.
> 안녕, 안녕, 나의 사랑하는 언어여!
> 한때의 영어가 이제 더러운 오랑우탄어가 되었네.

컴퓨터 언어의 단어들은 고정된 의미를 가지고 있지만, 인간 언어의 단어들은 끊임없이 변화한다. 한 세대에게 '나쁜'은 '나쁜'을 뜻하지만, 다음 세대에게 '나쁜'은 '좋은'을 뜻한다. 언어가 시간의 흐름과 함께 이렇게 빨리 변화할 수 있는 것은 왜 그럴까?

그 답변의 일부는 언어 사용 이전의 우리 선조들이 무한히 정밀하고자 했던 철학자나 수학자가 아니라, 늘 급하게 서둘러야 했던, 그리고 최종적인 해결책보다는 '그런대로 쓸 만한good enough' 해결책으로 종종 만족해야 했던 동물이었다는 데 있다.

예를 들어 만약 여러분이 삼나무 숲 속을 걷다가 나무줄기를 하나 보았다면 무슨 일이 일어나겠는가? 아마도 여러분은 설령 그 줄기가 너무 커 그 위에 달린 잎사귀를 하나도 보지 못했더라도, 그것이 한 그루의 나무라고 생각할 것이다. 이처럼 (잎사귀도 없고 뿌리도 없으며 오직 나무줄기만 보았을 뿐인데도 한 그루의 나무를 보았다고 결론짓는 것처럼) 불완전한 증거를 바탕으로 곧바로 판단을 내리는 습관은 '부분 일치partial matching'의 논리라고 불릴 만한 것이다.

그리고 그것의 논리적 반대는 당연히 전체를 볼 때까지 기다리는 태도일 것이다. 그런 태도를 '완전 일치full matching'의 논리라고 부르자. 여러분도 쉽게 상상할 수 있겠듯이, 나무 전체를 볼 때까지 기다리는 자는 결코 오류를 범하지는 않을 것이다. 그러나 다른 한편으로 진짜 나무를 그냥 지나칠 위험도 크다. 진화의 보상을 받는 자들은 너무 신중하게 행동하는 자들이 아니라 잽싸게 결정하는 자들이다.

다행이든 불행이든 언어는 이런 체계를 통째로 물려받았다. 예를 들어 여러분은 의자가 네 다리와 등받이와 앉기 위한 평면이 있는 어떤 것이라고 생각할지 모른다. 그러나 철학자 루드비히 비트겐슈타인Ludwig Wittgenstein이 간파했듯이, 이렇게 정밀하게 정의된 개념들은 실제로 그리 많지 않다. 예컨대 빈백beanbag chair은 뚜렷이 구별되는 등받이도 없고 다리도 전혀 없지만 의자로 간주된다.

나는 물이 든 내 컵을 글라스라고 부르지만, 그것은 플라스틱으로 만든 것이다. 나는 내 상관을 우리 부서의 의장chair이라고 부르지만, 내가 보기에 그는 그저 의자chair에 앉아 있을 뿐이다. 언어학자나 계통발생학자는 종이에 그려진 도형이 가지 모양의 구조를 하고 있다는 이유로 그것을 나무tree(계통수)라고 부르지만, 그것은 자라지도 번식하지도 않으며 광합성 작용을 하지도 않는다. 우리는 1센트 동전의 앞쪽을 머리head(앞면)라고 부르고 뒤쪽을 꼬리tail(뒷면)라고 부르지만, 앞면에는 한 사람의 두상밖에 없고 뒷면에는 살랑거리는 꼬리는커녕 털 한 올도 없다. 이처럼 개념을 정의하는 데는 실오라기만큼의 연결만 있어도 충분하다. 왜냐하면 조상 대대로 전해오는 부분 일치의 논리가 단어들을 지배하고 있기 때문이다.[16]

총칭사와 수량사: 쓸데없이 장황한 언어

언어의 또 다른 특이 사항은 훨씬 더 미묘한 것으로 '약간some', '모든every', '대부분most' 같은 단어들과 관련이 있다. 언어학자들은 이런 것들을 '수량사quantifier'라고 부르는데, 왜냐하면 이것들은 '얼마만큼?How much?', '얼마나 많이?How many?' 같은 질문에 답하면서, '약간의 물', '모든 소년', '대부분의 생각들', '몇몇 영화' 같은 식으로 양을 나타내기 때문이다.

흥미로운 것은 이런 수량사들 외에도 전반적으로 비슷한 일을 하는 또 다른 체계가 있다는 사실이다. 이 두 번째 체계는 언어학자들이 '총칭사generic'이라고 부르는 것과 관계한다. "개들은 다리가 네 개다." 또는 "보급판들은 하드커버들보다 값이 싸다."와 같이 다소 막연하고 대체로 정확한 진술들이 여기에 해당한다. 완전한 언어라면 이런 총칭사 대신에 첫 번째 체계의 수량사만을 사용할 것이다. "모든 개는 다리가 네 개다."와 같이 분명하게 수량화된 문장은 예외를

허용하지 않으면서 훌륭하고 강력하며 분명한 진술을 하고 있다. 이 경우에 우리는 이 문장이 참인지를 쉽게 가려낼 수 있다. 만약 세상 모든 개들이 네 다리를 가지고 있으면 이 문장은 참이고, 만약 한 마리라도 네 다리를 가지고 있지 않으면 이 문장은 거짓이다. 그리고 그것으로 끝이다. '약간some'과 같은 수량사도 꽤 분명하게 적용될 수 있다. '약간'은 하나보다 더 많은 것을 의미하며 (실제적으로) '모든'을 의미하지는 않을 것이다.

그런데 총칭사는 사정이 전혀 다르다. 여러 측면에서 수량사보다 훨씬 부정확하다. 얼마나 많은 개들이 네 다리를 가지고 있어야 "개들은 다리가 네 개다."라는 진술이 참으로 간주될 수 있는지가 전혀 분명치 않다. 또 얼마나 많은 개들이 이를테면 세 다리를 가지고 있어야 이 진술이 거짓이라고 결론내릴 수 있을까? "보급판들은 하드커버들보다 값이 싸다."라는 진술에 대해서도 우리는 대부분 이 문장이 대충 상식적으로는 참이라고 인정할 것이다. 그러나 간혹 보급판이 대량 인쇄되어 염가 판매되는 베스트셀러 같은 하드커버보다 더 비싼 경우도 종종 있다는 것을 우리는 잘 알고 있다. 우리는 "모기들은 나일강 서부 바이러스West Nile virus를 옮긴다."라는 진술에 동의한다. 하지만 실제로는 1퍼센트의 모기들만이 바이러스를 옮긴다. 반면에 우리는 "개들은 얼룩점이 있다."라는 진술에 동의하지 않을 것이다. 세상에 있는 달마시안들은 모두 얼룩점이 있는데도 말이다.

컴퓨터 프로그래밍 언어에는 이와 같은 부정확성이 존재하지 않는다. 프로그래밍 언어는 형식적인 수량사들을 표현하는 나름의 방식("모든 데이터베이스 기록을 조사할 때까지 이것을 반복하라.")을 가지고 있지만 총칭사를 표현하는 방식은 전혀 가지고 있지 않다. 반면에 인간의 언어는 총칭사와 좀 더 형식적인 수량사의 두 체계를 모두 일상적으로 사용하기 때문에 그만큼 특이하고 거의 쓸데없이 장황하다.

반사 체계와 숙고 체계의 간극을 반영하는 언어

그렇다면 우리는 왜 이 두 체계를 가지고 있을까? 프린스턴대학의 젊은 철학자 사라 제인 레슬리Sarah-Jane Leslie는 가능한 한 가지 대답을 제시하였다. 총칭사와 수량사 사이의 간격은 우리의 추론 능력에서 빠르고 자동적인 체계와 좀 더 형식적이고 신중한 체계 사이의 간격을 반영할지 모른다. 형식적인 수량사들은 숙고 체계에 의존하는 반면에, 총칭사들은 조상 전래의 반사 체계에 바탕을 두고 있다. 레슬리의 주장에 따르면, 총칭사들은 본질적으로 우리의 더 오래되고 덜 형식적인 인지 체계가 언어적으로 실현된 것이다. 흥미롭게도 총칭사에 대한 우리의 감각은 반사 체계와 비슷하게 '느슨한' 면이 있다. 예컨대 우리는 "상어들은 수영하는 사람들을 공격한다." 또는 "투견들은 아이들을 물어뜯어 상처를 입힌다."와 같은 총칭적 진술들을 기꺼이 참으로 받아들일 것이다. 하지만 실제로 이런 진술들이 기술하는 상황은 통계적으로 매우 드물며, 다만 그것이 우리에게 강한 인상을 주거나 눈에 잘 띌 뿐이다. 이것은 우리의 자동적이고 덜 신중한 체계가 보여주는 반응양식과 매우 흡사하다.

레슬리는 또한 총칭사들은 아동기에 형식적인 수량사들보다 먼저 학습되는 것 같다고 지적하였다. 나아가 총칭사들은 언어의 발달과정에서 더 일찍 등장했을 것이라고 주장한다. 적어도 현대의 한 언어 (아마존 분지에서 사용되는 피라하Piraha)는 총칭사들만 사용하고, 형식적인 수량사들은 사용하지 않는 듯하다. 이 모든 것들은 인간 언어의 세부적인 특징들이 인간 마음의 특이한 진화과정을 반영하는 또 하나의 사례를 보여주는 듯하다.

언어에 적합하지 않은 우리의 기억 체계

단어들이 쓰레기라도 문법은 훌륭하다?

이 모든 것에도 불구하고 언어가 정말로 클루지라고 생각하는 언어학자들은 그리 많지 않을 것이다. 어찌 보면 단어와 문장은 별개의 것이라고 생각할지 모른다. 설령 단어들은 조잡할지 몰라도 언어학자들이 정말로 알고자 하는 것은 단어들을 함께 묶는 접착제 역할을 하는 구문론syntax이다. 단어들은 쓰레기여도 문법은 다를 수 있을까? 문법은 소리와 의미를 연결하기 위한 '거의 완전한' 또는 '최선의' 체계일 수 있을까?

지난 몇 년 동안 현대 언어학의 창시자이자 지도자인 노엄 촘스키는 바로 이것을 옹호하는 입장을 취했다. 그는 특히 "언어 능력이 충족시켜야만 하는 조건들을 고려할 때, 몇몇 출중한 공학자들이나 제작할 수 있을 것에" 언어가 (여기서 그가 말하는 언어란 주로 문장 구문론을 뜻하는데) 근접하지 않았느냐며 크게 경탄하였다.

그러나 톰 와소우Tom Wasow와 샬롬 래핀Shalom Lappin 같은 언어학자들이 지적했듯이, 촘스키의 주장에는 상당히 애매한 구석들이 있다. 언어가 완전하다거나 최선optimal이라는 것은 무엇을 의미하는가? 우리가 말하고 싶은 것을 모두 표현할 수 있다는 뜻인가? 아니면 우리가 원하는 것을 얻는 데 언어가 현실적으로 가장 효과적인 수단이라는 뜻인가? 아니면 언어가 현실적으로 상상할 수 있는 가장 논리적인 소통 체계라는 뜻인가? 그러나 세상에 실제로 존재하는 언어가 이렇게 엄청난 능력과 자격을 갖추고 있다고 보기는 어렵다.

예컨대 언어의 애매함은 (컴퓨터에서 알 수 있듯이) 명백하며, 언어의 작동방식은 논리적이지도 않고 효율적이지도 않다. 우리가 말한 단어가 무슨 뜻인지 해명하기 위하여 때때로 얼마나 많은 추가적인 노력이 필요한지 생각해보라. 만약 언어가 무한한 효율성과 표현력을 지닌 완벽한 소통 수단이라면 우리가 말뜻을 전달하기 위해 온갖 몸짓과 손짓을 쓸 때처럼, '준準언어적인' 정보가 그렇게 자주 쓰일 필요가 없을 것이다.

촘스키의 재귀 이론

그리고 촘스키가 말하고자 했던 것도 실제로는 다른 것이었다. 그는 결코 언어가 완벽한 소통 수단이라고 생각하지 않는다. 오히려 그는 언어가 소통의 목적을 '위하여' 진화했다고 생각하는 것 자체가 잘못이라고까지 주장하였다. 언어가 거의 최선의 것이라고 촘스키가 말할 때, 그는 (끈이론string theory이 세련되었다고 말하는 것과 같은 의미에서) 언어의 형식적 구조가 놀라울 정도로 세련되었다고 말하려는 듯하다. 끈이론가들이 복잡한 물리 현상을 소수의 기본 법칙들로 포착할 수 있다고 추측하는 것과 마찬가지로 촘스키는 1990년대 초부터 그가 보기에 피상적으로 복잡한 언어 현상을 소수의 법칙들로 포착하려고 시도하였다.[17] 이런 생각을 바탕으로 촘스키와 그의 동료들은 언어가 말하자면 "감각운동 체계와 개념적이고 의도적인 체계를 잇는 [또는 대충 말하자면 소리와 의미를 연결하는] 문제에 대한 최선의 해결책"일지 모른다고까지 주장하였다. 그들은 언어가 복잡해 보이지만 실제로는 우리가 선조 영장류로부터 물려받은 것에서 진화적으로 오직 한 걸음만 더 앞으로 나아가면, 언어가 가능할 것이라고 주장한다. 그것은 바로 '재귀recursion'라고 알려진 장치의 도입이다.

재귀는 작은 구조들을 가지고 더 큰 구조들을 만드는 한 방식이다. 수학과 비슷하게 언어도 잠재적으로 무한한 체계다. 어떤 수에 1을 더해 언제나 더 큰 수를 만들 수 있듯이 (1조 더하기 1, 구글플렉스googleplex 더하기 1 등)[18], 우리는 한 문장에 새 절을 추가해 언제나 더 긴 문장을 만들 수 있다. 내가 좋아하는 예는 나이 많은 멜 브룩스Mel Brooks의 TV 쇼 〈겟 스마트Get Smart〉에서 맥스웰 스마트Maxwell Smart가 한 말이다. "폭탄이 어디에 감추어져 있는지 당신이 안다고 내가 안다고 당신이 안다고 내가 안다고 생각하나요?" 여기에 절을 하나 더 추가하면 그때마다 한 번 더 반복이 이루어질 것이다.

재귀가 (또는 그것과 비슷한 것이) 인간 언어에서 중심적인 역할을 하는 것은 틀림없는 사실이다. 우리는 작은 구조('그 남자')에 또 다른 구조('언덕을 올라간 사람')를 연결해서 더 복잡한 구조('언덕을 올라간 남자')를 만들 수 있다. 그리고 이런 사실을 바탕으로 무한히 복잡하고 매우 정밀한 문장들을 만들 수도 있다. 촘스키와 그의 동료들은 재귀가 아마도 "언어 능력 가운데서 독특하게 인간적인 유일한 요소"일 것이라고까지 주장하였다.

구문 트리는 컴퓨터에나 적합하다

많은 학자들은 이 급진적인 생각에 대해 매우 비판적이었다. 스티븐 핑커와 언어학자 레이 잭큰도프Ray Jackendoff는 (식별 가능한 부분들의 조합으로 복잡한 객체를 인지할 때처럼) 인간 마음의 다른 측면들에서 재귀가 실제로 발견될 것이라고 주장했다. 그런가 하면 영장류 동물학자 데이비드 프리맥David Premack은 비록 재귀가 인간 언어의 한 특징이기는 하지만, 그것이 인간 언어와 그 밖의 소통형태들을 가르는 유일한 요소라고 보기는 어렵다고 주장하였다. 프리맥이 지적했듯이 침팬지가 재귀 이외에는 인간의 것과 비슷한 언어(다시 말해 삽입절과 같은 복잡한 구조만 뺀 언어)를 말할 수 있는 것은 아니다.[19] 그렇지만 나는 한 걸음 더 나아가 우리가 지금까지 진화와 인간의 본성에 대해 살펴본 것을 바탕으로 관련 주장 전체를 뒤엎고자 한다.

문제의 출발점은 언어학자들이 '구문 트리syntactic tree'라고 부르는 다음과 같은 도형이다.

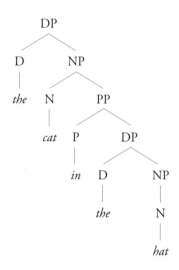

그림에서처럼 작은 요소들이 결합해 더 큰 요소들을 형성할 수 있으며 이것들이 다시 결합해 더 큰 요소들을 형성할 수 있다. 이런 것들을 만드는 데는 원칙적으로 아무 문제가 없다. 예컨대 컴퓨터는 하드 드라이브에 있는 디렉터리 또는 '서류철' 구조를 나타내는 데 이런 나무 모양을 사용한다.

그러나 우리가 수차례 보아왔듯이 컴퓨터에 자연스러운 것이 항상 인간 뇌에게도 자연스러운 것은 아니다. 이런 나무 구조를 만드는 데 필요한 기억의 정밀성을 어쩌면 인간은 가지고 있지 않을지 모른다. 우편번호 기억을 가지고 이런 나무 구조를 만드는 것은 아주 쉬운 일이다. 전 세계의 컴퓨터 프로그래머들은 하루에도 몇 번씩 이런 일을 한다. 그러나 맥락 기억으로 이런 나무 구조를 만드는 것은 전혀 다른 이야기다. 이것은 때에 따라 되기도 하고 안 되기도 하는 클루지다.

문장이 간단할 때는 보통 잘 된다. 그러나 문장을 이해하는 우리의 용량은 쉽게 한계에 이를 수 있다. 내가 서문에서 언급했던 아래의 짧은 문장을 예로 들어보자.

사람들이 버린 사람들은 떠났다. *People people left left.*

아래는 약간 쉬운 형태다.

원숭이들이 두려워하는 농부들은 잠을 잤다. *Farmers monkeys fear slept.*

각각 네 단어밖에 되지 않지만 대부분의 사람들에게 혼란을 주기에 충분하다. 하지만 두 문장 모두 문법적으로는 완벽하다. 첫 번째 문장은 몇몇 사람들이 또 다른 집단의 사람들에 의해 버림을 받았으며, 이렇게 버림받은 사람들이 떠나갔다는 이야기다. 두 번째 문장은 대충 다음과 같은 뜻이다. "원숭이들이 두려워하는 몇몇 농부들이 있다. 그런데 이 몇몇 농부들이 잠을 잤다." 다시 말해 "그 원숭이들이 두려워한 농부들은 잠을 잤다." 예시와 같은 문장들은 (한 절이 다른 절 한가운데에 들어 있으므로) 전문용어로 '중심 삽입center embedding'이라고 부르는 것인데, 이런 문장들은 나도 솔직히 이해하기 어렵다. 그 이유는 진화가 이렇게 제대로 된 나무 구조를 한 번도 겪은 적이 없기 때문이다.[20]

문제는 바로 다음과 같다. 이런 문장들을 해석하고 재귀 과정을 충분히 표상하려면 우리는 각 명사와 동사의 위치들을 기억하고 있지 않으면 안 된다. 그리고 동시에 그것들과 그것들이 형성하는 절들 사이의 연관을 늘 염두에 두고 있지 않으면 안 된다. 이것이 바로 구문 트리가 수행한다고 여겨지는 역할인 것이다.

그런데 문제는 이렇게 하려면 방금 전에 말한 (또는 읽은) 단어들과 구조들을 정확히 기억하고 있어야 한다는 것이다. 그리고 이것은 바로 우편번호를 닮지 않은 우리의 기억 체계가 잘하지 못하는 것이다. 만약 내가 이 책을 소리 내어 읽다가 갑자기 예고 없이 중단한 뒤에 여러분이 방금 들은 마지막 문장을 되풀이해보라고 한다면, 여러분은 아마도 그렇게 하지 못할 것이다. 여러분은 내가 읽은 것의 요점은 기억하겠지만 구체적인 단어들을 정확히 순서대로 기억해내지 못할 것이 분명하다.[21]

때문에 문장들의 구조를 추적하려는 노력은 마치 오래전에 일어난 사건들의 연도를 순서대로 재구성하려는 노력과도 비슷하게 된다. 그것은 우리에게 서툴고 신뢰하기 어려운, 그러나 안 하는 것보다는 나은 노력이다.

"그것은 산에 오른 자기 아내를 멀리한 이발사를 칭찬한 은행업자였다It was the banker that praised the barber that alienated his wife that climbed the mountain." 라는 문장을 예로 들어보자. 자, 빨리 대답해보라. 산에 오른 사람은 은행업자인가, 이발사인가, 그의 아내인가? 컴퓨터에 기초한 분석기parser라면 이 물음에 답하는 것이 전혀 어렵지 않을 것이다. 모든 명사와 동사가 제각각 나무 구조의 제자리에 배치되어 있을 것이기 때문이다. 그러나 이 문장을 들은 사람들은 헷갈릴 수밖에 없을 것이다.

위치 중심으로 조직된 기억이 전혀 없는 상태에서 우리가 할 수 있는 최선의 것은 나무 구조를 어림잡는 일이다. 맥락 기억을 바탕으로 서툴게라도 클루지를 짜 맞추는 일이다. 그나마 변별적인 단서들이 충분히 있다면 문제가 되지 않는다. 그러나 문장의 구성 요소들이 혼동을 일으킬 정도로 서로 비슷하다면 사상누각이 되기 쉽다.[22]

자신에게 분명하다고 상대에게도 분명한 것은 아니다

어쩌면 문법과 관련해 가장 큰 문제는 나무 구조를 만들기의 문제가 아니라, 우리의 의도대로 구문 분석이 이루어지도록 문장을 산출하는 문제일 것이다. 우리는 어떤 문장이 우리에게 분명하면 그것을 듣는 사람에게도 분명할 것이라고 가정한다. 그러나 종종 그렇지 않을 때가 있다. 언어를 이해하는 기계를 만들려고 시도했던 공학자들이 깨달았듯이, 우리가 말하는 것의 상당 부분은 매우 애매하다.[23]

예를 들어 아주 평이해 보이는 다음 문장을 살펴보자. "탁자 위에 상자 안에 토막을 놓아라 Put the block in the box on the table." 이 문장은 언뜻 평범해 보이지만 실제로는 두 가지를 뜻할 수 있다. 이것은 상자 안에 있는 토막을 탁자 위에 놓으라는 요구일 수도 있고, 또는 어느 토막을 집어서 탁자 위에 있는 상자에 넣으라는 요구일 수도 있다. 여기에 또 한 구절을 추가하면 네 가지 가능성이 생긴다.

탁자 위 상자 안에 있는 토막을 부엌에 놓아라.

Put the block [(in the box on the table) in the kitchen].

부엌의 탁자 위에 있는 상자 안에 토막을 놓아라.

Put the block [in the box (on the table in the kitchen)].

부엌의 상자 안에 있는 토막을 부엌의 탁자 위에 놓아라.

Put [the block (in the box) on the table] in the kitchen.

상자 안에 있는 토막을 부엌의 탁자 위에 놓아라.

Put (the block in the box) (on the table in the kitchen).

대부분의 경우에 우리의 뇌는 이런 복잡성을 우리에게 보여주지 않으며, 그 대신에 여러 가능성들 가운데서 최선의 것을 자동적으로 추론한다. "탁자 위에 상자 안에 토막을 놓아라."라는 말을 들으면, 그리고 주변에 토막이 한 개밖에 없으면, 우리는 이 문장이 다른 의미를 가질 수도 있다는 사실을 눈치채지도 못한다. 이것은 언어만 가지고 되는 것이 아니다. 이것은 우리가 무슨 말을 들을 때 그것이 무엇을 뜻할지를 잽싸게 추론하기 때문에 가능한 것이다. 그 밖에도 말하는 사람은 가리키거나 몸짓 같은 다양한 '준언어적인' 기법을 이용해 언어를 보완한다.

이메일이나 전화 통화가 종종 오해를 불러일으키는 이유

그러나 이런 요령들에도 한계가 있다. 간혹 단서가 부적절할 때는 소통이 어려워지게 마련이다. 이메일이나 전화 통화가 얼굴을 맞대고 이야기할 때보다 오해의 소지가 많은 것도 이런 이유에서다. 그리고 우리가 청중 앞에서 직접 이야기할 때도, 우리가 구사하는 애매한 문장들을 사람들이 알아차리지 못할 수도 있다. 사람들이 실제로는 제대로 이해하지 못했는데도 제대로 이해했다고 스스로 생각할 수 있기 때문이다.

주목할 만한 최근의 한 연구에서는 대학생들에게 문법적으로 애매한[24] 다음과 같은 문장들을 큰 소리로 읽으라고 요구하였다. "앤젤라는 총으로 (또는 총을 든) 그 남자를 쏘았다Angela shot the man with the gun." 여기서 총은 앤젤라의 살인 무기였을 수도 있고, 피해자가 마침 들고 있던 총일 수도 있다. 이때 연구자는 피험자들에게 문장들이 애매하다는 주의를 사전에 주었으며, 각자 원하는 만큼 힘껏 단어들에 악센트를 주어도 된다고 하였다. 연구자가 관심을 가진 문제는 사람들이 뜻한 바가 상대방에게 성공적으로 전달되었는지 여부를 사람들이 얼마나 제대로 인식하는가 하는 것이었다.

연구 결과, 말하는 사람들은 대부분 과제 수행이 형편없었으며, 자기가 얼마나 형편없었는지에 대해서도 전혀 감을 잡지 못했다. 피험자들이 특정 문장의 의미를 성공적으로 전달했다고 생각한 경우에도 거의 절반 정도의 상대방은 그것을 다르게 이해하였다.[25] 다른 한편 말을 들은 사람들도 말을 한 사람들보다 특별히 더 낫지 않았다. 그들은 종종 자기가 제대로 이해했다고 잘못 추측하였다.

실제로 전문 작가들이 (특히 논픽션을 쓸 때) 해야 할 일의 일정 부분은 언어의 한계를 보완하는 일이다. '그는he'이라는 단어가 농부를 가리키는지 아니면 그의 아들을 가리키는지, 애매한 것은 없는지, 쉼표가 엉뚱한 자리에 놓여 있지는 않은지, 수식어구가 아무데나 (또는 삐딱하게) 매달려 있지는 않은지 등을 주의 깊게 살피는 일이다. 로버트 루이스 스티븐슨Robert Louis Stevenson의 말을 빌리자면 "문학의 어려움은 쓰는 것이 아니라, 당신이 뜻하는 바를 쓰는 것이다." 물론 때로는 일부러 애매함을 만들기도 한다. 그러나 그것은 다른 얘기다. 결정하기 어렵다는 강렬한 느낌을 독자에게 남기는 것과 본의 아니게 독자를 헷갈리게 하는 것이 어떻게 같은 것이겠는가?

진화의 흉터가 가득한 걸작

이 모든 요인들, 즉 부주의로 인한 애매함, 특이한idiosyncratic 기억, 순간 판단, 자의적인 연상, 우리 내면의 시간장치를 꼬이게 만드는 복잡한 작업 수행 등을 합쳐보면, 무엇이 출현하는가? 막연함, 특이함, 자주 오해를 낳는 언어가 바로 그것이다. 게다가 순전히 파이프소제도구와 마분지 못들로만 만든 백파이프보다도 복잡하게 구성된 발성기관은 말할 필요도 없다. 언어학자 게오프 풀럼Geoff Pullum의 말을 인용하자면 "영어는 여러 측면에서 진화의 흠 많은 걸작이다. 영어에는 거친 조각들, 바보 같이 빠뜨린 설계상의 문제들, 울퉁불퉁한 가장자리들, 멍청한 틈들, 해롭고 도착된 불규칙성들이 가득하다."

심리언어학자 페르난다 페레이라Fernanda Ferreira가 말했듯이, 언어는 '그런대로 쓸 만한good enough' 것이지만, 완전한 것은 아니다. 대개는 별 문제가 없지만, 때로는 혼란을 불러일으킨다. 그리고 심지어 우리를 그릇된 길로 이끌기도 한다. 예컨대 "모세는 얼마나 많은 동물들을 방주로 데리고 갔는가?How many animals did Moses bring onto the ark?"라는 질문을 받아도 사람들은 뭐가 잘못되었는지 좀처럼 알아차리지 못한다.[26] 게다가 "나보다 더 많은 사람들이 러시아에 가본 적이 있다More people have been to Russia than I have." 같은 문장이 (관점에 따라) 문법에 맞지 않거나 또는 논리적으로 사리에 맞지 않는다는 사실을 알아차리는 사람은 더더욱 적다.

만약 뛰어난 지능을 가진 공학자가 언어를 설계했다면, 해설자는 일자리를 잃을 것이고, 벌리츠Berlitz 언어학교는 그냥 스쳐 지나가는 곳이 될 것이다. 또한 어느 누구도 언어에 평생을 바칠 필요가 없을 것이다. 만약 그렇다면 단어들은 체계적으로 상호 관련을 맺을 것이며 음소들은 일관되게 발음될 것이다. 만약 그렇다면 음성으로 작동하는 모든 전화 메뉴 시스템들은 우리가 말하는 것을 오차 없이 정확히 이해할 것이다. 애매함이나 무의미한 불규칙성은 존재하지 않을 것이며, 사람들은 자기가 뜻하는 것을 말하고, 자기가 말하는 것을 뜻할 것이다. 그러나 현실은 그렇지 않다. 특정 단어가 머릿속에 떠오르지 않을 때, 우리의 생각은 혀끝에서 맴돈다. 문법은 우리를 곤경에 빠뜨린다.

그렇다고 해서 나는 언어가 터무니없는 것이라고 말하려는 것이 아니다. 선견지명이 있었더라면 언어가 지금보다 더 나을 수 있었다는 것이다.

그러나 언어를 특징짓는 대혼란에 나름의 논리가 없는 것은 아니다. 그것은 바로 진화의 논리다. 우리는 맥락에 따라 말소리를 다르게 내면서 동시적으로 조음한다. 왜냐하면 우리가 내는 소리는 일련의 비트bit 정보들이 디지털 증폭기를 거쳐 전자기적으로 구동되는 확성기로 보내져서 나는 것이 아니라, 원래 소통 대신 소화를 위한 통로였던 3차원의 구멍 주변에 혀를 부딪쳐서 나는 것이기 때문이다. 그러다 보면 "그녀는 해변에서 조개를 판다She sells seashells by the seashore."처럼 혀가 꼬여 제멋대로 춤추는 일이 생긴다. 왜냐하면 언어는 원래 다른 목적들을 위해 진화한 장치들을 되는대로 짜 맞춘 것을 토대로, 아주 급하게 만들어졌기 때문이다.

위험한 행복

무엇이 정말로 우리를 행복하게 하는가?

KLUGE 5

행복은 따뜻한 강아지다.

— 찰리 브라운Charlie Brown

행복은 따뜻한 총이다.

— 비틀스The Beatles

십인십색.

— 속담

행복이 무엇인지 모르는 사람이 있다면, 그 사람은 무사하지 못할 것이다! 하지만 행복을 정의하려는 작가가 있다면, 그 사람도 무사하지 못할 것이다! 따뜻한 총과 따뜻한 강아지는 행복의 예일 뿐, 그것의 정의는 아니다.

사전을 들춰 보니 행복은 '쾌락pleasure'으로 정의되어 있었다. 그리고 쾌락은 '행복한 만족과 기쁨'의 느낌으로 정의되어 있었다. 순환적인 정의가 이것으로 불충분했는지, 내가 다시 '느낌feeling'이라는 단어를 들추자, 느낌은 '지각된 정서emotion'라고 정의되어 있는 반면, 정서는 '강한 느낌'이라고 정의되어 있었다.

어쨌든 상관없다. 대법원 판사 포터 스튜어트Potter Stewart가 음란물에 대해 한 유명한 말처럼, '정의하기'란 어려운 일이다. 그러나 "나는 그것을 보면 알 수 있다." 행복은 섹스를 뜻할 수도 있고, 약물을 뜻할 수도 있으며, 로큰롤, 군중의 아우성, 성공적으로 마친 일에 대한 만족, 좋은 음식, 좋은 술, 좋은 대화 등을 뜻할 수도 있다. 그런가

하면 심리학자 미하이 칙센트미하이Mihaly Csikszentmihalyi가 '몰입flow'의
상태라고 부르는 것, 곧 시간이 가는 것도 모를 만큼 자신이 잘하는
어떤 것에 빠져 있는 상태도 있을 것이다. 도처에 있는 고집 센 철학
자들을 성나게 할지 모르지만, 나는 이 정의의 문제를 더 이상 다루
지 않으려고 한다. 내가 보기에 정말로 중요한 문제는 행복을 어떻게
정의할 것인가가 아니라, (진화의 관점에서 볼 때) 도대체 왜 인간이
행복에 관심을 가지는가 하는 문제다.

쾌락이 과연 우리의 안내자일까?

언뜻 보면 답이 분명한 듯하다. 표준적인 대답은 행복이 부분적으
로 우리의 행동을 인도하기 위해 진화했다는 것이다. 유명한 진화심
리학자 랜돌프 네스Randolph Nesse는 다음과 같이 말했다. "좋은 음식
[을 먹는 것], 섹스[를 하는 것], 존경의 대상이 되는 것, 자녀의 성공을
지켜보는 것 등이 모두 불쾌한 경험이 되도록 우리 뇌가 조직되어 있
었을 수도 있을 것이다. [그러나] 이렇게 조직된 뇌를 가진 조상이 있
었더라도 그 조상은 인간 본성이 현재의 모습을 갖추도록 한 유전자
풀gene pool에 크게 기여하지 않았을 것이다." 프로이트가, 그리고 그보
다 훨씬 전에 아리스토텔레스가 말했듯이, 쾌락은 우리의 안내자다.
만약 이것이 없었더라면 인간 종은 널리 번식하지 않았을 것이다.[1]
이것은 꽤 그럴듯해 보인다. 쾌락이 우리의 안내자라는 생각과 유

사하게 우리는 우리가 보는 거의 모든 것들을 자동적으로 (그리고 종종 무의식적으로) '유쾌한' 또는 '불쾌한'의 범주로 분류한다. 만약 내가 여러분에게 '햇빛' 같은 단어를 제시한 뒤에 '훌륭한'이라는 단어가 긍정적인지에 대해 최대한 빨리 답하라고 요구한다면, 여러분은 ('햇빛' 대신에 이를테면 '독약' 같은) 불쾌한 단어를 사전에 보았을 때보다 더 빠르게 반응할 것이다. 인지심리학자들은 이렇게 가속화된 반응을 '긍정적 예비 효과_positive priming effect'라고 부른다. 이것은 우리가 접하는 모든 것들을 항상 그리고 자동적으로 좋은 것 또는 나쁜 것으로 범주화함을 뜻한다.

이런 종류의 자동 평가는 주로 반사 체계의 영역에 속하는 것이며, 상당히 정교하게 작동한다. '물'이라는 단어를 예로 들어보자. 물은 유쾌한 것인가? 그것은 여러분이 얼마나 갈증을 느끼느냐에 따라 다를 것이다. 그리고 실제로도 여러 연구들은 목마른 사람들이 수분 섭취를 잘 한 사람들보다 '물'이라는 단어에 대해 더 큰 긍정적 예비 효과를 보인다는 사실을 증명하고 있다. 이것은 겨우 몇 밀리세컨드(1초의 1,000분의 1) 사이에 일어나며, 때문에 쾌락은 순간적인 안내자로서 기능할 수 있다.

비슷한 연구결과들은 (이것은 겁나는 이야기이기도 한데) 다른 사람들에 대한 우리의 태도에서도 확인된다. 우리는 다른 사람들을 필요로 할수록 그 사람들을 더 좋아한다. 오래된 한 표현을 잠재의식의 관점에서 약간 냉소적으로 바꿔 말하자면, 우리가 필요로 하는 친구는 우리가 이미 친구로 지각한 사람이다.

그러나 "우리에게 좋게 느껴지는 것은 우리 선조들에게 좋은 것이었음에 틀림없다."라는 단순한 생각은 금방 곤란에 처한다. 우선 우리에게 쾌락을 가져다주는 많은 것들(또는 아마도 대부분의 것들)은 실제로 우리의 유전자를 위해 많은 것을 하지 않는다. 미국의 평균적인 성인은 깨어 있는 시간의 거의 3분의 1을 텔레비전, 스포츠, 친구와 술 마시기 같은 여가활동에 소비한다. 하지만 이런 활동들은 직접적인 유전적 이익이 거의, 또는 전혀 없는 것들이다. 섹스도 대부분의 사람들에게 대부분의 경우에는 번식을 위한 것이 아니라, 여가를 위한 것이다. 내가 요즘 즐겨 찾는 레스토랑인 스시 삼바Sushi Samba에서 한 끼 식사에 100달러를 쓰면, 그것은 내 자식들의 수를 증가시킬 것이기 때문도 아니고, 페루와 일본의 퓨전음식을 먹는 것이 내 배를 채우는 가장 싼 (또는 가장 영양이 풍부한) 방법이기 때문도 아니다. 내가 그렇게 하는 까닭은 내가 황조어 세비체yellowtail ceviche의 맛을 좋아하기 때문이다. 그러나 진화의 관점에서 보자면, 당연히 나의 정찬 계산서는 명백한 재정적 자원의 낭비다.

화성인이 지구라는 행성을 내려다본다면 그는 이 모든 것을 의아하게 생각할지 모른다. 왜 인간들은 꼭 해야 할 일들이 산더미 같은데도 어리석게 많은 시간을 배회하는 것일까? 물론 다른 종들도 논다는 사실이 관찰되었지만, 어느 다른 종도 인간만큼 그렇게 많은 시간을 또는 그렇게 다양한 방식으로 빈둥거리지는 않는다. 오직 소수의 다른 종들만이 생식과 무관한 성행위에 많은 시간을 보내는 듯하며, 어느 다른 종도 (호기심 많은 인간들이 설치한 실험실 밖에서는) 텔레비전을 보거나 록 콘서트를 가거나 단체경기를 즐기지 않는다. 이렇게 볼 때 우리는 다음과 같이 묻지 않을 수 없다. 정말로 쾌락은 이상적인 적응의 산물일까? 아니면 (셰익스피어에게는 미안한 얘기지만) 덴마크에 뭔가 클루지스러운 것이 있는 것은 아닐까?[2]

후회하면서 습관적으로 TV를 보는 사람들

그렇다! 인간은 더 이상 유전자의 노예가 아니라고 우리 화성인에게도 말하라! 인간은 자신의 유전자 복제물을 가장 많이 산출할 활동에 몰두하는 대신에 어떤 다른 것을, 좀 더 추상적인 어떤 것을 최대화하려고 노력한다고 말하라! 그것은 인간의 전반적인 안녕, 성공 수준, 자신의 삶에 대한 지각된 통제력, 주변 사람들의 인정 같은 여러 요인들의 척도가 되는 것처럼 보이는 '행복'이라고 말하라!

그러나 이쯤 되면 우리의 화성인 친구는 더욱 혼란스러워할 것이다. 만약 사람들이 정말로 전반적인 안녕을 최대화하려고 노력한다면, 장기적으로 보아 지속적인 행복을 거의, 또는 전혀 가져다주지 않는 일들을 왜 그렇게 많이 하는가?

어쩌면 이 화성인이 가장 이해할 수 없는 것은 "많은 사람들이 텔레비전을 보는 데 왜 그렇게 많은 시간을 소비할까?" 하는 물음일지 모른다. 미국인의 평균 TV 시청 시간은 하루에 2~4시간이다. 사람들이 평균적으로 16시간 깨어 있다고 할 때, 그리고 직장에서 적어도 8시간을 보낸다고 할 때, 이것은 한 개인이 마음대로 쓸 수 있는 시간 중에서 상당한 비중을 차지한다. 그런데도 시청자들은 날이면 날마다 이 쇼와 저 쇼를 번갈아 보기에 바쁘다. 그것들은 대부분 가공의 인물에 대한 의심스러운 수준의 이야기를 늘어놓거나, 또는 평균적인 시청자라면 거의 접할 가능성도 없는 부자연스러운 상황에서 사람들이 어떻게 행동하는지를 보여주는, 심하게 편집된 리얼리티 쇼들이다. 물론 공영방송에서는 몇몇 근사한 다큐멘터리들을 내보내기도 한다. 그러나 이것들은 결코 〈로 앤 오더Law & Order〉, 〈로스트Lost〉, 〈서바이버Survivor〉 같은 연재물들의 시청률을 따라잡지 못한다. 그리고 놀라운 것은 극성 시청자들이 텔레비전을 조금만 보는 사람들보다 평균적으로 덜 행복하다는 사실이다. 텔레비전 시청이 단기적으로 몇몇 이익을 가져다줄지 모르지만, 장기적으로 볼 때 텔레비전 시청에 소비한 시간은 운동, 취미활동, 아이들 돌보기, 타인들을 돕기, 친구 사귀기 등 뭔가 다른 일을 하면서 보낼 수 있는 시간을 날려버린 셈이다.

담배가 해로운 줄 알면서도 끊지 못하는 사람들

물론 그 밖에도 뇌의 쾌락 부위(예컨대 중격의지핵nucleus accumbens)를 직접 자극함으로써, 보상의 전체 기제를 간편화할 목적으로 고안된 화학 물질들이 있다. 알코올이나 니코틴, 또는 코카인, 헤로인, 암페타민 같은 약물들이 그런 것들이다. 이런 물질들과 관련해 주목할 만한 것은 이런 것들이 존재한다는 사실 자체(화학적인 토대 위에서 작동하는 뇌가 영리한 화학자들의 책동에 취약하지 않도록 만든다는 것은 거의 불가능한 일일 것이다.)라기보다 이런 것들이 장기적으로 생명을 위협할 수도 있다는 것을 알면서도 많은 사람들이 이용한다는 사실이다. 예컨대 소설가 존 치버John Cheever는 다음과 같이 썼다. "해마다 나는 내가 너무 많이 마신다는 사실을 [잡지에서] 읽는다. …… 나는 더 많은 날들을 허비하며 깊은 죄책감에 시달린다. 나는 엄격한 금주주의자의 마음으로 새벽 3시에 잠에서 깬다. 술, 그것의 도구들, 주변 환경, 술의 영향 등 모든 것이 역겨워 보인다. 하지만 정오가 되면 어김없이 나는 위스키 병을 향해 손을 뻗친다."

한 심리학자가 말했듯이, 중독은 사람들을 '환락의 길_primrose path'로 이끌 수 있다. 일단 그 길에 들어서면, 순간의 결정이 장기적으로 어떤 파괴적인 결과를 가져오든, 순간의 행복의 함정에 빠져 자신의 결정이 합리적인 것처럼 보인다.

또한 섹스도 수수께끼 같은 측면이 있다. 섹스가 즐거울 수 있다는 사실은 아마도 놀라운 일이 아닐 것이다. 섹스가 우리 선조들에게 즐겁지 않았다면, 오늘날의 우리도 존재하지 않았을 터이기 때문이다. 섹스는 무엇보다도 수태에 이르는 왕도다. 그리고 수태 없이는 생명도 없을 것이다. 또 생명 없이는 번식도 없을 것이며, '이기적 유전자' 군단도 더 이상 할 일이 없을 것이다. 섹스를 즐기는 (또는 적어도 그것을 향한 충동을 가지고 있는) 동물들이 그렇지 않은 동물들보다 더 많이 번식할 것이라는 점은 자명해 보인다.

그러나 섹스를 좋아한다는 것과 섹스를 쉬지 않고, 다른 것들은 거의 모두 배제한 채 추구한다는 것은 같은 것이 아니다. 성에 대한 무절제한 집착으로 인생을 망친 정치인, 성직자, 평범한 일반 시민들의 이야기는 잘 알려져 있다. 만약 화성인이 이런 광경을 본다면 오늘날 성에 대한 우리의 욕구가 설탕, 소금, 지방에 대한 욕구와 마찬가지로 너무 높게 조정되어 있지는 않은가라는 의문을 던질지 모른다.

허술한 쾌락 탐지기와 폭넓게 조율된 쾌락 체계

쾌락은 서투른 마음의 동기 유발자

어쩌면 그 화성인은 쾌락이 동기 유발자라는 핵심 생각은 충분히 일리가 있지만, 쾌락의 체계 전체는 꼭대기에서 밑바닥까지 클루지라는 사실을 결국에는 깨닫게 될 것이다. 만약 정말로 쾌락이 우리 유전자의 필요를 충족시키도록 우리를 인도한다면, 왜 우리 인간은 이런 필요에 기여하지 않는 활동들에 그렇게 많은 시간을 허비하는가? 물론 여자들한테 강한 인상을 심어주려고 스카이다이빙을 감행하는 친구들도 있다. 그러나 많은 사람들은 누가 지켜보지 않을 때에도 스키를 타거나 스노보드를 즐기거나 난폭하게 운전한다. 이처럼 인간 활동의 상당 부분이 우리의 '번식 적응도reproductive fitness'를 위협하는 것이라면, 그것에 대한 설명이 있어야 하지 않을까?

그리고 그런 설명이 실제로 있다. 그러나 그것은 최적의 상태에 있는 마음에 대한 것이 아니라, 서투른 마음에 대한 것이다. 그 첫 번째 이유는 독자들에게 이제 꽤 친숙해진 것이다. 곧 쾌락을 지배하는 신경 하드웨어는 (인간 마음의 다른 많은 부분들처럼) 둘로 나뉘어 있다. (하는 일이 잘 되었을 때 느끼는 성취감처럼) 일부 쾌락은 숙고 체계로부터 파생되기도 하겠지만, 대부분은 그렇지 않다. 대부분의 쾌락은 조상 전래의 반사 체계의 영향 아래 있다. 그리고 이 체계는 우리가 이미 보았듯이 근시안적인 편이며, 두 체계가 갈등을 일으킬 때는 선조 체계에 무게가 쏠린다. 실제로 내가 이 크렘 브륄레crème brûlée를[3]

먹기를 삼간다면 약간의 만족감을 느낄 수도 있겠지만, 이런 만족감은 내가 그것을 먹어서 얻는 순간적인 희열에 비하면 아무것도 아닐 것이다.[4] 내 유전자에게는 내가 디저트를 먹지 않는 편이 더 나을 것이다. 그러면 내 동맥은 훨씬 더 오랫동안 막혀 있지 않을 것이며, 더 많은 양분을 모아서 내 미래의 자손들을 위해 더 좋은 환경을 조성할 것이다. 그러나 바로 이 유전자도 나의 뇌가 이전 시대의 유물인 동물적인 부분을 일관되게 이겨낼 지혜를 가지고 있지 않다는 점까지 내다보지는 못했다.

쾌락 중추 속이기

두 번째 이유는 좀 더 미묘한 것이다. 우리의 쾌락 중추는 문화와 기술의 전문가인 현대인들을 위해 만들어진 것이 아니다. 우리에게 쾌락을 선사하는 대부분의 기제는 꽤 조야하다. 때문에 우리는 어느새 이 기제들의 허를 찌르는 데 전문가가 되었다. (적어도 유전자의 관점에서 볼 때) 이상적인 세계에서는 어떤 활동이 유쾌한 것인가를 결정하는 뇌의 부분이 아주 까다로워서 우리에게 정말로 좋은 것들에만 반응할 것이다. 예를 들어 과일에는 설탕이 들어 있으며, 포유동물은 설탕을 필요로 한다. 따라서 우리가 과일에 대한 '기호'를 가지도록 진화했다는 것은 사리에 맞는다.

여기까지는 아무 문제가 없다. 그러나 이 설탕 탐지기는 진짜 과일과 영양은 없고 맛만 있는 합성 과일의 차이를 분별하지 못한다. 우리 인간들은 (개인은 아닐지 몰라도 적어도 집단으로서는) 우리의 쾌락 중추를 속일 수 있는 수천 가지 방법들을 찾아냈다. 혀가 과일의 달콤함을 좋아한다고요? 그렇다면 제가 라이프 세이버스Life Savers 몇 가지를 추천해드려도 될까요?[5] 아니면 오렌지 소다? 완전히 인공 향신료로만 만든 과일 주스는 어떠신가요? 잘 익은 수박은 우리에게 이롭겠지만 수박 맛이 나는 캔디는 그렇지 않다.

섹스: 폭넓게 조율된 쾌락 체계를 따르다

수박향 캔디는 시작일 뿐이다. 우리가 쾌락을 탐지하는 데 사용하는 거의 대부분의 정신적 기제들도 조야하기는 마찬가지이며 때문에 쉽게 속아 넘어간다. 일반적으로 말해 우리의 쾌락 탐지기들은 우리 선조들의 환경에서 바람직했을 특정 자극들에만 반응하는 것이 아니라, 우리의 유전자에 별로 기여하는 것이 없는 수많은 다른 자극들에도 반응하는 경향이 있다. 예를 들어 우리가 섹스를 한껏 즐길 수 있는 까닭은 (분별 있는 진화심리학자라면 누구나 그렇게 예상하겠듯이) 우리로 하여금 섹스를 즐기도록 만드는 기제가 있기 때문이다. 그러나 이 기제는 섹스가 출산으로 이어지거나, (이것은 관련 기제를 가장 엄격하게 조율해 놓은 경우에 해당할 것이다.) 또는 연애 중인 커플의 결속에 기여할 때만 작동하는 것이 아니라, 훨씬 더 광범위하게 작동한다. 실제로 이것은 거의 아무 때나, 거의 모든 상황에서, 둘이든 셋이든 혼자든, 동성 간에든 이성 간에든, 생식에 기여하는 구멍을 통해서든 그렇지 않은 신체 부위를 통해서든, 상관없이 작동한다. 우리가 유전자의 번식에 직접이든 간접이든 기여하는 일 없이 섹스를 할 때마다 우리의 유전자는 바보 취급을 당하는 셈이다.

가장 역설적인 것은 비록 섹스가 동기 부여의 놀라운 능력을 지니고 있지만, 사람들은 종종 아이를 낳지 않으려고 일부러 고안해낸 방식으로 섹스를 한다는 사실이다. 어느 이성애자들은 정관 수술을 받고 어느 남자 동성애자들은 에이즈의 시대에도 무방비 상태로 섹스를 하며, 소아성욕자들은 감옥과 공동체의 비난을 무릅쓰면서까지 자신들의 관심을 추구한다. 유전자의 관점에서 볼 때 이 모든 것은 (번식과 어버이 쌍의 결속을 위한 섹스만 빼고) 엄청난 실수다.

물론 진화심리학자들은 이런 다양한 변형들 가운데 적어도 하나, 동성애에 대해서는 그것의 적응적 가치를 찾아내려고 노력하였다. 그러나 어느 설명도 특별히 설득력이 있지는 않다. 예컨대 '동성애자 삼촌gay uncle' 가설이라는 것이 있는데 이것에 따르면 동성애가 사람들 사이에서 사라지지 않는 까닭은 동성애자들이 흔히 자기 형제자매의 아이들에게 상당한 애정과 관심을 쏟기 때문이다.[6] 내가 보기에 더 타당한 설명은 동성애가 성행동의 다른 변형들과 마찬가지로 진화에 의해 (출산에) 좁게 초점이 맞춰지기보다 (친분과 교제를 향해) 폭넓게 조율된 쾌락 체계의, 다시 말해 이미 엄격하게 적응되어 있던 한 기능 이외의 다른 기능을 위해서 함께 선택된co-opted 쾌락 체계의 결과라는 것이다. 유전적 특징과 경험의 혼합 속에서 사람들은 온갖 형태의 다양한 것들을 쾌락과 연관시킬 수 있게 되었으며, 이런 바탕 위에서 행동이 이루어진다[7]

성과 관련된 상황은 다른 영역과 관련해서도 꽤 전형적인 의미를 지닌다. 우리의 정신적 기제의 상당 부분은 (쾌락의 한 대리물인) 보상을 평가하기 위해 존재하는 듯하다. 그러나 이 기제의 사실상 모든 부분은 (유전자의 눈으로 볼 때) 이상적인 것보다 더 넓은 범위의 선택을 허용한다. 설탕을 마음껏 즐기는 행동이 그런 예이고, 시럽을 올린 아이스크림은 우리가 칼로리를 필요로 하든 안 하든 거의 언제나 쾌감을 선사한다.

인터넷 중독: 잡동사니 정보 탐색자들

인터넷 중독과 같이 좀 더 현대적인 강박 충동이 또 다른 예다. 이 강박 충동은 아마도 우리가 정보를 얻을 때 조상 전래의 회로가 보상을 주면서부터 시작되었을 것이다. 심리학자 조지 밀러George Miller의 표현대로 우리는 모두 '정보탐식자informavore'다. 그리고 사실들을 즐겨 수집했던 선조들이 새로운 것을 배우는 데 별 관심이 없던 선조들보다 어떻게 더 번식하게 되었을지 상상하기란 그리 어려운 일이 아니다.

그러나 다시 말하지만 우리가 지닌 체계는 충분히 정교하게 조정된 것이 아니다. 어떤 풀이 상처 치료에 도움이 되는지를 알게 되어 느끼는 희열과 졸리와 피트 커플의 최근 소식을 접하고 느끼는 희열은 다른 것이다. 만약 우리가 우리의 정보 욕구를 좀 더 까다롭게 제어할 수 있다면, 아마도 우리 모두는 지금보다 더 잘 지낼 것이다. 셜록 홈스는 지구가 태양 주위를 돈다는 사실조차 몰랐던 것으로 악명 높다. 우리가 귀담아 들을 만한 그의 이론은 다음과 같이 전개된다.

원래 인간의 뇌라는 것은 텅 빈 작은 다락방과도 같은 것이다. 그래서 그것을 어떤 가구로 채울 것인가는 여러분이 선택하기에 달렸다. 멍청한 사람은 그가 발견하는 온갖 종류의 잡동사니들을 죄다 갖다 놓는다. 그래서 정작 그에게 쓸 만한 지식은 밖으로 밀려나거나 또는 기껏해야 다른 많은 것들과 뒤죽박죽으로 섞여 있어서 그것을 꺼내기가 어렵다. …… 그러므로 쓸데없는 사실들이 유용한 것들을 밀쳐내지 않도록 하는 것이 아주 중요한 일이다.

그러나 슬프게도 셜록 홈스는 가공의 인물일 뿐이다. 실제 세계에 사는 사람들 가운데 홈스처럼 절제된 또는 섬세하게 조율된 정보수집 체계를 지니고 있는 사람은 드물다. 오히려 우리 대부분의 경우에는 거의 모든 정보가 우리의 쾌락 미터기를 상승시킬 수 있다. 밤늦은 시각에 인터넷에 접속할 기회가 생기면 나도 모르게 여기(2차 세계대전)를 클릭하고, 저기(이오지마硫黃島)를 클릭한다. 그러다 아무 생각 없이 또 다른 링크(클린트 이스트우드Clint Eastwood)를 쫓다보면, 네 번째 링크(《더티 해리Dirty Harry》)에 부딪히곤 하는 식으로, 뚜렷한 목표의식도 없이 이 주제에서 저 주제로 급속하게 엮여 들어간다. 하지만 이런 정보 조각 하나하나가 내게 쾌감을 선사한다. 나는 역사학자도 아니고 영화 비평가도 아니다. 때문에 이런 정보가 내게 쓸모 있게 될 개연성은 그리 크지 않다. 그래도 나는 안 할 수가 없다. 나는 그냥 이런 시시콜콜한 것들을 좋아한다. 내 뇌는 나를 좀 더 까다롭게 만들 수 있을 만큼 정교하게 배선되어 있지 않다. 웹 서핑을 이제 그만하고 싶은가? 천만에! 갈 데까지 가보자!

비디오 게임: 허술한 쾌락 탐지기를 파고들다

이와 비슷하게 우리는 통제에 대해서도 영원한 갈망을 가지고 있다. 수많은 연구가 입증하듯이 통제감sense of control은 우리에게 행복한 느낌을 선사한다. 예컨대 한 고전적인 연구에서는 도저히 예측할 수 없게 갑자기 들려오는 소음들을 매우 불규칙한 간격으로 들어야만 하는 조건 속에서 사람들을 관찰하였다. 이때 일부 피험자들에게는 그 사람들이 이 상황에서 뭔가 할 수 있다는 (소음을 멈추기 위해 단추를 누를 수 있다는) 믿음을 심어주었다. 반면에 다른 피험자들에게는 그 사람들이 할 수 있는 것이 아무것도 없다고 일러주었다.

그 결과 일정한 능력을 부여받은 사람들은 그렇지 않은 사람들보다 (실제로는 거의 단추를 누르지 않았는데도) 스트레스를 덜 받았으며 더 행복하게 느꼈다. 붐비는 엘리베이터 안에서 버튼 가까이에 있는 사람들이 스트레스를 덜 받는 것도 비슷한 원리 때문이다. 이 경우에도 마찬가지로 좁게 초점이 맞춰진 체계라면, 이것이 충분히 적응적인 의미를 지닐 것이다. 왜냐하면 자기가 통제력을 발휘할 수 있는 환경을 찾는 유기체들은 더 강력한 힘에 완전히 내맡겨진 유기체들보다 생존경쟁에서 유리한 위치에 있을 것이기 때문이다. 말하자면 커다란 폭포 아래를 지나가는 것보다 천천히 흐르는 개울을 건너는 편이 나을 것이다.

그러나 현대인의 삶 속에서 (우리 자손의 숫자나 자질을 높이는 데 뚜렷이 기여하는 바도 없는데) 골프 스윙을 완벽하게 가다듬기 위해서, 또는 완벽한 도자기를 굽기 위한 기술을 배우기 위해서 수많은 시간을 소비할 때, 우리는 우리에게 성취감의 보상을 주는 기제를 속이고 있는 셈이다.

더 일반적으로 말하자면 현대인의 삶은 진화심리학자들이 '과상

過常 자극hypernormal stimulus'이라고 부르는 것들로 가득하다. 과상 자극
이란 너무 '완벽'해서 보통 세계에는 없는 것을 말한다. 해부학적으
로 불가능한 비율의 바비 인형, 에어브러시airbrush로 눈부시게 꾸며낸
모델의 얼굴, 자극적으로 빠르게 건너뛰는 MTV 화면들, 인공적으로
합성된 나이트클럽의 드럼소리 등등이 그러하다. 이런 자극들은 조
상 전래의 세계에서는 감히 꿈도 못 꿀 극단적인 흥분과 희열을 전달
한다.

비디오 게임은 이 점에서 완벽한 예다. 우리가 이것을 즐기는 까
닭은 이것이 우리에게 주는 통제감 때문이다. 우리는 게임이 부과하
는 도전에 성공할 수 있는 만큼만 게임을 좋아한다. 그러다 이런 통
제감을 잃는 순간 우리는 게임을 즐기기를 그만둔다. 공정해 보이지
않는 게임은 재미있어 보이지도 않는다. 왜냐하면 바로 이런 숙달의
느낌을 기대할 수 없기 때문이다. 도전의 각 레벨은 바로 이런 희열
을 강화하도록 설계되어 있다.

비디오 게임은 단순히 통제에 관한 어떤 것이 아니다. 이것은 통
제의 정수다. 숙달과 연합된 희열을 최대한 빈번하게 제공하도록 설
계된 게임은 기술 습득의 자연스러운 보상 과정에 대한 과상 변형이
다. (매년 수십억 달러의 매상고를 올리는 업계에서 생산된) 비디오 게임
이 일부 사람들에게 삶 자체보다도 더 재미있게 느껴진다면, 그것은
바로 이런 게임이 우리의 쾌락 탐지 기제에 내재하는 부정확성을 이
용해 먹도록 설계되어 있기 때문이다. 오, 불쌍한 유전자여!

우리의 쾌락은 절충적이다

결론적으로 말해 쾌락은 절충적인 것이다. 우리는 정보를 사랑하고 신체적 접촉과 사회적 접촉을 사랑하며 그 밖에도 좋은 음식, 훌륭한 와인, 반려동물과 보내는 시간, 음악, 연극, 춤, 소설, 스키, 스케이트보드, 비디오 게임을 사랑한다. 때때로 우리는 우리를 취하게 하거나 웃게 만드는 사람들에게 돈을 지불한다. 이런 예들은 사실상 무한하다. 몇몇 진화심리학자들은 이런 현상들의 적응적 이익을 찾아내려고 노력하였다. 예컨대 제프리 밀러Geoffrey Miller는 음악이 구애의 목적을 위해 진화했다고 주장한다. 또 다른 대표적인 가설은 음악이 자장가를 부르기 위해 진화했다는 것이다. 밀러가 가장 잘 언급하는 예는 지미 헨드릭스Jimi Hendrix다.

이 비범한 록 기타리스트는 1970년 27세의 나이로 죽었다. 음악적 상상력을 자극하기 위해 이용하던 약물의 과다복용이 원인이었다. 그가 생산한 음악, 세 장의 스튜디오 앨범과 수백 번의 라이브 콘서트는 그에게 아무런 생존의 혜택을 베풀지 않았다. 그러나 그는 수백 명의 십대 소녀 팬들과 성적 접촉을 가졌으며, 적어도 두 여성과 동시에 장기적인 관계를 유지했고, 미국, 독일, 스웨덴에 있는 적어도 세 자녀의 아버지가 되었다. 피임 이전의 옛날 상황이었더라면, 그는 더 많은 자식들의 아버지가 되었을 것이다.

하지만 이런 가설들은 특별히 설득력이 있어 보이지 않는다. 예컨대 성선택sexual selection 이론은 남성이 여성보다 더 뛰어난 음악적 재능을 지니고 있을 것이라고 예측한다. 물론 십대 소년들이 헤비메탈 즉흥 연주에 빠져 무수한 시간을 보낸다는 것은 잘 알려진 사실이지만, 남성들이 정말로 더 뛰어난 음악적 재능을 지니고 있다는 강력한 증거는 존재하지 않는다.[8] 수천 명의 (어쩌면 수십 만 명의) 여성들은 결혼해서 행복하게 잘 살면서 음악을 연주하거나 작곡 또는 녹음하는 일에 일생을 바치고 있다. 게다가 유혹을 당하는 쪽이 (다시 말해 밀러의 설명대로라면 여성이) 유혹하는 쪽보다 음악을 하는 데서 덜 쾌감을 느낄 것이라고, 또는 음악을 즐기는 것이 어떤 식으로든 다산多産과 연관이 있을 것이라고 생각할 특별한 이유도 존재하지 않는다. 음악이 구애를 위해 사용될 수도 있다는 것은 의심의 여지가 없다. 그러나 어떤 특성이 특정한 방식으로 사용될 수 있다는 사실은 그 특성이 그런 목적을 위해 진화했다는 것을 증명하지 않는다. 자장가 가설도 마찬가지다.

문화적 선택과 유쾌한 속임수

오히려 현대의 다양한 쾌락들은 우리가 조상으로부터 물려받은 폭넓게 조율된 쾌락 체계의 산물일 것이다. (명금류鳴禽類, songbird나 고래류처럼 단순히 상대를 확인하기 위해서 선율을 사용하는 것이 아니라) 오락의 목적으로 사용되는 음악 자체는 인간에게 독특한 것이지만, 그것 밑에 깔린 인지 기제의 많은 부분은 그렇지 않다. 언어의 많은 부분이 상당히 오래된 뇌 회로를 바탕으로 하고 있듯이, 음악도 그것이 생기기 이전의 조상들로부터 물려받은 장치들에 (아마 완전히는 아닐지라도) 주로 의존하고 있다고 생각할 충분한 이유가 있다. 리듬의 산출은 적어도 일부 원숭이들에게서 초보적인 형태로 발견된다. 킹콩은 가슴을 두드리는 유일한 원숭이가 아니다. 그리고 음의 높낮이를 구별하는 능력은 더 광범위하게 관찰된다. 금붕어와 비둘기는 음악 양식들을 구별하도록 훈련받을 수 있다.

그런가 하면 음악은 우리가 다른 상황에서도 얻는 쾌락들을 불러일으키기도 한다. 곧 우리가 (그리고 대부분의 원숭이들이) 사회적 친밀함에서 얻는 쾌감, (리듬의 타이밍을 예상할 때처럼) 예측이 맞을 때 느끼는 기쁨, 예상한 것과 예상 못한 것이 병치되어 생기는 기쁨,[9] (이 책 앞에서 신념과 관련해 언급했던) '단순한 친숙 효과'에서 생기는 좀 더 평범한 쾌감 등이 그것이다. 또 악기를 연주할 때 (그리고 노래를 부를 때) 우리는 숙달과 통제의 느낌을 얻게 된다. 우리는 울적한 블루스를 들으면 (적어도 부분적으로는) 우리도 덩달아 우울해진다. 하지만 그렇기 때문에 우리는 혼자라고 느끼지 않을 것이다. 왜냐하면 가장 비탄에 잠긴 십대들조차 누군가 자신의 고뇌를 함께한다는 생각에 어느 정도 쾌감을 얻을 것이기 때문이다.

음악, 영화, 비디오 게임 같은 오락 형태들은 스티븐 핑커의 표현대로 '쾌락의 기술pleasure technology', 곧 우리가 지닌 보상 체계의 반응을 최대화하는 문화적 발명품들이라고 볼 수 있을 것이다. 우리가 이런 것들을 즐기는 까닭은 이것들이 우리 유전자를 널리 퍼뜨리기 때문이거나, 또는 이것들이 우리 선조들에게 특정 이익을 가져다주었기 때문이 아니라, 이것들이 이런 즐김의 대상이 되도록 문화적으로 선택되었기 때문이다. 그리고 이것은 이것들이 우리의 쾌락 추구 기제에 존재하는 허점을 파고들 수 있는 만큼만 그러하다.

결론은 다음과 같다. 우리의 쾌락 중추는 인간 종의 생존을 촉진하도록 완벽하게 조율된 몇몇 기제들로 이루어져 있는 것이 아니다. 오히려 이것은 손쉽게 (그리고 유쾌하게!) 속아 넘어가는 조야한 기제들을 잡다하게 모아 놓은 것이다. 쾌락은 진화생물학자들이 '번식 적응도'라고 부르는 것과 느슨하게만 상관관계가 있다. 그리고 이것은 당연히 고마운 일이다.

우리들의 어리석은 행복 계산기

대니얼 길버트의 유명한 행복 실험

우리가 쾌락 추구에 얼마나 큰 관심을 쏟는지를 생각하면, 아마도 여러분은 무엇이 우리를 즐겁게 해줄지를 평가하는 데 우리가 꽤 능숙할 것이라고 추측할지 모른다. 그러나 이 점에서도 진화는 몇몇 뜻밖의 측면들을 지니고 있다.

우리를 즐겁게 해주는 것 가운데 많은 것들이 오래 가지 않는다는 사실은 간단한 문제다. 초코바는 우리를 즐겁게 해준다. 그러나 잠깐 동안만 그렇다. 그러다 이내 우리는 그것을 경험하기 이전의 마음 상태로 되돌아간다. 섹스, 영화, TV 쇼, 록 콘서트도 마찬가지다. 우리가 느끼는 가장 강렬한 쾌락들은 많은 경우 일시적인 것이다.

그런가 하면 우리가 장기적인 목표들을 어떻게 세우는지를 보여주는 더 심오한 문제가 있다. 우리는 마치 우리의 장기적인 행복을 최대화하길 바라는 것처럼 처신하시만, 실제로는 무엇이 정말로 우리를 행복하게 해줄지 따지는 데는 놀라울 정도로 형편없다. 심리학자 티머시 윌슨Timothy Wilson과 대니얼 길버트Daniel Gilbert가 입증했듯이, 우리 자신의 행복을 예측하는 것은 어찌 보면 (꽤 부정확한 과학인) 일기예보처럼 될 수도 있다. 교과서에 실린 그들의 사례는[10] 종신직을 얻기 위해 애쓰는 학과의 젊은 동료들에 관한 것이다. 미국의 거의 모든 주요 대학들은 대학 소속의 가장 뛰어나고 성공적인 젊은 교수들에게 평생 동안의 학문적 자유와 고용보장을 약속한다. 고달픈 대학원 과정, 한 번 또는 두 번의 박사 후 과정, 독자적인 학문 영역을 개척하기 위한 5~6년. 여기서 만약 여러분이 성공하면 여러분은 종신직과 함께 삶의 보장을 얻을 것이다.

다른 한편에는 헛된 노고가 있다. 박사학위를 따느라 소비한 5년에서 10년, 박사 후 과정, 5년 남짓한 강의 기간, 고마운 줄 모르는 학부생들, 지루하게 긴 교수회의, 연구지원금을 따내기 위한 몸부림. 그리고 남는 것은? 발표 실적이 없는 사람들은 일자리를 잃을 것이다. 교수라면 누구나 단언하겠듯이 종신직은 환상적이고 그것을 못 얻으면 비참하다.

또는 그렇다고 우리는 믿는다. 현실에서는 어느 편의 결과도 사람들이 일반적으로 가정하는 만큼 개인의 전반적인 행복감에 큰 차이를 불러오지 않는다. 종신직을 얻은 사람들은 안도감을 느끼고, 처음에는 아주 황홀해하는 경향이 있다. 그러나 그들의 행복감은 오래 머무르지 않으며, 이내 다른 근심거리가 생긴다. 마찬가지로 종신직을 얻지 못한 사람들도 처음에는 정말로 비참한 심정에 빠지곤 하지만,

226

이런 비참함은 보통 단명으로 그친다. 오히려 사람들은 일반적으로 초기의 충격에서 벗어나 자신의 처지에 적응한다. 몇몇 사람들은 학문적인 출세 경쟁이 자신들에게 맞지 않는다는 것을 깨닫는가 하면, 다른 사람들은 새로운 직업을 시작해 그것을 정말로 더 즐기게 되기도 한다.

행복 체감의 법칙: 왜 행복은 오래 머무르지 못할까?

야심에 찬 조교수들은 자신의 미래 행복이 종신직을 얻느냐 마느냐에 달렸다고 생각하지만, 이들은 종종 인간 마음의 가장 뿌리 깊은 속성 중 하나를 고려하지 못한다. 그것은 바로 상황이 어떻게 굴러가든 거기에 익숙해지는 경향이다.

이것을 가리키는 전문용어는 순응adaptation이다.[11] 예컨대 사무실 밖에서 트럭이 요란하게 덜거덕거리면 처음에는 귀에 매우 거슬리지만, 시간이 지나면 별로 신경을 쓰지 않게 된다. 이것이 순응이다. 우리는 소음보다 더 심각하게 우리를 괴롭히는 것들에도 순응할 수 있는데, 특히 그것이 예측 가능할 때 그러하다. 이따금 불규칙한 간격으로 바보처럼 구는 상관보다 차라리 매일 바보처럼 구는 상관이 우리의 신경을 덜 자극할 수 있는 것도 이 때문이다. 어떤 것이 일정하다면 우리는 그것과 함께 사는 법을 배울 수 있다. 물론 우리에게 환경은 중요하다. 그러나 반대로 심리학적 순응은 환경이 우리가 언뜻 생각하는 것보다 덜 중요할 수 있음을 의미한다.

이것은 문제의 양 극단에 대해 똑같이 타당하다. 로또 당첨자는 새로 생긴 재산에 점차 익숙해지며, 말년의 크리스토퍼 리브Christopher

Reeve처럼[12] 상상할 수 없을 만큼 열악한 조건에 처한 사람들도 자신의 처지에 대처하는 법을 찾아낸다. 하지만 오해하지 말라. 나도 로또에 당첨되고 싶고 중상을 입는 일이 없었으면 좋겠다. 그러나 심리학자로서 나는 로또 당첨이 정말로 내 삶을 바꿔주지는 않을 것이라는 점을 안다. 만약 내가 로또에 당첨된다면 오래전에 소식이 끊긴 '친구'들이 난데없이 나타나는 것을 받아넘겨야 할뿐 아니라, 순응이라는 피할 수 없는 현실에 직면할 것이다. 결국 초기의 황홀감은 사라질 것이 분명하다. 왜냐하면 뇌가 그것을 허용하지 않을 것이기 때문이다.

행복의 쳇바퀴: 수입은 늘어도 행복은 늘지 않는다

순응의 힘은 왜 돈이 흔히 생각하는 것보다 훨씬 덜 중요한지를 설명해주는 한 이유가 된다. 문학계에 전해 오는 이야기에 따르면, 스콧 피츠제럴드F. Scott Fitzgerald는 언젠가 어니스트 헤밍웨이Ernest Hemingway에게 다음과 같이 말했다고 한다. "부자들은 우리와 달라." 그러자 헤밍웨이는 피츠제럴드의 말을 다음과 같이 일축했다고 한다. "맞아, 부자들은 우리보다 돈이 많지." 재산만으로는 크게 달라질 것이 없다는 헤밍웨이의 말은 옳다. 절대빈곤 이상의 사람들은 절대빈곤 이하의 사람들보다 행복하다. 그러나 재산이 진짜 많은 사람들은 그냥 많은 사람들보다 그만큼 더 행복하지는 않다.

예컨대 최근의 한 연구에 따르면, 1년에 9만 달러 이상을 버는 사람들은 수입이 5만 달러에서 9만 달러 사이인 사람들보다 더 행복하지 않았다.《뉴욕타임스》최근 판에는 대부호들의 지지집단support group

에[13] 관한 기사가 실리기도 하였다. 또 다른 연구 보고서에 따르면, 일본의 평균 가계수입은 1958년에서 1987년 사이에 5배 증가했지만 행복에 대한 당사자들의 평가는 전혀 달라지지 않았다. 수입은 그만큼 늘었지만 행복은 그만큼 늘지 않은 것이다. 마찬가지로 미국에서도 생활수준의 전반적인 향상이 행복의 전반적인 증가를 가져오지는 않았다.

많은 연구들은 부가 행복을 오직 조금만 예측한다는 사실을 일관되게 보여주고 있다. 새로운 물질적 재화는 종종 엄청난 초기 만족을 가져다주지만 우리는 이내 그것에 익숙해진다. 새로 장만한 아우디 Audi 자동차를 처음 운전할 때는 그야말로 날아갈 심정이겠지만, 이 차도 결국에는 다른 차들과 마찬가지로 그저 운송수단일 뿐이다.

얄궂게도 정말로 중요한 듯한 것은 절대적 부가 아니라 상대적 수입이다. 대부분의 사람들은 동료 직원들의 평균 수입이 900만 원인 직장에서 800만 원을 받을 때보다 동료 직원들의 평균 수입이 600만 원인 곳에서 700만 원을 받을 때 더 만족해한다. 지역 사회의 전반적인 부가 증가하면 개인의 기대도 덩달아 부풀어 오른다. 우리는 그저 부자가 되고 싶은 것이 아니라 남들보다 부자가 되고 싶은 것이다. 결국 우리 가운데 많은 사람들은 아무리 더 열심히 일해도 행복의 수준은 본질적으로 그대로인 행복의 쳇바퀴를 돌리고 있는 셈이다.

우리가 얼마나 행복한지 알 수 있을까?

행복과 관련해 아주 놀라운 한 가지 사실은 행복을 측정하는 우리의 능력이 형편없다는 것이다. 이것은 단순히 뇌 스캐너나 도파민 측정기가 불충분하다는 얘기가 아니라, 우리 스스로도 모를 때가 많다는 얘기다. 이것은 우리 안에 있는 행복의 장치 전체가 실제로 얼마나 클루지스러운지를 시사하는 또 다른 예다.

여러분은 지금 행복한가? 바로 이 순간에 바로 이 책을 읽고 있는 여러분은 행복한가? 좀 더 진지하게 척도 1("차라리 설거지나 하는 편이 낫겠다.")에서 7("더 재미있을 수 있다면 그건 불법이다!") 사이에서 여러분의 행복을 평가하라면 여러분은 몇 점을 주겠는가? 아마도 여러분은 여러분이 '안다'고 또는 '직관적으로' 대답할 수 있다고 느낄 것이다. 아마도 여러분은 자기가 지금 너무 추운지 또는 너무 더운지 판단할 수 있는 것과 똑같이 자기가 얼마나 행복한지를 직접적으로 평가할 수 있다고 느낄 것이다. 그러나 많은 연구들에 따르면 행복을 곧바로 직관할 수 있다는 느낌은 환상에 가깝다.

자신의 최근 데이트 경험에 대해 먼저 이야기한 뒤에 "당신은 얼마나 행복합니까?"라는 질문에 답해야 했던 대학생들을 다시 생각해보자. 우리도 그들과 다를 것이 없다. 사람들에게 먼저 결혼 상태 또는 건강에 대해 물어본 뒤에 전반적인 행복에 대해 물어도 비슷한 효과가 나타난다. 이런 연구들은 우리가 정말로 얼마나 행복한지를 스스로도 모를 때가 종종 있음을 말해준다. 우리의 주관적인 행복감은 다른 많은 신념들과 마찬가지로 맥락에 따라 크게 좌우되고 유동적이다.

단지 행복을 추구하도록 진화한 사람들

아마도 이런 이유 때문에 우리는 우리가 얼마나 행복한지에 대해 생각하면 할수록 그만큼 덜 행복해진다. 자신의 처지에 대해 별로 깊이 생각하지 않는 사람들은 깊이 생각하는 사람들보다 더 행복한 경향이 있다. 우디 앨런의 영화 〈애니 홀Annie Hall〉에는 이 점을 시사하는 장면이 나온다. 매력적이지만 머리가 빈 듯한 남녀가 지나가자 영화 주인공으로 분장한 앨런은 그들에게 그들의 행복의 비밀을 가르쳐달라고 말한다. 그러자 여자가 먼저 대답한다. "저는 아무 생각 없는 사람이에요. 뭐, 특별히 얘기할 게 없는데요." 그러자 잘생긴 남자친구가 덧붙인다. "저도 그래요." 그러고는 이 한 쌍의 남녀는 쾌활하게 휙 지나가버린다. 마크 트웨인Mark Twain의 말을 빗대어 말하자면, 우리 자신의 행복을 해부하는 것은 개구리를 해부하는 것과 비슷할지 모른다. 둘 다 해부 중에 죽어가기 때문이다.

이렇게 자기이해가 부족하다는 사실은 언뜻 놀랍지만 다시 한 번 생각해보면 꼭 그런 것도 아니다. 진화는 우리가 우리 자신의 내부 작용을 이해하든 말든, 심지어 우리가 행복하든 그렇지 않든 '신경' 쓰지 않는다. 행복은, 또는 더 정확히 말해 행복을 추구할 수 있는 기회는 우리를 움직이는 동력 이상의 특별한 것이 아니다. 행복의 챗바퀴는 우리를 계속 움직이도록 만든다. 살아서 애를 낳고 애를 키우며 또 다른 날을 위해 살아남도록 만든다. 진화는 우리가 행복하도록 우리를 진화시킨 것이 아니라, 우리가 행복을 추구하도록 우리를 진화시켰다.

행복을 속이다

행복 온도계를 속이는 습관적 시도

우리와 우리 유전자 사이의 전투에서 공을 차는 쪽은 우리 유전자다. 쾌락이 (비록 결함이 있더라도) 우리에게 나아갈 방향을 알려주는 나침반으로 작용하는 한, 행복이 우리가 어떻게 하고 있는지를 알려주는 온도계로 작용하는 한, 이 도구들은 우리가 농락해서는 안 되는 도구들이다. 만약 우리 뇌가 아주 처음부터 다시 설계된다면, 우리의 정신 상태를 평가하는 도구들은 전기회사에서 사용하는 계량기처럼 작용할 것임에 틀림없다. 그것은 우리가 조사할 수는 있지만 함부로 만지작거려서는 안 되는 도구들이다. 어떤 온도계가 실제 온도를 보여주는 대신에 주인이 원하는 온도만 보여준다면 그런 온도계는 쓸모가 없을 것이다. 그러나 인간들은 일상적으로 자신의 온도계를 속이려고 한다. 우리는 끊임없이 쾌락을 얻기 위한 새로운 방법들을 찾을 뿐만 아니라, 우리의 행복 온도계가 알려주는 것이 마음에 들지 않을 때면, 우리 자신에게 거짓말을 하려고 한다. 우리는 (우리의 쾌락 나침반을 유린하는) 맛을 '발명'하며, 심지어 일이 잘 안 돌아갈 때면 다 잘 되고 있다고 스스로를 설득하려 한다. 통증을 가라앉히려고 애드빌Advil이나 아스피린 같은 진통제를 먹을 때도 우리는 이렇게 행동한다.

대학생들이 학점을 받을 때 흔히 보이는 반응을 예로 들어보자. A학점을 받은 학생들은 감격하고 행복해한다. 그들은 희희낙락하며 자신의 성적을 받아들인다. C학점을 받은 학생들은 여러분도 짐작하겠듯이 별로 감격하지 않는다. 그들은 자기가 무엇을 잘못했는지를 생각하기보다 교수가 무엇을 잘못했는지에 대해 더 곰곰이 생각한다. "27번 문제는 공정하지 못해. 그것에 대해 수업 시간에 얘기한 적도 없잖아? 그리고 42번 문제에 대한 내 답안이 어떻다고 3점이나 깎았지?" 반면에 시험을 망쳤다고 통곡하다가 교수의 실수로 너무 후한 점수를 받게 된 학생들은 절대로 문제를 제기하지 않는다. 이런 비대칭은 당연히 동기에 의한 추론의 혐의가 짙다. 하지만 나는 학생들을 탓하려는 것이 아니다. 나도 내 논문이 거절당할 때면 심사자들에게 온갖 비난과 욕을 퍼붓는 반면, 내 논문이 통과될 때면 심사자들의 지혜를 칭송한다. 마찬가지로 자동차 사고는 결코 우리 탓이 아니다. 언제나 그 녀석이 잘못했다.

프로이트라면 이런 모든 자기기만을 그가 '방어기제'라고 부르는 것의 예로 보았을 것이다. 나는 이것들을 동기에 의한 추론이라고 본다. 어쨌든 이런 예들은 우리의 온도계를 속이려는 우리의 습관적인 시도를 예시하고 있다. 우리가 그렇게 쉽게 온도계를 흔들어낼 수 있다면, 무엇을 잘못했다고 굳이 슬퍼할 이유가 있을까? 영화 〈혹한The Big Chill〉에서 제프 골드블룸Jeff Goldblum은 이렇게 묻는다. "합리화는 섹스보다 더 중요하다." "일주일만이라도 합리화를 안 하고 살 수 있어?"

우리는 성공을 위해 최선을 다한다. 그러나 일단 실패하면 우리는 언제나 거짓말하고 감추고 합리화할 수 있다. 이와 비슷하게 우리는 대부분 자기가 평균보다 더 똑똑하고 더 공정하고 더 인정 많으며 더 신뢰할 만하고 더 창조적이라고 생각한다. "여자들은 힘이 세고 남자들은 잘생겼으며 모든 아이들은 평균 이상"이라는 개리슨 케일러 Garrison Keillor의 레이크 워비건Lake Wobegon을 연상시키듯,[14] 우리도 우리 자신이 평균 이상으로 운전을 잘하고 평균 이상으로 앞으로도 계속 건강할 것이라고 믿는다. 그러나 여러분도 수학을 알겠듯이 우리 모두가 평균 이상일 수는 없다. 무하마드 알리Muhammad Ali가 "나는 챔피언이다."라고 말했을 때 그는 진리를 말했다. 그러나 나머지 우리는 그저 우리 자신을, 또는 적어도 우리의 행복 온도계를 속이고 있을 뿐이다.

인지 부조화와 자기기만적 행복

'인지 부조화cognitive dissonance'라는 현상에 대한 고전적 연구들은 이 점을 다른 방식으로 보여주고 있다.[15] 1950년대 후반에 레온 페스팅어Leon Festinger는 일련의 유명한 실험들에서 대학생 피험자들에게 평범한 나무못들을 평범한 판자에 꽂는 일과 같이 지루하고 하찮은 과제들을 주었다. 그런데 문제는 일부 피험자들에게는 후한 대가(1959년에는 큰돈인 20달러)를 지불했고, 다른 피험자들에게는 형편없는 대가(1달러)를 지불했다는 것이다. 과제 수행을 마친 뒤에 연구자는 모든 피험자들에게 그 과제가 얼마나 재미있었냐고 물었다. 그러자 후한 대가를 받은 사람들은 대체로 과제가 지루했다고 털어놓았다. 그러나 겨우 1달러를 받은 사람들은 자기를 속이면서까지 그 온갖 나무못들을 자그마한 판자에 꽂기가 꽤 재미있었다고 말하곤 하였다. 명백히 그들은 자기가 쓸데없이 시간을 허비했다는 사실을 스스로 인정하고 싶지 않았던 것이다.

　여기서도 나타나듯이, 도대체 누가 누구를 이끌고 있는 것일까? 행복이 우리를 이끌고 있는가, 아니면 우리가 우리의 안내자를 미세하게 관리하고 있는가? 이것은 마치 우리가 산에 오르기 위해 안내자를 고용하고선 우리가 잘못된 길로 가고 있다고 안내자가 말할 때마다 그를 무시하는 것과도 같다. 한마디로 말해 우리는 일단 세상에 잘 적응하고 행복하게 살기 위해 우리가 할 수 있는 모든 것을 다한다. 그러나 진리가 우리 편이 아닐 때면, 우리는 기꺼이 우리 자신에게 거짓말을 할 태세를 완벽히 갖추고 있다.

　이런 자기기만의 경향은 우리로 하여금 우리 자신에 대해서만 아니라 타인에 대해서도 거짓말을 하게끔 만들 수 있다. 예컨대 심리학자 멜빈 러너Melvyn Lerner는 그가 '정의로운 세계에 대한 믿음'이라고 부르는 것을, 곧 사람들이 부당한 세계보다는 정의로운 세계에서 살고 있다고 믿고 싶어 한다는 것을 관찰하였다. 이런 믿음은 극단적인 경우에 사람들로 하여금 무고한 피해자를 비난하는 것과 같이 아주 야비한 행동까지 하도록 만들 수 있다. 예컨대 사람들은 이따금 성폭행의 피해자를 마치 그가 잘못한 것처럼, 또는 그가 "그렇게 되도록 했다"는 식으로 바라보곤 한다. 아일랜드 대기근 때 한 영국 정치인의 다음과 같은 발언은 아마도 이런 종류의 행동을 신격화한 사례일 것이다. "우리가 싸워야 하는 진정한 악은 기근이라는 물질적 악이 아니라, 사람들의 이기적이고 비뚤어지고 난폭한 성질이라는 도덕적 악입니다."[16] 피해자를 비난하는 것이 세계가 정의롭다는 행복한 생각을 고수하게 해줄지는 몰라도, 그것의 도덕적 비용은 종종 무시 못할 정도로 크다.

좀 더 현명하게 설계된 로봇이 있다면 그 로봇에게는 신중한 사고의 능력은 있되 이 모든 합리화와 자기기만은 존재하지 않을 것이다. 그런 로봇은 자신의 현재 상태를 의식하고 그것이 좋든 나쁘든 그것을 받아들일 준비가 되어 있을 것이며, 그래서 망상보다는 현실에 입각한 행동을 선택할 것이다.

이중의 클루지

생물학의 관점에서 볼 때 정서의 기초가 되는 도파민dopamine이나 세로토닌serotonin 같은 신경전달물질은 적어도 최초의 척추동물까지 거슬러 올라갈 만큼 오래된 것이며, 물고기, 새, 포유동물 등의 반사 체계에서 중추적인 역할을 한다. 커다란 전전두피질을 지닌 우리 인간의 경우에는 성찰적 사고의 상당한 능력이 꼭대기에 얹혀 있다. 따라서 우리는 도구를 속여 넘기는 클루지를 갖고 있는 셈이다. 추론을 통한 의사결정에 대한 사실상 모든 연구는 이 능력이 전전두피질에 위치하고 있음을 시사한다. 반면에 정서는 변연계limbic system에, 그리고 안와전두피질orbitofrontal cortex에 기초하고 있는 것으로 간주된다. 한층 개조된 인간과 유인원의 뇌에서 발견되는 전대상anterior cingulate이라는 지점은 이 둘을 중개하는 듯하다. 신중한 전전두 사고는 자동적인 정서적 느낌들의 꼭대기에 얹혀 있을 뿐, 이것들을 대체하지는 않는다. 따라서 우리는 이중의 클루지를 지닌 셈이다. 우리의 원초아id는 우리의 자아ego와 끊임없는 갈등 속에 있으며, 우리의 단기적 욕망은 우리의 장기적 욕망과 결코 사이좋게 지내지 못한다.

이 분열의 가장 확실한 증거는? 십대들이다. 십대들은 단기적인 보상에 거의 병적으로 사로잡힌 종처럼 보인다. 십대들은 부수적인 위험에 대해 비현실적인 평가를 내리며 장기적인 비용에 거의 주의를 기울이지 않는다.

왜 그럴까? 최근의 한 연구에 따르면, 보상을 평가하는 중격의지핵nucleus accumbens은 장기 계획과 신중한 추론을 인도하는 안와전두피질보다 먼저 성숙한다. 이렇게 볼 때 십대들은 단기 이익을 평가하는 성인의 능력과 장기 위험을 인식하는 아이의 능력을 지니고 있을지 모른다.

여기서도 우리는 진화의 관성이 현명한 설계보다 우선임을 볼 수 있다. 이상적으로 따지자면 우리의 숙고 체계와 반사 체계는 비슷한 비율로 성숙해야 할 것이다. 그러나 아마도 전체 유전자가 변화하는 방식의 역동성 때문에 생물계에서는 평균적으로 볼 때, 진화적으로 새로운 것보다 진화적으로 오래된 것이 먼저 조합되는 경향이 있다. 예컨대 모든 척추동물이 가지고 있는 구조인 척주는 그것보다 최근에 진화한 발가락보다 먼저 발달한다. 그리고 뇌에서도 마찬가지로 오래된 것이 최근 것보다 먼저 발달한다. 어쩌면 이것은 왜 십대들이 자기 자신을 어떻게 해야 할지를 종종 모르는지를 이해하는 데 도움이 될 것이다. 배선이 아직 완전히 깔리지 않은 체계에서 쾌락은 위험한 것이 될 수 있다. 쾌락은 주기도 하지만 빼앗기도 한다.

심리적 붕괴

마음이 언제나 정상 작동하리라는 보장은 어디에도 없다

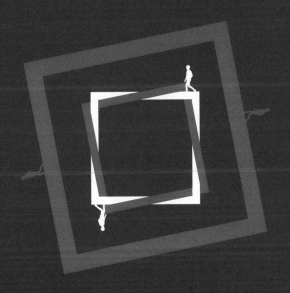

KLUGE 6

―

나는 천체의 운동을 계산할 수는 있어도
사람들의 광기를 계산하지는 못한다.

― 아이작 뉴턴 Isaac Newton

공학자들은 종종 클루지를 만들지만, 클루지에는 한 가지 결정적인 문제가 있다. 그것은 믿음직한 것이 별로 없다는 사실이다. 대개 클루지는 평생 사용하기 위해서가 아니라 잠시 사용하기 위해서 제작된다. 시간은 촉박했고 가장 가까운 공장은 20만 마일이나 떨어져 있던 상황에서, 아폴로 13호의 우주인들이 클루지를 만든 것은 어쩔 수 없는 선택이었다. 그러나 몇몇 영리한 나사NASA 기술자들이 절연 테이프와 양말 한쪽을 이용해 공기 여과기 어댑터의 대용물을 만들어냈다고 해서 그것이 훌륭하게 제작된 것이라는 뜻은 아니다. 경우에 따라서는 일순간에 모든 것이 허물어져버릴 수도 있는 것이다. (진공식 와이퍼의 예처럼) 상당 기간 작동하도록 제작된 클루지라 하더라도, 흔히 공학자들이 '협소한 작업조건'이라고 부르는 것의 제약을 받는다. 진공식 와이퍼가 오르막길에서도 작동하리라고 어느 누가 기대하겠는가?

인간의 뇌 역시 망가질 수 있다는 것은 의심의 여지가 없는 사실이다. 인간의 뇌는 (우리가 이제까지 보아온) 인지적 오류들뿐 아니라, 사소한 오작동과 경우에 따라서는 심각한 고장을 일으키기도 한다. 가장 사소한 오작동은 체스 경기자들이 '바보 같은 실수'라고 부르는 것, 또는 나의 노르웨이 친구가 '뇌의 방귀brain fart'라고 부르는 것이다. 이것은 분별력이나 주의력의 순간적인 착오로 후회할 일이나, 가끔 교통사고를 일으키기도 하는 것을 말한다. 우리는 원래 더 잘할 수 있지만 순간적으로 그냥 멍청한 짓을 할 때가 있다. 우리는 잘하려고 해도 뇌가 그냥 말을 듣지 않는 것이다. 이런 실수는 누구에게나 일어난다. 타이거 우즈도 쉬운 퍼트를 놓칠 때가 있다.

뻔한 얘기지만 제대로 프로그램이 짜인 컴퓨터라면 이런 종류의 순간적인 바보 같은 실수는 생길 여지가 없다. 내 노트북은 복잡한 계산을 하다가 하나를 빠뜨리는 일이 결코 없으며, 체스 게임 도중에 잠시 '멍해져서' 자신의 퀸을 보호하는 것을 잊지도 않는다. 에스키모인들이 정말로 눈에 대해 500개의 어휘를 가지고 있는 것은 아니다. 그러나 영어에는 확실히 우리의 인지적인 오작동을 표현하는 많은 단어들이 있다. '실수mistake', '바보 같은 실수blunder', '손가락 실수fingerfehler'(영어와 독일어의 혼성어로서 체스 경기자들 사이에서 유행하는 말), 그 밖에도 '멍청한 실수goof', '결례gaffe', '실패flub', '실수boo-boo', '빠뜨리기slip', '터무니없는 실수howler', '간과oversight', '작은 실수lapse' 등이 있다. 그리고 당연히 이런 말들이 사용되는 온갖 상황이 벌어진다.

우리 가운데 가장 뛰어난 사람조차 때때로 바보 같은 실수를 저지른다는 사실은 우리의 정신적 소프트웨어 밑에 깔린 신경 하드웨어에 대해 뭔가 중요한 것을 말해주고 있다. 그것은 일관성이 우리의 장점은 결코 아니라는 점이다. 우리의 탄소 기반carbon-based 단위들은 거의 모두가 크든 작든 오류의 가능성이 있다. 적절한 단어 찾기의 실패, 일시적인 방향감각 상실, 건망증 등은 모두 뇌 회로를 구성하는 신경세포(뉴런neuron)들의 내재적인 불완전성을 각각의 방식대로 보여주고 있다. 미국 작가 랠프 왈도 에머슨Ralph Waldo Emerson의 말대로, 어리석은 일관성이 소인배들의 도깨비라면[1] 어리석은 비일관성이야말로 인간 개개인의 마음을 특징짓는 것이다. 개인의 마음이 언제나 정상 가동하리라는 보장은 어디에도 없다.

왜 우리의 마음은 이토록 허약할까?

우리가 이따금 저지르는 실수와 실언은 더 크고 더 중대한 퍼즐의 작은 조각일 뿐이다. 왜 우리 인간은 스스로 계획한 것을 그렇게 자주 제대로 하지 못하는가? 어째서 인간의 마음은 가끔 완전히 통제를 벗어날 정도로 허약한가?

세상에는 정신적 실수의 확률을 체계적으로 높이는 많은 사정들이 존재한다. 그리고 이런 사정들이 실제로 주변에 많이 있을수록 우리는 원시적인 선조 체계로 되돌아가기 쉽다. "고상한 인간의 마음을 대표하는 전전두피질아, 잘 있어! 근시안적이고 반사적인 동물 본능아, 잘 있었니?" 예컨대 건강한 식사를 하기로 마음먹은 사람이 다시 영양가 없는 인스턴트식품에 손을 뻗칠 확률은 어떤 다른 것이 그의 마음에 걸려 있을 때 높아진다. 실험 연구들은 뇌에 대한 요구(이른 바 인지 부하cognitive load)가 증가하면 선조 체계는 평소대로 작동하는 데 반해, 더 현대적인 숙고 체계는 뒤처지기 시작한다는 사실을 보여준다. 특히 인지적인 위급 상황에서, 우리의 더 진화된 (그리고 이론적으로 더 견실한) 능력이 가장 절실히 필요할 때, 이런 능력은 우리를 저버린다. 그리고 분별력 없는 행동이 이어진다. 우리가 정신적으로 (또는 정서적으로) 피로할 때, 우리는 더 고정관념에 사로잡히고 더 자기중심적으로 되며 닻 내림의 고약한 효과에 더 취약해진다.

물론 어떤 체계도 무한히 큰 요구를 감당할 수는 없다. 그러나 만약 내가 마음의 이런 측면을 설계하라는 주문을 받는다면, 나는 가장 먼저 '합리적인' 숙고 체계에 우선권을 부여했을 것이다. 그리고 시간이 허락하는 한 반사적인 것보다 합리적인 것을 선호하도록 만들 것이다. 그러나 진화는 조상 전래의 반사 체계에 (그것이 더 낫기 때문이 아니라, 더 오래되었기 때문에) 우선권을 부여했다. 이로 인해 우리는 우리의 가장 소중한 지적 자원의 일부를 낭비할 수밖에 없는 처지에 놓인 것이다.

왜 우리의 마음은 이따금 다른 곳에 가 있는 걸까?

우리가 인지적으로 피로하든 피로하지 않든 정신적 목표 달성에 방해가 되는 또 다른 평범하면서도 체계적인 문제가 있다. 그것은 우리의 마음이 이따금 다른 곳에 가 있다는 것이다. 우리는 때때로 어떤 것을 달성하려고 (이를테면 마감시간 전에 보고서를 작성하려고) 명

목상 의도하지만, 정작 우리의 생각은 다른 곳을 배회하곤 한다. 이상적인 생물이라면 가장 심각한 비상사태가 벌어지지 않는 한, 확고한 의지로 신중하게 목표에 전념할 것이다. 그러나 인간은 눈앞의 과제가 무엇이든 주의가 산만해질 가능성을 본질적으로 안고 있다.

어느 때라도 네 명 중 한 명은 섹스에 관한 공상을 하고 있다는 재미있는 얘기가 있는데,[2] 나는 인터넷을 검색해보아도 이 소문이 맞는지 틀리는지 확인할 수가 없었다. 그러나 내 느낌으로는 이 숫자가 그리 틀리지 않아 보인다. 영국의 최근 조사에 따르면, 사무원 세 명 중 한 명은 회의 시간에 섹스에 관한 공상을 한다고 한다. 한 경제학자는 영국《선데이데일리타임스Sunday Daily Times》에서 사람들이 이렇게 공상을 한다면, 영국 경제는 1년에 약 78억 파운드의 손실을 입는다고 추산하였다.

여러분이 고용주가 아니라면 섹스 공상에 관한 통계는 그저 재미있을 것이다. 그러나 '딴 데 있다zone out'라고 표현되는 이것은 정말로 문제다. 예를 들어 1년에 모두 합쳐 10만 명 가까운 미국인이 (자동차 사고 등) 다양한 종류의 사고로 사망한다. 만약 부주의로 인한 비극이 이 가운데 3분의 1만 된다고 치더라도, 정신적인 배회는 10대 사망 원인 중 하나일 것이다.[3]

내 컴퓨터는 이메일을 내려 받는 동안에 '딴 데 있는' 일이 결코 없다. 그러나 내 마음은 늘 여기저기 헤매고 다닌다. 교수회의 때만 그런 것이 아니라, 억울하게도 어쩌다 짬을 내어 재미난 책을 읽을 때도 그렇다. 주의결핍 장애attention-deficit disorder가 신문에 자주 대서특필 되곤 하지만, 실제로는 거의 모든 사람들이 집중의 어려움을 주기적으로 겪고 있다.

이처럼 때로는 중요한 순간에조차 정신이 다른 데 가 있곤 하는 인간 종의 보편적인 경향은 무엇으로 설명될 수 있을까? 내 추측으로는 우리의 타고난 산만함은 아마도 모든 포유동물이 공유하는 조상 전래의 반사적인 목표 설정 기제들과, 진화적으로 더 최근 것인, 그러나 제아무리 영리해도 종종 실세에서 밀려나는 숙고 체계 사이의 어설픈 통합이 빚어낸 또 다른 귀결인 듯하다.

왜 우리는 오늘 일을 내일로 미룰까?

우리의 정신이 다른 데에 가 있지 않더라도 우리는 종종 오늘 할 일을 내일로 미루면서 뒤로 물러서곤 한다. 18세기 사전 편찬자이자 수필가인 새무얼 존슨Samuel Johnson이 (비디오 게임이 발명되기 약 200년 전에) 말했듯이, 뒤로 미루기는 "도덕가들의 가르침과 이성의 충고에도 불구하고, 크든 작든 모든 사람들이 지니고 있는 보편적인 약점 가운데 하나다."

최근 집계에 따르면 대학생의 80~95퍼센트가 일을 뒤로 미루는 행동을 하며, 모든 학생들의 3분의 2가 자신을 습관적으로 질질 끄는 사람으로 평가했다. 그런가 하면 또 다른 집계는 모든 성인들의 15~20퍼센트가 상습적으로 질질 끈다고 말한다. 하지만 나는 솔직히 나머지 사람들이 거짓말을 하고 있지는 않은지 의심하지 않을 수 없다. 사람들은 대부분 뒤로 미루기의 문제를 안고 있다. 대부분은 이것이 나쁘고 해롭고 어리석은 짓이라고 생각한다. 그래도 우리 대부분은 어쨌든 이 짓을 한다.

도대체 일을 뒤로 미루는 행동이 무슨 적응적인 의미를 지닐 수 있을지를 생각하기란 쉽지 않다. 이 행동의 기회비용은 상당한 것이며, 얻는 이익이란 하잘것없다. 게다가 무엇보다도 계획을 세우느라 들인 모든 노력을 헛되게 만든다. 연구에 따르면 일상적으로 일을 뒤로 미루는 학생들은 그렇지 않은 학생들보다 낮은 성적을 거둔다. 기업체에서 직원들이 꾸물대는 바람에 마감 시한을 넘긴다면, 수백만 달러의 손실을 입을 수도 있을 것이다. 그러나 우리는 많은 경우에 어쩔 수가 없다.

일을 뒤로 미뤄서 얻는 것이 그렇게 적은데도 불구하고, 도대체 왜 우리는 그렇게 자주 일을 뒤로 미루는 것일까? 개인적으로는 누가 빨리 답을 찾아내주었으면 좋겠다. 그리고 이왕이면 우리가 과제에 집중할 수 있도록 해주는 신비의 알약까지 발명해주었으면 좋겠다. 그러나 아쉽게도 다들 아직은 이 일을 뒤로 미루고 있는 것 같다. 내일 아니면 모레는 다를까? 어쨌든 답은 아닐지 몰라도 한 가지 진단을 제시하는 연구가 있었다. 이 심리학자에 따르면, 뒤로 미루는 행동은 '전형적인 자기조절 실패'다. 물론 해야 할 일들을 모두 한꺼번에 할 수 있는 사람은 없다. 그러나 일을 뒤로 미루는 버릇의 핵심은 우리 자신이 가장 중요하게 여기는 목표들을 향해 나아가는 일을 미룬다는 데 있다.

인지적 설계의 근본적 결함

우리가 일을 뒤로 미룬다는 것 자체는 문제가 되지 않는다. 장도 보러 가야 하고 세금도 내러 가야 한다면, 이 두 가지를 말 그대로 동시에 할 수는 없는 노릇이다. 지금 한 가지를 하면 다른 한 가지는 나중에 할 수밖에 없다. 문제는 우리가 종종 다른 것보다 먼저 해야 할 것을 뒤로 미룬다는 데 있다. 그것도 텔레비전을 본다거나 비디오 게임을 하는 것처럼 대부분 굳이 할 필요도 없는 것들을 하느라 중요한 일을 미룬다는 데 있다. 일을 뒤로 미루는 행동은 우리 안에 있는 클루지의 징후다. 왜냐하면 이것은 우리의 상위 목표들(이를테면 아이들과 좀 더 많은 시간을 보내기 또는 소설을 마무리하기)이 훨씬 덜 중요한 목표들(〈절망의 주부들Desperate Housewives〉 최신 화 보기)에 의해 어떻게 일상적으로 침해받는지를 보여주기 때문이다.

사람들에게는 휴식이 필요하다. 그리고 내가 이것을 못마땅하게 여기는 것은 아니다. 그러나 뒤로 미루는 행동은 우리의 인지적인 '설계'가 안고 있는 근본적인 결함을 뚜렷이 드러내준다. 그것은 바로 (오프라인으로) 목표를 세우는 장치와 어떤 목표를 좇을지를 (온라인으로, 지금 이 순간에) 결정하는 장치 사이의 간격이다.

우리가 뒤로 미루고 싶은 유혹을 가장 크게 느끼는 과제들은 일반적으로 두 조건을 충족한다. 하나는 우리가 그것을 즐기지 않는다는 점이고, 다른 하나는 그것을 꼭 지금 해야만 하는 것은 아니라는 점이다. 조금만 기회가 생겨도 우리는 하기 싫은 것을 뒤로 미루고 (종종 그것이 무슨 결과를 초래하는지에 대해 별다른 생각도 없이) 재미있는 것을 즐긴다. 한마디로 말해 뒤로 미루기는 미래를 깎아내리기, 즉 현재에 비해 미래의 가치를 낮게 평가하는 경향과 쾌락을 편리한 나침반으로 사용하기 사이의 사생아다.

우리는 정신을 딴 데 두거나 일을 뒤로 미루거나 우리 자신을 속인다. 인간으로 산다는 것은 자기통제의 산에 오르기 위한 평생의 투쟁이다. 왜냐하면 진화는 우리에게 분별 있는 목표들을 세우기에 충분한 지적 능력을 주었으나, 그것들을 관철하기에 충분한 의지력은 주지 않았기 때문이다.

왜 우리의 마음은 쉽게 무너질까?

애석하게도 정신을 딴 데 두기와 일을 뒤로 미루기는 우리가 안고 있는 가장 사소한 문제들이다. 가장 심각한 문제는 전문가의 도움을 필요로 하는 심리적 붕괴다. 정신분열증schizophrenia에서 강박장애obsessive-compulsive disorder와 양극성 장애bipolar disorder(또는 조울증manic depression)에 이르기까지, 고질적이고 심각한 정신장애만큼 인간 마음의 취약함을 극명하게 보여주는 예는 없다. 존 내시John Nash의 정신착란, 빈센트 반 고흐Vincent van Gogh와 버지니아 울프Virginia Woolf의 양극성 장애, 에드거 앨런 포Edgar Allan Poe의 편집증, 하워드 휴즈Howard Hughes의 강박장애, 어니스트 헤밍웨이, 저지 코신스키Jerzy Kosinski, 실비아 플라스Sylvia Plath, 스팰딩 그레이Spalding Gray를 자살로 몰고 간 우울증은 우리에게 무엇을 말해주는가? 어느 때라도 아마 모든 인간 가운데 4분의 1은 이런저런 임상 장애에 시달리고 있을 것이다. 그리고 일생을 모두 따져보면 거의 절반의 인구가 이런저런 정신질환을 경험할 것이다. 왜 우리의 마음은 이렇게 쉽게 붕괴되는 것일까?

마음은 일정한 방식으로 무너진다.

우선 잘 알려져 있지만 충분히 이해되지 못하고 있는 하나의 사실부터 살펴보자. 대개 정신장애는 그것을 겪는 개인에게 아주 독특하게 아무 선례도 없이 불현듯이 찾아오는 이례적인 사건이 아니다. 오히려 정신장애는 계속 재발하는 일군의 증상들이다. 정신적인 붕괴가 일어날 때는 보통 감지할 수 있는 방식으로, 공학자들이 하는 말로 '알려진 고장 양식known failure mode'에 따라 일어나는 경향이 있다. 어떤 자동차 제조모델의 경우에 이를테면 엔진은 멀쩡한데 계속 전기 문제가 발생할 수 있는 것처럼, 인간 마음의 경우에도 특별히 자주 발생하는 오작동들이 있다. 이것들을 잘 분류해서 기록해놓은 것이 칠톤Chilton의 『자동차 수리Auto Repair』 편람과 비슷한 『DSM-4』다. 이것은 『정신장애 진단 및 통계 편람Diagnostic and Statistical Manual of Mental Disorders』 제4판의 약자다. 제5판은 2011년에 발행될 예정이라고 한다.

증상의 강도와 빈도는 당연히 개인에 따라 다르다. 감기에 걸린 두 사람의 증상이 아주 똑같을 수 없듯이, 특정 정신질환이 있다고 진단된 두 사람이 그것을 아주 똑같이 경험하지는 않는다. 예컨대 우울증이 있는 사람들 가운데 기능장애를 보이는 사람들도 있고 그렇지 않은 사람들도 있다. 또 정신분열증이 있는 사람들 가운데 목소리를 듣는 사람들도 있고, 그렇지 않은 사람들도 있다.

그리고 진단은 여전히 부정확할 수밖에 없는 과학이다. 다중성격 증후군multiple personality syndrome처럼 존재 자체가 논란이 되는 장애들이 있는가 하면, 1973년에 『DSM-3』에서 제외된 동성애처럼, 흔히 장애라고 부르지만 장애로 볼 수 없는 '이상condition'들도 있다.[4] 그러나 전체적으로 보아 인간 마음이 망가질 수 있는 방식과 불쾌감dysphoria, 불안, 공포, 편집, 망상, 강박, 걷잡을 수 없는 공격성과 같은 특정 증상들이 재발하는 방식에는 놀라울 정도의 일관성이 있다.

이렇게 똑같은 기본 양식들이 반복해서 관찰되는 것은 그럴 만한 이유가 있을 것이다. 이렇게 일정한 방식으로 망가질 수 있는 마음이란 과연 무엇인가?

정신 장애에 관한 몇 가지 오해들

장애는 보상이익을 수반한다?

(정신장애를 다루는 진화심리학의 분과인) 진화정신의학evolutionary psychiatry의 표준 전략은 특정 장애나 증상을 숨어 있는 이익의 관점에서 설명하는 것이다.[5] 예컨대 다소 미심쩍은 한 주장에 따르면, 정신분열증이 자연선택에 의해 선택된 까닭은 환상이 부족 무당들에게 이익을 가져다주었기 때문일 것이라고 한다. 그런가 하면 광장공포증은 "반복된 공포 발작의 잠재적인 적응적 결과"로 간주되었으며, 불안은 "우리의 생각, 행동, 생리기능을 유리한 방향으로 바꾸기" 위한 방식으로 해석되었다. 또 우울증은 개인들로 하여금 "패배를 받아들이고 …… 평상시라면 받아들이기 어려운 낮은 사회적 지위에 적응할 수 있게" 해주는 방식으로 진화했을 것이라고 한다.

만약 여러분이 나와 비슷하다면, 이런 예들이 특별히 설득력이 있어 보이지는 않을 것이다. 정신분열증 환자들이 다른 사람들보다 정말로 더 쉽게 무당이 될 수 있었을까? 또 그렇게 해서 무당이 된 사람들이 정신분열 증상이 없는 무당들보다 생명력 있는 자식들을 더 잘 낳았을까? 또 설령 그랬다고 치더라도 왜 적어도 100명 중 한 명이 이 장애에 시달리는지를 설명해줄 수 있을 만큼 역사적으로 무당들이 많이 존재했는가? 우울증 이론은 언뜻 좀 더 그럴듯해 보인다. 이 이론의 주창자들이 지적하듯이 부족에서 지위가 낮은 남자들은 지위가 높은 남자들을 상대로 이기지도 못할 싸움을 벌이느니, 그들의 명령을 따르는 것이 더 나을지 모른다. 게다가 우울증은 종종 동료 집단에 비해 자신의 지위가 낮다고 느끼는 사람들에게서 관찰되곤 한다. 그러나 과연 이런 사회경쟁 이론의 나머지 부분들도 사실에 부합할까? 우울증은 보통 패배를 받아들이는 것보다 받아들이지 않는 것과 관련이 깊다. 나의 한 친구는 수년 동안 임상적으로 심각한 수준의 우울증에 시달렸다. 하지만 그는 사회적 지위가 특별히 낮은 사람이 아니었다. 오히려 그는 상당한 성공을 거둔 사람이었다. 그의 삶에는 객관적으로 잘못된 부분이 없었는데도, 그는 자신의 처지를 받아들이는 대신에 그것을 끊임없이 문제 삼으며 생각에 잠기곤 하였다. 결국 우울증은 그에게 삶의 개선을 위한 동기를 부여하거나 고민을 덜어주지 못했다. 그를 무력하게 마비시켰을 뿐이었다. 나로서는 이런 마비가 도대체 어떤 적응적 가치를 지닐 수 있을지 생각하기 어렵다.

물론 몇몇 이론이 미심쩍다고 해서 이런 접근방식을 취하는 모든 연구들이 거부되어야 한다는 것은 아니다. 일부 신체장애의 경우에는 분명히 이익을 가져다주며, 정신장애에서도 비슷한 경우들이 있을 수 있다. 분명한 이익을 가져다주는 신체장애의 고전적인 예는 겸상 적혈구성 빈혈sickle cell anemia과 관련된 유전자다. 이 유전자의 복제물이 두 개 있으면 해롭지만, 이 유전자의 복제물 한 개가 정상적인 유전자와 나란히 있을 때는 말라리아에 걸릴 확률이 상당히 줄어들 수 있다. 그래서 사하라 이남의 아프리카처럼 말라리아가 만연한 환경에서는 이것의 이익이 잠재적 비용보다 더 크다. 때문에 말라리아가 유행했던 지역에서 살았던 사람들의 후손 사이에서는 이 유전자의 복제물들이 훨씬 광범위하게 발견된다.

일부 신체장애의 경우에는 이처럼 비용을 상쇄하는 이익을 가져다준다는 사실이 증명되었지만, 대부분의 신체장애들은 그렇지 않을 것이다. 게다가 나는 어쩌면 반사회적 성격장애sociopathy를 제외하고는[6] 비용을 능가할 만한 이익을 제공하는 정신질환의 예를 본 적이 없다. 정신질환이 상쇄 이익을 제공한다는 구체적인 예는, 말하자면 '정신적 빈혈'이 '정신적 말라리아'를 막아준다는 식의 예는 거의 존재하지 않는다. 예컨대 우울증은 (적혈구가 낫 모양으로 되는 성향이 말라리아를 막아주는 것처럼) 불안을 막아주지 않으며, 오히려 불안과 함께 발생한다. 정신장애의 이익을 주장하는 대부분의 문헌들은 그저 공상에 기초한 것처럼 보인다. 나는 이런 주장들을 접할 때마다 무엇에서든 적응적인 가치를 찾아내었던 볼테르의 팡글로스Pangloss 박사를 연상케 된다. "잘 관찰해보면 알 수 있듯이 예컨대 코는 안경을 걸치기에 알맞게 생겼다. 그래서 우리는 안경을 걸치고 다닌다. 다리는 명백히 긴 양말을 신기에 알맞게 고안되었다. 그래서 우리는 긴 양말을 신고 다닌다. 돌들은 깎아서 성을 쌓으려고 생긴 것이다."

많은 장애들의 경우에 적어도 몇몇 보상작용이 있는 것은 사실이다. 그러나 이 경우에도 사람들이 사용하는 추론은 종종 역행적이다. 어떤 장애가 어떤 보상적 특성을 지니고 있다는 사실은 이런 특성이 장애의 비용을 상쇄함을 뜻하지 않는다. 나아가 왜 이런 장애가 애당초 진화했는지를 반드시 설명해주는 것도 아니다. 도대체 어느 행복한 사람이 우울증에 동반한다는 이익을 얻으려고 불확실한 우울증 촉진제(이를테면 '반反 프로작Prozac' 또는 '역逆 졸로프트Zoloft')를 자발적으로 삼키겠는가?

장애는 적응의 산물일까?

어쨌든 적어도 몇몇 장애들은 (또는 증상들은) 적응의 직접적 결과라기보다 부적절한 '설계'나 명백한 고장의 결과로 보는 것이 타당할 듯하다. 자동차의 휘발유가 바닥날 수 있듯이 뇌에서도 신경전달물질이 (또는 그 안에서 돌아다니는 분자들이) 바닥나거나 부족해질 수 있다. 우리는 문제에 대처하는 기제들을 (또는 그것들을 획득할 수 있는 능력을) 타고났지만, 그렇다고 해서 이 기제들이 언제나 강력하고 아무 오류도 일으키지 않는 것은 아니다.

시속 100마일의 바람에 버틸 수 있는 다리가 시속 200마일의 돌풍에 무너지는 까닭은 그렇게 강한 바람에는 버티지 못하는 것이 적응적이기 때문이 아니라, 그 정도의 낮은 성능으로 건설되었기 때문이다. 마찬가지로 다른 장애들은, 특히 아주 드물게 나타나는 장애들은 아무런 이익도 가져다주지 않는 임의의 돌연변이, 곧 '유전적 잡음_{genetic noise}'의 결과에 지나지 않을 것이다.

설령 단순한 유전적 잡음과 같은 가능성들을 제쳐놓더라도, 어떤 정신질환이 존속한다는 것은 그것이 어떤 이익을 가져다주기 때문일 것이라고 가정하는 것은 옳지 않다. 진화는 우리의 정신생활에 '관심'이 없으며, 오로지 결과만을 중시한다. 장애가 있는 사람들이 어느 정도 높은 비율로 번식한다는 조건만 충족되면, 해로운 유전적 변이들은 그것들을 지닌 사람들이 상당한 정서적 고통을 겪게 된다는 사실에 상관없이, 인간 종 안에서 존속할 수 있는 것이다.[7]

장애는 진화의 불가피한 결과일까?

그러나 거의 아무런 주목도 받지 못한 또 다른 가능성이 있다. 곧 특정 이익 때문이 아니라, 인간이 진화를 통해 다른 식으로 만들어질 수는 없었기 때문에, 정신질환의 몇몇 측면들이 존속할 가능성은 없을까?

불안을 예로 들어보자. 진화심리학자들은 흔히 불안이 고통과 비슷하다고 말한다. 왜냐하면 둘 다 그것을 느끼는 사람으로 하여금 특정 종류의 행동을 하도록 그 사람에게 동기를 부여하는 역할을 하기 때문이다. 어쩌면 그럴지도 모른다. 하지만 그렇다고 해서 잘 작동하는 유기체에게도 불안이 반드시 존재해야 하는 동기의 필수 요소라고 말할 수 있을까? 전혀 그렇지 않다. 어쩌면 불안은 언어도 사용하지 않았고 숙고 체계도 발달하지 않았던 우리의 몇몇 선조들을 행동으로 내모는 역할을 했을지 모른다. 그러나 그렇다고 해서 그것이 사고하는 능력을 지닌 우리와 같은 생물들에게도 적합한 체계일 필요는 없다. 만약 우리 인간을 처음부터 다시 설계한다면 불안은 전혀 필요치 않을 것이다. 왜냐하면 우리에게는 고차적인 사고능력만으로도 충분할 것이기 때문이다. 스스로 계획을 세우고 그것을 추구할 수 있는 능력을 지닌 생물이라면, 도대체 불안이 어떤 긍정적인 기능을 수행할 수 있을까?

우리는 자존심, 사회적 인정, 지위 등을 향한 인간의 욕구에 대해서도 비슷한 주장을 펼 수 있을 것이다. 이런 것들은 흔히 심리적 고통의 원천이 되기도 한다. 아마도 우리가 상상할 수 있는 어떤 세계에서든 사회적 인정의 확보는 그것을 얻은 생물에게 이로운 것일 것이다. 그러나 왜 사회적 인정의 결여가 구태여 정서적 고통을 불러일으켜야만 하는지는 분명치 않다. 주변 상황을 늘 의식하고 필요하면 그것에 반응하지만, 결코 그것 때문에 괴로워하지 않는 부처 같은 로봇은 왜 불가능한 것일까?

공상과학소설? 그럴지도 모른다. 어쨌든 이런 사고 실험은 우리로 하여금 다른 방식으로 살아 숨 쉬는 생물의 모습을 상상할 수 있게 해준다. 그리고 이런 상상은 현재 우리가 목격하는 장애들이 과연 진화의 불가피한 결과인지에 대해 의문을 갖게 만든다.

장애는 진화의 우연한 사건들 때문이다

내가 여기서 말하고자 하는 것은 정신질환이 적어도 부분적으로는 진화의 우연한 사건들 때문에 생겨났을지 모른다는 점이다. 인간 종에게 널리 퍼져 있는 중독 현상을 예로 들어보자. 우리는 담배, 알코올, 코카인, 섹스, 도박, 비디오 게임, 채팅, 인터넷 등에 중독될 수 있다. (흔히 섹스보다도 좋다고들 하는 헤로인의 경우처럼) 단기 이익이 주관적으로 엄청나게 보일 때, 또는 (낙담하여 무엇을 위해 살아야 할지 모르는 사람처럼) 장기 이익이 주관적으로 하찮아 보일 때, 또는 (복내측 전전두피질ventromedial prefrontal cortex에 상해를 입은 몇몇 환자들이 비용과 이익은 분명히 인지하면서도 둘의 비율에 대해서는 무관심한 경우처럼) 뇌가 이 둘의 비율을 제대로 계산하지 못할 때 중독이 생길 수 있다.

이 모든 경우에 중독은 인간 종에게 일반적인 문제의 특수 사례로 간주될 수 있다. 그것은 곧 자기통제와 관련해 조상 전래의 체계와 현대적인 체계 사이에 균형을 잡기가 쉽지 않다는 것이다.

물론 중독에는 쾌락의 개인차와 같은 다른 요인들도 작용하고 있다. 예컨대 도박에서 희열을 느끼는 사람들이 있는가 하면, 본전을 잃지 않는 데 더 큰 관심을 보이는 사람들도 있다. 무엇에 얼마나 중독되는가도 개인에 따라 다를 것이다. 그러나 우리 모두는 적어도 어느 정도 중독의 위험에 처해 있다. 장기 이익과 단기 이익 사이의 균형이 거의 무원칙한 줄다리기에 내맡겨진 이후로, 중독에 대한 우리의 취약성은 거의 불가피한 것이었을 것이다.

자기통제 체계들 사이의 분열이 인간 마음에 존재하는 하나의 단층선을 보여준다면, 확증 편향과 동기에 의한 추론은 또 다른 단층선을 형성한다. 그것은 인간이 얼마나 쉽게 현실에서 멀어질 수 있는지를 보여주는 단층선이다. 우리가 화를 내며 지나치게 야단법석을 떨 때 우리는 전체를 보지 못한 채, 전혀 객관적이지 않은 태도로 분개하곤 한다. 이것은 우리의 장점이 아니라 인간이라는 존재의 일부일 뿐이다. 실제로 우리는 꽤 성미가 급한 종이다.

물론 대부분의 경우에 우리들은 이것을 극복할 수 있다. 간혹 말다툼을 하다보면 마음의 평정을 잃기도 하지만, 결국에는 크게 심호흡을 한 번 하거나 잠을 잘 자고 나면 다시 정상으로 돌아온다. "그래, 자기가 밤새 밖에 있으면서 전화도 안 한 것은 정말 너무했어. 물론 자기가 한 번도 전화를 한 적이 없다고 내가 말한 것은 좀 과장됐지." 또는 크리스틴 래빈Christine Lavin이 노래했듯이 "미안해, 용서해줘. …… 하지만 난 아직도 너 때문에 화가 나."

인지적 클루지의 얄궂은 장난

정상적인 사람들이 때때로 통제력을 잃게 되는 데는 몇 가지 인지적 클루지들의 얄궂은 장난이 작용하고 있다. 흥분의 순간에 너무 자주 반사 체계에 우선권을 넘겨주는 어설픈 자기통제 장치, 언제나 또는 거의 언제나 자기가 옳다고 착각하게 만드는 어리석은 확증 편향, 근거가 있든 없든 자신의 신념을 옹호하게 만드는 확증 편향의 사악한 쌍둥이라 할 동기에 의한 추론, 어떤 사람에게 화가 날 때면 그에 대한 불쾌한 과거 기억들을 떠올리게 만드는 맥락 의존적인 기억이 바로 그것이다. 이런 것들이 합쳐져 차가운 이성을 압도하는 '뜨거운' 체계를 만들어낸다. 그리고 그 결과는 종종 분열과 전쟁으로 나타난다.

반추의 순환: 광기가 그 자신의 현실을 만든다

바로 이런 클루지들 때문에, 그리고 정상적인 사람들이 흥분을 가라앉히는 데 사용하는 억제 기제들이 결여되어 있을 경우에, 정신질환의 여러 측면들은 더욱 악화되거나 심지어 새로 생겨날 수 있다.

편집증 환자들의 공통된 증상을 예로 들어보자. 어떤 사람이 일단 (정당한 이유에서든 그렇지 않든) 이 길로 접어들면, 그 사람은 결코 이 길을 벗어나지 않을지 모른다. 왜냐하면 편집증이 편집증을 낳기 때문이다.

속담에도 있듯이 편집증 환자의 적도 실제적인 것이다. 확증 편향과 반대 증거를 부정하려는 의지를 지닌 (다시 말해 동기에 의한 추론을 하는) 유기체에게 아쉬운 것이 있다면 그것은 바로 진정한 적이다. 편집증 환자는 자신의 편집적인 신념을 확증해주는 증거들에 주목하고 그것들을 끊임없이 머릿속에 떠올리는 반면에, 그것에 반대되는 증거들은 무시하는 악순환에 빠진다.

마찬가지로 우울증 환자들도 또 다른 방식으로 현실감을 잃곤 한다. 우울증 환자들은 일반적으로 (예컨대 많은 정신분열증 환자들이 그렇듯이) 환각을 경험하지는 않는다. 그러나 우울증 환자들은 (실패, 실수, 날아간 기회 등) 삶의 부정적인 측면에만 주목함으로써 현실을 왜곡되게 지각하곤 한다. 그 결과 우울증 환자들에게 가장 흔한 증상이 나타난다. 나는 이것을 '반추의 순환ruminative cycle'이라고 부르고자 한다. 한때는 우울증 환자들이 낙관적인 사람들보다 세상을 더 현실적으로 지각한다고 주장하는 연구들이 많이 발표되었으나, 오늘날 좀 더 균형 잡힌 견해에 따르면, 우울증의 일부 원인은 사람들이 부정적인 것들에 지나치게 초점을 맞춘 나머지 종종 우울의 악순환에 빠지는 데 있다.

마크 트웨인이 말했듯이, 간혹 우리가 아주 심각하고 예민해지는 순간에는 "우리를 비탄에 잠기게 하는 어떤 것도 하찮은 것이라고 말할 수 없다. 아이가 인형을 잃는 것과 왕이 왕관을 잃는 것은 영원한 비례의 법칙에 의해 똑같이 중대한 사건이다."

우울증은 (항상 그런 것은 아닐지 몰라도 적어도 많은 경우에) 상실이 과장되면서 시작된다. 이것은 기억의 맥락 의존성에서 기인한다. 슬픈 기억은 더욱 슬픈 기억을 불러일으키고, 이것은 다시 더더욱 슬픈 기억을 불러일으킨다. 우울증에 시달리는 사람들에게 모욕적인 한마디 한마디는 인생이 불공평하다는, 또는 살 가치가 없다는 근본 견해의 확증으로 이해된다. 이때 맥락 기억은 불공평했던 과거의 경험을 되살린다. 그런가 하면 동기에 의한 추론은 우울증 환자들로 하여금 자신의 비관적인 인생관에 반대되는 증거들을 무시하게 만들 수 있다. 우울증 환자가 어느 정도 자기통제력을 발휘하거나 초점을 다른 데로 돌릴 수 없다면 이런 악순환은 계속될 것이다.

이런 악순환은 양극성 장애를 겪는 사람들의 경우에 기분이 가라앉을 때뿐만 아니라, 기분이 들뜰 때도 나타날 수 있다. 본인 스스로가 조울증과 싸워야 했던 뛰어난 심리학자 케이 레드필드 제미슨Kay Redfield Jamison은 양극성 장애에 대해 다음과 같이 말했다.

이 정신병에는 특별한 종류의 고통, 기분의 고양, 외로움, 공포가 존재한다. …… 기분이 좋을 때는 엄청나다. 많은 생각과 느낌이 유성처럼 빠르게 지나간다. …… 그러나 어딘가에서 이것이 바뀐다. 빠른 생각들이 너무 빨라지고 너무 많아진다. 압도적인 혼란이 명료함을 밀어낸다. …… 광기가 그 자신의 현실을 만들어낸다.

양극성 장애를 겪는 사람이 인지적으로나 정서적으로 자신을 충분히 통제할 능력을 지니고 있지 않다면, 이런 사람은 기분이 들뜬 상태가 계속 상승하여 마침내 현실감을 잃는 데까지 이를 수 있다. 제미슨은 자기가 조증躁症을 일으켰을 때의 체험을 다음과 같이 묘사했다. "나는 뜨거운 여름날 미끄러지기도 하고 날기도 하고 여기저기서 비틀거리기도 하면서 구름의 층들과 창공을 뚫고 별들을 지나 빙정 층을 건너는 멋진 환상에 사로잡혔다. …… 토성의 달을 스쳐 지나갈 때 〈플라이 미 투 더 문Fly Me to the Moon〉이라는 노래를 부르며 너무 신이 났던 기억이 난다. 그때 내가 보고 경험한 것은 평소에 꿈이나 이따금 기대에 부풀 때 간혹 경험했던 바로 그것이었다." 이처럼 들뜬 기분이 들뜬 생각을 낳으면서 악순환이 강화된다.

동기에 의한 추론과 맥락 기억은 심지어 정신분열증 환자들의 망상도 악화시킬 수 있다. (물론 이것들이 망상의 최초 원인은 아닐 것이다.) 예컨대 많은 정신분열증 환자들은 자기가 예수라고 믿으면서 이런 신념을 바탕으로 온갖 이야기들을 지어내는데, 이때 확증 편향과 동기에 의한 추론이 중요한 역할을 할 수 있다.

정신과 의사 밀턴 로키치Milton Rokeach는 세 명의 정신분열증 환자들을 한자리에 모은 적이 있었는데, 이들은 모두 자기가 하느님의 아들이라고 믿고 있었다. 로키치는 애당초 이 세 사람이 자신들의 신념이 서로 모순된다는 것을 깨닫고 각자 자신의 망상을 단념하게 되리라고 기대했다. 그러나 이들의 만남은 서로를 자극했다. 세 환자들은 저마다 자신의 망상을 유지하기 위해서 다양한 이유들을 들이대면서 이전보다 더욱 열심히 작업했다. 맥락 기억과 확증 편향을 바탕으로 자신의 일생에 대해 일관성 있는 이야기를 지어내려는 강력한 욕구를 지닌 종에게 현실감의 상실은 거의 직업병에 가깝다.

진화의 또 다른 우발적 사고

우울증(그리고 아마 양극성 장애)은 진화의 또 다른 우발적 사고로 인해 더욱 악화될 수 있다. 그것은 우리가 꽤 특이한 쾌락 장치를 가지고 있다는 사실과 관계가 있다. 앞 장에서 보았듯이 정교하고 신중한 추론 체계가 등장하기 훨씬 이전에 우리의 선행 인류pre-hominid 조상들은 기본적으로 쾌락의 나침반을 좇음으로써 (그리고 그것의 반대물인 고통을 회피함으로써) 자신의 목표들을 세웠을 것이다. 비록 현대인들은 더 정교한 목표설정 장치를 갖고 있지만, 쾌락과 고통은 아마도 여전히 이 장치의 핵심으로 남아 있을 것이다. 그리고 이것은 우울증 환자의 경우에 말하자면, 이중의 불행이 될 수 있다. 우울증 환자들은 우울의 직접적인 고통 외에도 흔히 무기력 증세에 시달린다.

과연 왜 그럴까? 쾌락이라는 내부 나침반이 제대로 작동하지 않아, 행동에 필요한 동기가 생기지 않기 때문일 가능성이 꽤 크다. 자신의 기분과 자신의 목표를 따로따로 관리하는 유기체라면 우울증에 자주 동반하는 이런 기능장애는 걱정할 필요가 없을 것이다.

우리 모두가 공유하는 신경적 취약성

한마디로 말해서 정신질환의 많은 측면들은 우리가 진화해온 과정의 특이한 측면들에 의해 강화될 수 있을 뿐만 아니라, 어쩌면 그것들로 소급될지 모른다. 맥락 기억, 확증 편향과 동기에 의한 추론의 왜곡 효과, 자기통제 체계들 사이의 기묘한 분열이 바로 그것이다. 그리고 네 번째 요인은 아마도 (이따금 근거 없는 이야기를 지어내는 데까지 발전하곤 하는) 설명에 대한 갈망일 것이다. 주사위를 던질 때마다 그것의 결과를 '설명'하려 드는 도박꾼처럼, 정신분열증 환자들은 설명의 인지 기제를 사용하여 목소리와 망상을 조합하려 들 수 있다.

내가 말하고자 하는 것은 정신장애가 있는 사람들이 건강한 사람들과 다를 바 없다는 것이 아니라, 우리 모두가 공유하는 신경적 취약성이 정신장애의 시초일 가능성이 있다는 것이다.

이렇게 볼 때 인지행동 치료사들이 우울증에 시달리는 사람들에게 무엇보다도 일상적인 인지적 오류에 대한 대처법을 가르치는 것도 결코 우연이 아닐 것이다. 예컨대 데이비드 번스David Burns의 유명한 책『좋은 기분을 위한 안내서Feeling Good Handbook』에는 불안이나 우울에 시달리는 사람들이 흔히 범하는 '과잉일반화', '개인화' 등의 기본적인 인지 오류 10가지가 열거되어 있다. 여기서 과잉일반화란 "단 하나의 사태를 끝없이 반복되는 패배 유형의 일부로 보는" 잘못된 과정이며, 개인화란 어떤 나쁜 일이 일어나는 까닭이 (외부 사태 때문이 아니라) 자기 탓이라고 가정하는 오류를 말한다. 아마도 이 두 오류는 소수의 매우 두드러진 자료를 근거로 다른 것들까지 과도하게 추정하는 인간의 경향에서 일부 비롯되었을 것이다. 한 번의 실패가 인생을 비참하게 만들지는 않는다. 그러나 가장 최근의 가장 나쁜 소식을 불행의 징조로 여기는 것은, 마치 단 한 번의 강력한 재난 때문에 인생이 완전히 망한 것처럼 여기는 것은 인간적인 현상이다. 이런 잘못된 해석은 지지 증거와 반대 증거에 대해 똑같은 심리적 비중을 둘 수 있는 종이라면 결코 일어나지 않을 것이다.

나는 우울증이 (또는 그 밖의 정신장애들이) 오로지 자료를 객관적으로 평가하는 우리 능력의 한계 때문에 생긴다고 주장하려는 것이 아니다. 내가 말하고자 하는 것은 우리의 클루지스러운 마음의 세련되지 않은 장치들이 몇몇 장애의 불안정한 토대를 이룰 가능성이 매우 크다는 것이다.

정신장애가 인간 마음에 존재하는 단층선들에서 비롯했다면, 그것은 또한 이 단층선들을 넘어선다. 유전자가 정신장애의 분명한 한 요인이라면 진화는 어떤 식으로든 (적응적인 방식으로든 그렇지 않은 방식으로든) 장애와 관련이 있을 수밖에 없다. 우리 마음의 단층선들은 때로는 감지하기 어려운 미세한 진동만 일으키지만, 때로는 지진의 원인이 되기도 한다. 그러나 진화가 아무리 우연의 연속이었다고 하더라도 그것으로 모든 것을 설명할 수는 없다. 주요 정신장애들은 대부분 진화에 의해 형성된 유전적 요인에 의존하는 듯하다. 그러나 우리가 잘 이해하지 못하는 환경적 요인들도 정신장애에 영향을 미칠 것이다.

예컨대 일란성 쌍둥이의 한쪽이 정신분열증을 보일 경우에 또 다른 쪽도 정신분열증을 보일 확률은 평균보다 상당히 높다. 그러나 이 경우에 이른바 '일치concordance' 비율은, 다시 말해 쌍둥이의 한쪽이 장애를 보일 경우 다른 쪽도 그럴 확률은 겨우 50퍼센트 정도다. 이것만 보더라도 알 수 있듯이 정신질환의 모든 측면을 진화의 특이함 탓으로 돌리는 것은 분명 지나친 것이다.

그러나 동시에 어떤 현명하고 인정 많은 설계자도 인간의 마음을 이렇게 취약하게 만들지는 않을 것이라고 말하는 것은 지나치지 않아 보인다. 따라서 우리의 정신적 취약성은 과연 우리가 사려 깊은 설계의 산물인지를 의심케 만드는 또 다른 이유를 제공한다.

인간이 우연과 진화의 산물이라면, 사려 깊은 설계자의 작품이 아니라면, 이제 우리는 가장 중요한 마지막 질문을 스스로에게 던져야 한다. 만약 마음이 클루지라면 우리가 할 수 있는 일은 무엇인가?

13가지 제안

우리들의 세계를 현명하게 만드는 법

EPILOGUE

———

신은 나에게 내가 바꿀 수 없는 것들을 받아들이는 침착함과

내가 바꿀 수 있는 것들을 바꾸는 용기와 그 차이를 아는 지혜를 주었다.

　── 라인홀드 니버Reinhold Niebuhr

아는 것을 안다 하고 모르는 것을 모른다 하는 것이 곧 아는 것이다.

　── 공자

인간은 비할 데 없이 강력한 지적 능력을 지니고 있다. 우리는 말할 수 있고 생각할 수 있으며 춤출 수 있고 노래할 수 있다. 우리는 정치와 정의에 대해 토론할 수 있다. 우리는 우리 자신의 개선뿐만 아니라, 우리 종의 개선을 위해 노력할 수 있다. 우리는 계산법과 물리학을 배울 수 있다. 우리는 발명하고 교육하며 시적으로 성장할 수 있다. 어느 다른 종도 우리와 비슷하게 하지 못한다.

그러나 모든 진보가 좋은 것만은 아니다. 언어와 신중한 사고의 기제는 문화적으로나 기술적으로 엄청난 진보를 가능케 했지만, 선행 인류 조상 때부터 10억 년 이상의 시기에 걸쳐 발전해온 우리의 뇌는 이런 진보를 따라가지 못하고 있다. 우리가 지닌 유전 형질의 대부분은 언어 이전에, 신중한 사고 이전에, 우리와 같은 생물이 존재하기도 전에 진화한 것이다. 때문에 조야한 오점들이 많이 남아 있는 것은 너무도 당연하다.

이 책에서 우리는 인간 마음의 인지적 구성에 존재하는 여러 결함들을 논의하였다. 확증 편향, 정신적 오염, 닻 내림, 틀 짜기, 부적절한 자기통제, 반추의 순환, 초점 맞추기 착각, 동기에 의한 추론, 잘못된 기억, 제한된 정신능력, 애매한 언어 체계, 정신장애에 대한 취약성 등이 바로 그것이었다. 우리의 맥락 기억은 현대 생활의 많은 요구에 부적합하며, 우리의 자기통제 체계들은 거의 절망적으로 분열되어 있다. 우리의 선조 체계들은 오늘날과 전혀 다른 세계에서 형성된 것들이며, 좀 더 현대적인 우리의 숙고 체계들은 이 과거의 영향을 떨쳐버리지 못한다.

기억에서 신념, 선택, 언어, 행복에 이르기까지 우리가 살펴본 모든 영역에서 우리는 주로 기술들의 누진적인 중첩을 통해 형성된 인간의 마음이 결코 완전하지 않다는 것을 보아왔다. 인간 마음의 이런 측면들 가운데 어느 것도 현명한 설계자로부터 기대할 수 없는 것이었다. 그리고 이것들을 사리에 맞게 해석할 수 있는 유일한 방법은 이것들을 진화의 유물로 보는 것이었다.

불완전함을 통찰하라

개선을 위한 소중한 단서

어떤 의미에서 내가 지금까지 제기한 주장은 오랜 전통의 일부이다. 이 책의 핵심 영감에 해당하는 '역사의 유물'이라는 굴드의 생각은 다윈까지 거슬러 올라간다. 다윈의 전설적인 저작 『인간의 유래The

Descent of Man』는 몸의 털, 사랑니, 미골coccyx이라는 퇴화한 꼬리뼈 같은 몇몇 "쓸모없는 또는 거의 쓸모없는" 특징들을 열거하면서 시작된다. 그리고 자연의 이러한 전환점들은 다윈의 주장에 핵심적인 것이다.

그러나 지금까지 인간 마음의 불완전성은 진화의 맥락에서 거의 논의되지 않았다. 왜 그랬을까? 내 추측으로는 적어도 두 가지 이유가 있다. 평이하고도 단순한 첫 번째 이유는 인간의 인지능력이 완벽하지 못한 것으로 드러나는 것을 많은 사람들이 원치 않는다는 것이다. 왜냐하면 그것은 우리의 신념과 (또는 절실한 바람과) 일치하지 않거나, 또는 결코 매력적이지 않은 인간관을 초래할 것이기 때문이다. 이것은 특히 인간의 행동을 서술하려는 학문 영역에서 중요한 의미를 지닌다. 왜냐하면 인간이 합리성의 틀에서 벗어날수록 수학자나 경제학자들이 인간의 선택 행동을 산뜻한 방정식으로 포착하기는 그만큼 어려워지기 때문이다.

그리고 두 번째 요인은 창조론과 그것의 최근 변형인 '지적 설계intelligent design' 이론의 거의 불가사의한 인기에서 유래하는 듯하다. 진화론처럼 증거의 뒷받침이 튼튼한 이론은 그리 많지 않다. 그런데도 많은 사람들은 이것을 받아들이려고 하지 않는다. 오늘날의 갈라파고스 제도Galapagos Islands에서 하루하루의 고달픈 진화 연구를 통해 수집된 사실들(이것들은 조너선 와이너Jonathan Weiner의 훌륭한 책『피리새의 부리The Beak of the Finch』에 서술되어 있다.)에서 최근에 완성된 다수의 유전자 지도를 바탕으로 밝혀진 분자 변화의 구체적인 사실들에 이르기까지, 진화의 증거들에 익숙한 과학자라면 사람들의 이러한 지속적인 저항이 터무니없게 보일 것이다.[1] 그리고 이런 저항의 많은 부분은 잘 조직된 구조가 사전 고려 없이도 생겨날 수 있다는 생각에 대한 거부감에서 유래하는 듯하기 때문에 과학자들은 종종 어쩔 수 없이 진화의 절정을, 곧 잘 조직된 구조가 순전히 우연을 통해 생겨난 사례들을 강조하게 되곤 한다.

이러한 강조는 진화와 같은 맹목적 과정을 통해 엄청나게 아름다운 체계들이 어떻게 생겨날 수 있는지를 이해하는 데 커다란 기여를 하였다. 그러나 이것은 다른 한편으로 불완전함의 계몽적인 힘을 탐색하는 데는 큰 제약으로 작용하였다. 자연의 최고 걸작을 연구하는 것 자체가 잘못된 것은 아니지만, 걸작만 살펴서는 완전하고도 균형 잡힌 이해에 결코 도달할 수 없을 것이다.

그러나 불완전함의 가치는 단순한 균형을 훨씬 넘어서는 것이다. 과학적으로 볼 때 모든 클루지는 우리 과거에 대한 단서를 담고 있다. 거추장스러운 해결책이 있는 곳마다 자연이 우리의 뇌를 어떻게 층층이 쌓아 올렸는지에 대한 통찰이 존재한다. 진화의 역사가 덧씌워진 기술들의 역사라고 말하는 것은 결코 과장이 아니다. 그리고 클루지들은 우리에게 그것의 이음매들을 드러내준다.

각각의 클루지들은 또한 창조론의 근본적인 잘못이 무엇인지를 분명히 보여준다. 그것은 바로 우리가 전지전능한 존재의 산물이라는 가정이다. 창조론자들이 아무리 끝까지 버티려 해도 불완전성은 이들의 상상을 무력하게 만든다. 전지전능한 공학자가 완벽한 안구를 설계하는 모습을 상상하는 것과 바로 그 공학자가 게으름을 피우며 어설픈 척추를 만들어내는 모습을 상상하는 것은 전혀 다른 일이기 때문이다.

클루지 연구에는 또한 실용적인 측면도 있다. 인간의 특이 사항들에 대한 연구는 인간의 조건에 대해 유용한 통찰들을 제공할 수 있다. 알코올 중독자 치료 모임Alcoholics Anonymous에서도 말하듯이, 인식은 개선을 향한 첫 걸음이다. 우리의 어설픈 본성에 대해 더 많이 이해할수록 우리는 그것의 개선을 위해 더 많은 것을 할 수 있을 것이다.

자연주의적 오류를 피하기 위하여

불완전함을 통찰의 원천으로 간주할 때 우리가 가장 먼저 깨달아야 할 점은 모든 불완전함을 수리할 필요는 없다는 것이다. 나는 이미 오래전부터 내 계산기가 나보다 제곱근 계산을 더 잘 한다는 사실을 달게 받아들였다. 그리고 나는 게리 카스파로프Garry Kasparov가 컴퓨터 딥 블루Deep Blue를 상대로 세계 체스 챔피언전에서 승리했다고 환호하는 것이 별 의미가 없다고 생각한다. 비록 지금은 컴퓨터가 체스나 '사소한 추적Trivial Pursuit' 게임에서[2] 우리를 이기지 못할지 몰라도, 컴퓨터는 머지 않아 우리를 이길 것이다. 19세기 말 기계와 경쟁한 존 헨리John Henry의 싸움은 당당했지만, 뒤돌아볼 때 그것은 이미 진 싸움이었다.[3] 많은 면에서 기계는 우리를 능가하며 (또는 결국 그렇게 될 것이며) 우리 또한 이 점을 기꺼이 받아들여야 할 것이다. 독일의 화학자 에른스트 피셔Ernst Fischer는 "기계가 점점 더 효율적이고 완벽해짐에 따라 불완전함이야말로 인간의 위대함이라는 점이 분명해질 것이다."라고 사려 깊게 말했다. 공학자가 설계한 생물이 있다면 그런 생물은 결코 사랑을 알지 못할 것이며, 예술을 즐기지도 시의 요점을 이해하지도 못할 것이다. 노골적인 합리성의 관점에서 보자면, 예술의 창작과 감상을 위해 시간을 쓰느니 겨울을 위해 호두를 모으는 데 시간을 쓰는 편이 더 나을 것이다. 그러나 내가 보기에 예술은 우리가 인간으로서 살아가는 즐거움의 일부다. 우리는 기꺼이 애매함을 바탕으로 시를 짓고 감정과 비합리성을 바탕으로 노래와 문학을 창작한다.

하지만 그렇다고 해서 인간 인지능력의 모든 특이 사항들이 찬양의 대상이 될 필요는 없다. 시는 좋은 것이지만 고정관념, 자기중심주의, 편집증과 우울증 등은 긍정적이지 않다. 우리의 생물학적 구성에 내재하는 것이면 무엇이든 받아들이는 태도는 자연적인 것과 좋은 것을 혼동하는 일종의 '자연주의적 오류'를 범하는 것이다. 중요한 것은 명백히 우리의 인지적 특이 사항들을 분류하여, 무엇을 다시 검토할 것이며, 무엇을 그대로 받아들일지를 (또는 나아가 찬양할지를) 결정하는 것이다.

예를 들어 일상 대화에 담긴 애매함에 대해서는 크게 걱정할 필요가 없다. 왜냐하면 우리는 거의 언제나 맥락과 상호작용을 이용하여 대화 상대방의 의도를 알아낼 수 있기 때문이다. 또한 우리가 아는 모든 사람들의 전화번호를 외우려고 노력할 필요도 없다. 어차피 우리의 기억 체계는 그런 식으로 작동하지 않기 때문이다. 그리고 오늘날 우리는 우리 대신 이 일을 해주는 핸드폰을 가지고 있지 않은가.

우리의 일과 가운데 많은 부분을 위해서는 우리의 마음이 결코 모자람이 없다. 우리의 마음은 일반적으로 우리가 잘 먹고 일자리를 유지하며 장애와 손상을 멀리하도록 제대로 작동하고 있다. 비록 집에서 키우는 고양이의 근심 없는 삶이 부러울 때가 있지만, 고양이가 좋아하는 중국의 모든 개박하薄荷를 준다 해도 나는 내 뇌를 고양이의 뇌와 바꾸지 않을 것이다.

그러나 이것은 우리가 '생각하는 사람'으로서 더 잘할 수 없음을 의미하는 것이 아니다. 이런 의미에서 나는 여기에서 13가지 제안을 하고자 한다. 이것들은 모두 주의 깊은 경험 연구를 토대로 한 것이다.

클루지를 이겨내는 13가지 제안

대안이 되는 가설들을 되도록 함께 고려하라

우리가 이미 살펴보았듯이 우리 인간은 증거들을 침착하고 객관적으로 평가하는 일에 익숙지 않다. 우리의 사고력을 개선시킬 수 있는 가장 간단한 방법 중 하나는 대안이 되는 가설들을 함께 고려하는 훈련을 하는 것이다. 단순히 대안들의 목록을 작성해보는 것만으로도 추론의 신뢰도를 높일 수 있을 것이다.

'반대를 생각하라.'라는 간단한 원칙의 가치는 많은 연구들을 통해 증명되었다. 지금 있는 것에 초점을 맞추는 대신에 있었을 만한 것, 또는 있을 수 있는 것에 대해 숙고하는 '반사실적 사고counter-factual thinking'의 가치 또한 증명되었다.

우리가 집착하는 것과는 다른 생각이나 가능성에 대해 성찰할수록 우리의 사고능력은 개선될 것이다. 빌 클린턴 정부의 첫 재무장관이었던 로버트 루빈Robert Rubin은 다음과 같이 말한 적이 있다. "내 생애의 여러 국면에서 만난 몇몇 사람들은 내가 어느 한 가지에 대해서도 갖고 있지 못한 확신을 모든 것에 대해 갖고 있는 것처럼 보인다." 올바른 선택은 종종 최종 선택한 길뿐만 아니라, 가지 않은 길에 대한 이해도 필요로 한다.

문제의 틀을 다시 짜고 질문을 재구성하라

이 비누는 99.4퍼센트 순수한가, 아니면 0.6퍼센트 유해한가? 우리가 듣고 보고 읽는 모든 것들은 정치인, 광고주, 심지어 동네 슈퍼마켓 직원에 의해서도 일상적으로 가공되고 있다. 모든 것들은 최대한 긍정적으로 보이도록 제시되고 있다. 따라서 소비자, 유권자, 시민으로서 우리가 할 일은 언제나 사태를 회의적인 눈으로 바라보고 상대의 질문을 재구성하는 습관을 기르는 것이다.

'안락사' 법규를 살인적인 의사로부터 사람들을 보호하기 위한 노력으로 볼 것인가, 아니면 사람들이 위엄 있게 죽는 것을 허용하는 방법으로 볼 것인가? 근무시간이 시간제로 줄어든다면 그것은 임금의 삭감인가 아니면 더 많은 시간을 아이들과 함께할 수 있는 기회인가? 어떤 문제를 다른 식으로 생각해볼 수 있으면 최대한 그렇게 하라. 맥락 기억은 우리가 언제나 과거로 거슬러 올라감을 뜻한다. 우리가 한 문제를 어떻게 생각하느냐는 우리가 무엇을 기억하느냐에 영향을 미칠 수밖에 없으며, 이것은 다시 우리가 어떤 대답을 찾아내느냐에 영향을 미친다. 모든 문제를 하나 이상의 방식으로 물어보는 것은 이런 편향을 교정하는 강력한 수단이 될 수 있다.

상관관계가 곧 인과관계가 아님을 명심하라

믿든 말든 미국 인구를 통틀어 신발 크기와 일반 지식 사이에는 높은 상관관계가 있다. 큰 신발을 신는 사람들은 작은 신발을 신는 사람들보다 역사와 지리에 대해 더 많은 것을 아는 경향이 있다. 그러나 설령 그렇다고 치더라도 여러분이 더 큰 신발을 사서 신는다고 해서, 여러분이 더 똑똑해지는 것은 아니다. 그리고 발이 크다고 해서 더 똑똑한 것도 아니다.

우리는 흔히 이런 식의 상관관계를 실제보다 더 중요하게 여기는데, 왜냐하면 우리에게는 상관관계를 인과관계와 혼동하는 자연적인 경향이 있기 때문이다. 내가 위에서 언급한 상관관계는 실제로 존재한다. 그러나 그것을 토대로 한 자연스러운 추론은, 즉 한 요인이 다른 요인의 원인일 것이라는 추론은 옳지 않다. 위의 예에서 상관관계가 존재하는 이유는 우리 지구를 가장 최근에 방문한 사람들이 가장 발이 작은, 따라서 가장 작은 신발을 신는 사람들이기 때문이다. 곧 역사 수업을 받기에는 아직 너무 어린 갓난아기들과 아장아장 걷는 아기들 때문이다. 우리는 자라면서 배운다. 그러나 그렇다고 해서 자라는 것이 (그 자체로) 우리가 배우는 것의 원인은 아니다.[4]

여러분이 가진 표본의 크기를 결코 잊지 말라

의학에서 야구 통계에 이르기까지 사람들은 결론 도출의 근거가 되는 자료의 크기를 적절히 고려하지 못할 때가 많다. 단 한 번 일어난 사건은 우연한 것일지 모른다. 그러나 똑같은 유형의 사건이 되풀이해서 일어난다면 그것은 우연이 아닐 가능성이 크다. 수학적으로 말하자면, 표본이 클수록 추정치는 신뢰할 만하다. 그렇기 때문에 2,000명을 대상으로 한 여론조사는 200명을 대상으로 한 여론조사보다 평균적으로 더 신뢰할 만하다. 그리고 어느 야구선수가 한 경기에서 4할을 치는 것은 한 시즌 동안의 모든 경기에서 4할을 치는 것과 도저히 같을 수 없다.

비록 이것은 아주 명백한 사실이지만 우리는 쉽게 잊곤 한다. '큰 수의 법칙law of large numbers'이라고 알려진 이것을 처음으로 정식화한 사람은 이것이 너무 분명해서 "가장 어리석은 사람조차 자연의 어떤 본성에 의해 그것을 알 것"이라고 생각했다. 그러나 사람들은 이것을 일상적으로 무시한다.

우리는 흔히 표본이 매우 작을 때조차, 그곳에서 발견한 유형에 대한 '설명'을 찾으려 한다. 그러나 이를테면 겨우 몇몇 야구경기에서 또는 단 하루의 주식시장 결과에서 발견되는 유형은 순전한 우연 이상의 것을 반영하기가 쉽지 않다. 사람들은 어느 뜨내기가 지난 열 경기에서 4할을 치면 "그 선수가 공을 정말 잘 보기" 때문이라고 말한다. 그러나 통계학적인 관점에서 3할 타자가 때로는 며칠 동안 4할 타자처럼 보일 가능성이 크기 때문이라고 말하는 사람은 거의 없다. 하루하루의 시장 변동을 특별한 뉴스와 결부시키는 주식시장 분석가들도 똑같은 행동을 한다. "오늘 시세가 올라간 까닭은 애크미 페더레이티드Acme Federated 사가 예상 외로 높은 분기 실적을 발표했기 때문입니다." 여러분은 어느 분석가가 "실제로 오늘의 시세 상승은 우연한 등락 이상의 아무것도 아닐 것입니다."라고 말하는 것을 들어본 적이 있는가?

다행히도 심리학자 리처드 니스벳Richard Nisbett에 따르면, 일반인이 큰 수의 법칙에 더 민감해지도록 가르치는 데는 30분도 채 걸리지 않는다고 한다.

자신의 충동을 미리 예상하고 앞서 결정하라

오디세우스는 사이렌Siren의 유혹에 저항하기 위해 스스로를 돛대에 묶었다. 우리는 모두 그를 배울 필요가 있다. 예컨대 위가 만족스러울 때 앞으로 일주일 뒤에 먹을 식품을 고르는 것과 배고플 때 가게에서 사먹는 인스턴트식품을 비교해보라. 만약 우리가 미리 결정한 것들만 구매하기로 결심한다면, 우리는 좀 더 건강한 식품들을 들고 집으로 돌아올 수 있을 것이다.

연말 쇼핑을 위해 일 년 내내 돈을 묶어 두는 '크리스마스 적금'은 경제학자의 관점에서 볼 때 완전히 비합리적인 것이다. 유동성이 힘인 세상에서 왜 돈을 미리 떼어 놓는가? 그러나 우리의 진화적 한계를 고려할 때 이것은 완전히 사리에 맞는 전략이다. 유혹은 우리가 그 대상을 볼 수 있을 때 가장 크다. 때문에 우리는 순간의 충동에 휩싸여 있을 때보다 미래를 계획할 때 더 나은 우리가 되기 쉽다. 그리고 현명한 사람은 이렇게 행동하는 사람이다.

막연히 목표만 정하지 말고 조건 계획을 세워라

"체중을 줄이겠다." 또는 "이 논문을 마감 시한 전까지 끝낼 것이다."와 같이 막연하게 목표를 정하면 그것을 지키기가 거의 불가능할 때가 많다. 단순히 목표를 좀 더 구체적으로 세우는 것("3킬로그램을 줄여야지.")으로도 충분하지 않다.

심리학자 피터 골위처Peter Gollwitzer의 연구에 따르면 목표를 구체적인 '조건 계획contingency plan'의 형태로 바꿀 경우에, 이를테면 "감자튀김을 보면 그것을 멀리하겠다."와 같이 "X이면 Y이다."의 형태로 바꿀 경우에, 성공할 확률이 크게 높아진다고 한다.

우리의 클루지스러운 본성에 대한 이해는 왜 거의 모든 것들이 조상 전래의 반사 체계를 거쳐야 하는 반면에, 나중에 진화해 반사 체계에 접목된 숙고 체계는 뇌의 결정에 제한적인 영향력만 행사하는지를 설명하는 데 유용할 수 있다. 그리고 잘 짜인 조건 계획은 이러한 제한을 비켜갈 수 있는 한 방법을 제공한다. 왜냐하면 이런 계획을 통해서 추상적인 목표가 선조 체계도 이해할 수 있는 형태로, 즉 모든 반사의 기본이 되는 "X이면 Y이다."의 형태로 변환될 수 있기 때문이다. 우리가 더 오래된 체계의 언어를 구사할 수 있을 때, 우리가 목표를 달성할 가능성은 더욱 커질 것이다.

피로하거나 마음이 산란할 때는
되도록 중요한 결정을 내리지 말라

피로하거나 주의가 산만한 상태에서 생각하는 것은 술에 취한 상태에서 운전하는 것과 크게 다르지 않다. 우리는 피로할수록 숙고 체계보다 반사 체계에 더 의존하게 된다. 그리고 주의가 산만할 때도 마찬가지다. 예컨대 한 연구에 따르면, 건강에 대한 관심이 높은 소비자에게 과일 샐러드와 초코 케이크 중에서 하나를 고르라고 했을 때, 그 소비자가 일곱 자리 숫자를 외워야 하는 조건에서는 그렇지 않은 조건에서보다 더 자주 초코 케이크를 선택했다고 한다.

만약 여러분이 감정으로만 결정하고자 한다면 더 이상 문제될 것이 없다. 그러나 합리적 결정을 선호한다면, 그것을 위한 '승리의 조건'을 마련할 필요가 있다. 중요한 결정을 내려야 할 때 승리의 조건이란 바로 적절한 휴식과 최대한의 주의집중이다.

언제나 이익과 비용을 비교 평가하라

이것은 당연해 보이지만, 우리들의 마음에 자연스럽게 와닿지 않는 것이기도 하다. 사람들은 마음의 '예방prevention' 틀 속에서 행동의 비용("내가 안 가면 음악회 입장권에 쓴 돈을 낭비하는 셈이 되겠지?")을 강조하거나, 아니면 마음의 '추진promotion' 틀 속에서 행동의 이익("재미있을 거야! 내일 아침에 조금 늦게 출근한다고 해서 누가 뭐라 하겠어?")을 강조하는 경향이 있다. 건전한 판단은 당연히 비용과 이익의 두 측면을 비교 평가할 것을 요구한다. 그러나 우리가 경계를 게을리 하면, 우리의 기질과 기분은 한쪽으로 치우치기 쉽다.

덧붙이자면 경제학자들이 '기회비용opportunity cost'이라고 부르는 것에 특별히 주의할 필요가 있다. 재정적으로든 다른 방식으로든 투자 결정을 내릴 때는, 여러분이 이것 아니면 무엇을 했을지에 대해 곰곰이 생각하라. 하나를 하면 다른 것을 할 수 없다는 점을 잊지 말라.

예컨대 공공기금 1억 달러를 야구장 건설에 투자하는 것이 과연 의미가 있을지에 대해 사람들이 결정을 내리려 한다고 하자. 1억 달러는 사람들에게 여러 가지 이익을 가져다줄 수 있는 돈임에 틀림없다. 그러나 "이 사업이 아니라면 이 돈으로 무엇을 할 수 있을까"라는 맥락에서, "야구장을 건설하면 어떤 다른 기회들이, 이를테면 채무를 갚아 장래의 이율 지급을 줄이는 일이나 초등학교 세 개를 새로 짓는 일 등이 배제될 수밖에 없는가"라는 맥락에서 이 사업을 평가하는 사람들은 그리 많지 않다. 이러한 비용들은 가시적인 가격표를 달고 나타나지 않기 때문이다. 그래서 우리는 이것들을 무시할 때가 많다. 개인의 수준에서 기회비용을 고려한다는 것은 우리가 무엇을 하기로 결정할 때마다, 이것 아니면 다르게 보낼 시간을 사용하고 있음을 깨닫는 것을 의미한다.

누군가가 여러분의 결정을 지켜보고 있다고 상상하라

실험 연구에 따르면 자신의 대답을 정당화할 필요가 있다고 생각하는 사람들은 그렇지 않은 사람들보다 덜 편향된 결정을 내린다. 자신의 결정을 다른 사람들에게 해명할 필요를 느끼는 사람들은 더 많은 인지적 노력을 기울이며, 따라서 관련 정보들을 더 자세히 분석하고, 더 세련된 결정을 내리는 경향이 있다.

말이 나온 김에 이야기하자면 (이것은 꾸며낸 이야기가 아니다.) 자치적으로 운영되는 커피 자판기에서 커피를 뽑아 마시는 사무원들은 꽃이 그려진 포스터 아래에 커피 자판기가 설치되어 있을 때보다, 사람의 눈이 그려진 포스터 아래에 설치되어 있을 때 더 자주 커피 값을 지불한다. 사람의 눈이 어떤 식으로든 사람들로 하여금 자신의 행동을 정당화해야 할 필요성을 느끼게 만들었기 때문이다.

자신에게 거리를 두어라

불교에서 가르치기를, 모든 것이 현재의 순간에 더 중요하게 보인다고 말한다. 대부분의 경우에 이 말은 옳다. 만약 미친 자동차가 여러분을 향해 돌진한다면 모든 것을 중단하고 자동차를 피한다는 단기 목표의 달성을 위해 온 힘을 기울여라. 그러나 내가 식사를 마친 뒤에 초코 케이크로 유종의 미를 거두고 싶을 때면, 나는 스스로에게 다음과 같이 묻곤 한다. "(건강 유지라는) 나의 장기 목표에 비해서 (단것을 좋아하는 내 입맛을 만족시킨다는) 나의 현재 목표를 지나치게 높이 평가하고 있지는 않은가?" 만약 여러분이 상관을 씹어대는 이메일을 보내면, 지금은 기분이 흐뭇할 것이다. 그러나 다음 주가 되면 여러분은 아마도 이 일을 후회하게 될 것이다.

우리의 마음은 가까운 것과 먼 것에 대해 거의 완전히 다른 방식으로 생각하도록 구성되어 있다. 곧 가까운 것은 구체적으로 생각하는 반면에, 먼 것은 추상적으로 생각하는 경향이 있다. 무작정 멀리서 살핀다고 해서 언제나 더 좋은 것만은 아니다. 여러분이 몇 개월 뒤에 무슨 일을 하기로 (이를테면 6개월 뒤에 자선행사에 참석하기로, 또는 아이들 학교에서 자원봉사를 하기로) 약속했던 경험을 머릿속에 떠올려보라. 약속 당시에 그 일은 전혀 해롭지 않게 보였겠지만 실제로 약속을 이행할 날짜가 다가오면서 그것이 점점 부담으로 느껴진 적이 있을 것이다. 여기서도 알 수 있듯이 우리는 미래의 내가 현재의 결정에 대해 어떻게 느낄지를 되도록 자문해보아야 한다. 또한 자신이 현재와 미래를 각각 어떻게 다르게 다루는지를 깨달을 필요가 있다. 즉각적인 사고와, 거리를 둔 사고, 이 두 가지를 함께 사용하면서 균형을 이룰 수 있을 때, 우리는 더 이상 지금 우리 마음을 지배하는 것에만 의존해 결정을 내리는 어리석음을 범하지 않을 것이다.

한 가지 좋은 방법은 '잠시 기다리는 것'이다. 만약 여러분이 어떤 것을 내일도 원한다면 그것은 중요한 것일 가능성이 크다. 그러나 만약 그 욕구가 사라져 버린다면 그것은 중요한 것이 아닐 것이다. 경험적 연구들에 따르면 비합리성은 종종 시간과 함께 사라지는 반면에, 복잡한 결정은 시간을 두고 그것에 몰두할 때 가장 훌륭하게 이루어진다.

생생한 것, 개인적인 것, 일화적인 것을 경계하라

이것은 '자신에게 거리를 두기'에 뒤따르는 귀결이다. 이것을 실천하기는 말처럼 쉽지 않다. 앞에서 우리는 직접 볼 수 있는 과자와 그저 글을 통해 머릿속에 떠올린 과자의 상대적 유혹에 대해 살펴보았다. 좀 더 강력한 예는 대학생들과 콘돔 상품에 대한 티머시 윌슨의 연구일 것이다. 이 연구의 결과는 '내가 하는 대로 하지 말고, 내가 말하는 대로 하라!'의 고전적인 사례를 보여준다.

이 실험에서는 피험자들에게 두 가지 출처의 정보를 제시하였다. 하나는 《컨슈머리포츠》에 보고된 통계학적으로 탄탄한 연구결과로서, A 상표의 콘돔에게 더 후한 점수를 부여하였다. 그리고 다른 하나는 어떤 한 학생이 쓴 것으로 추정되는 단 하나의 일화로서, B 상표의 콘돔을 추천하였다. 이유는 A 상표의 콘돔이 한창 성교하는 도중에 찢어져서 혹시 모를 임신에 대한 불안이 크게 증가했다는 것이었다. 이 두 글을 읽은 뒤에 사실상 모든 학생들은 『컨슈머리포츠』가 더 믿을 만하며, 다른 친구들이 일화적 증거를 토대로 선택하는 것을 원치 않는다는 데 원칙적으로 동의하였다. 그러나 본인은 무엇을 선택하겠느냐고 물었을 때, 거의 3분의 1의 학생들은 생생하고 일화적인 것에 굴복하여 B 상표를 선택하였다.

네 발 달린 우리의 선조들은 아마도 가장 화려하거나 극적으로 보이는 것에 주의를 빼앗길 수밖에 없었을 것이다. 그러나 현재의 우리는 시간을 두고 그것에 대해 성찰하는 사치를 누릴 수 있다. 그리고 그것은 그럴 만한 가치가 있다. 비개인적이지만 과학적인 것에 특별한 비중을 두는 것은 생생한 것에 현혹되기 쉬운 우리의 성향을 보완해줄 것이다.

우물을 파되 한 우물을 파라

결정은 심리적으로뿐만 아니라 신체적으로도 많은 비용을 요구한다. 따라서 완전한 정보를 획득하고 모든 우발적인 경우와 반대 경우들에 대해 충분히 성찰할 때까지 모든 결정을 마냥 미룰 수는 없는 노릇이다. 내가 지금까지 제시한 전략들은 간편한 것들이다. 그러나 우리는 결코 똑같은 거리에 있는 똑같이 관심을 끄는 두 건초더미 사이에서 선택을 망설이다가 굶어 죽었다는 〈뷰리던의 당나귀Buridan's Ass 이야기〉를 잊어서는 안 될 것이다. 가장 신중한 결정은 가장 중요한 선택을 위해 아껴두어라.

합리적으로 되려고 노력하라

이 마지막 제안은 세상에서 가장 쓸모없는 주식투자 조언만큼이나 하찮게 들릴지 모른다. "싸게 사서 비싸게 팔아라." 이것은 이론적으로야 맞지만 완전히 쓸모없는 얘기다. 그러나 합리적으로 되자고 스스로 되뇌는 것은 언뜻 보이는 것처럼 그렇게 무의미하지 않다.

예컨대 내가 신념에 관한 장에서 서술했던 '죽을 운명의 부각mortality salience' 현상을 생각해보라. 자신의 죽음에 대해 생각하도록 유도된 사람들은 그렇지 않은 사람들보다 다른 집단의 성원들을 더 모질게 대하는 경향이 있다. 이때 사람들에게 반응하기 전에 먼저 한 번 생각해보라고, 그리고 '되도록 합리적이고 분석적으로 답하라.'라고 말하는 것만으로도 이 효과는 줄어든다. 그리고 최근의 또 다른 연구도 비슷한 결과를 보여주고 있다.

합리적으로 되자고 스스로 되뇌는 것이 유익할 수 있는 가장 중요한 이유 중 하나는 그렇게 하면 앞서 서술한 다른 기법들을 사용하도록 여러분 자신을 자동적으로 예비prime시킬 수 있기 때문이다. 합리적으로 되자고 스스로 되뇌는 것 자체만으로는 충분치 않을 것이다. 그러나 이것은 나머지 것들과 시너지 효과를 일으켜 여러분에게 도움을 줄 것이다.

이상의 모든 제안들은 인간 마음의 한계에 대한 견실한 경험 연구에 근거한 것이다. 이 제안들은 제각각 인간 마음의 상이한 약점들을 다루면서 진화를 통해 우리가 얻은 매끈하지 못한 점들을 부드럽게 하기 위한 기법들을 제공하고 있다.

지금 클루지가 중요한 이유

인간 마음의 장점과 약점에 대한 섬세하고도 균형 잡힌 이해는 우리 자신뿐만 아니라 사회에도 도움을 줄 수 있는 기회를 제공할 것이다. 예를 들어 시대에 뒤떨어진 우리의 교육 체계를 생각해보자. 우리의 교육 체계는 여전히 기본적으로 19세기 교육학의 이념에 빠져 지나치게 암기를 강조하며 산업혁명과 찰스 디킨스의 엄격한 교장선생 그래드그라인드Gradgrind를 연상시킨다. "자, 내가 원하는 것은 사실이다. 이 소년과 소녀들에게 다른 것은 말고 오로지 사실만 가르쳐라. …… 그 밖에 아무것도 심지 말라. 그리고 그 밖에 모든 것을 뽑아내라." 그러나 이런 교육은 교육이 해야 할 일을, 곧 우리 아이들이 혼자 힘으로 인생을 꾸려나가는 법을 배우도록 돕는 일을 거의 하지 않고 있다. 나는 이런 식의 과도한 암기가 과연 유용한 목적에 기여한 적이 있는지 의심스럽다. 어쨌든 구글의 시대에 아이들에게 여러 주의 수도들을 외우라고 요구하는 것은 이미 오래전에 유용성을 상실하였다.

지도적인 교육심리학자이자 최근에 『사고를 위한 교육Education for Thinking』이라는 책을 저술한 디애나 쿤Deanna Kuhn이 제시하는 장면은 나로 하여금 내 중학교 시절을 너무 많이 생각나게 한다. 평균을 꽤 상회하는 한 학교의 7학년 학생이 (존경받는) 사회과목 선생에게 질문을 하였다. "왜 13개 주의 이름을 모두 외워야 하지요?" 그러자 선생은 망설이지 않고 대답했다. "왜냐하면 6월에는 50개 주를 모두 외울 거거든. 그러니까 지금 먼저 13개를 외워두면 좋겠지?"

이것은 암기라는 수레가 교육이라는 말보다 먼저 도착했음을 보여주는 분명한 증거다. 물론 아이들에게 자기 나라의 역사와 세계의 역사를 가르치는 것은 가치 있는 일이다. 그러나 주 이름들의 암기 목록은 역사를 제대로 조명하지도 않을 뿐더러 현재의 사건들을 이해하는 데 필요한 참된 기술들을 학생들에게 전달하지도 않는다. 그러면 결과는 한 연구자가 말하는 대로 될 것이다.

많은 학생들은 그들이 공부한 과목들의 기본 개념들과 관계들에 대한 피상적 이해 이상을 보여주지 못하며, 그들이 습득한 지식 내용을 현실의 문제에 응용하는 능력도 보여주지 못한다. …… 미국에서는 생각하는 사람으로서 요구되는 많은 능력을 발달시키지 않고도, 12년 또는 13년의 공교육을 마치는 것이 가능하다.

우리는 폭로된 진실의 세계를 살고 있다

정보시대에 아이들은 정보를 찾는 데 아무 어려움도 겪지 않는다. 오히려 그들이 어려움을 겪는 것은 정보를 해석하는 일이다. 이 책 앞에서 논의했듯이 일단 믿고 나중에야 의문을 던지는 우리의 경향은 누구나, 심지어 아무 자격도 없는 사람까지 무엇이든 발표할 수 있는 인터넷의 시대에 정말로 위험한 것이다. 여러 연구에 따르면 십대들은 인터넷에서 읽은 것이면 무엇이든 액면 그대로 믿는 경우가 흔하다고 한다. 대부분의 학생들은 누가 웹 페이지의 저자인지, 그 사람이 어떤 자격을 지니고 있는지, 해당 정보의 타당성을 입증하는 또 다른 출처의 정보가 있는지 등을 거의 무시하거나 오직 가끔씩만 검토한다. 웰즐리Wellesley 대학의 두 연구자의 말을 빌리자면 "학생들은 인터넷을 정보의 1차 출처로 이용하지만 그 정보의 정확성에 대해서는 보통 거의 관심을 기울이지 않는다." 대부분의 어른들도 마찬가지다. 한 인터넷 조사에 따르면 "평균적인 소비자들은 사이트의 내용보다 시각적 단서 같은 피상적 측면들에 훨씬 많은 주의를 기울였다. 예컨대 연구에 포함된 모든 소비자의 거의 절반은 부분적으로 사이트의 구도, 글자체, 글자 크기, 색상, 도식 등을 포함하는 시각 디자인의 매력에 근거해 사이트의 신뢰성을 평가하였다."[5]

이것은 왜 우리에게 단순히 위키피디어Wikipedia나 인터넷 접속이 아니라, 학교가 필요한지를 정확히 말해준다. 만약 우리가 자연적으로 훌륭한 사고능력을 지니고 있으며 회의적이고 균형 잡힌 태도를 타고났다면 학교는 필요 없을 것이다.

그러나 실제로 인간이라는 종은 특별한 훈련을 받지 않으면 선천적으로 속기 쉬운 존재다. 현재는 '폭로된 진실'의 세계이며, 그곳에서 아이들은 그들에게 절대적 진리로 제시되는 것들을 무턱대고 받아들이는 경향이 있다. 세상에는 종종 다양한 의견이 존재하며 그들이 듣는 것이 모두 참은 아니라는 사실을 아이들에게 이해시키는 것은 저절로 되는 일이 아니다. 나아가 아이들에게 대립하는 증거들을 평가하는 법을 가르치는 것은 더욱 큰 노력을 필요로 한다. 과학적 추론은 대부분의 사람들이 자연적으로 또는 자동적으로 습득하는 어떤 것이 아니다.

우리는 우리에 대해서 너무 모른다

게다가 우리는 우리 뇌와 마음의 내적 작용에 대해 많은 지식을 지닌 채 태어나지 않았다. 특히 우리의 인지적 취약성들에 대해서는 더욱 그렇다. 과학자들조차도 17세기까지는 뇌가 사고의 원천이라는 사실을 확신할 수 없었다. 예컨대 아리스토텔레스는 뇌가 큰 인간이 다른 생물들보다 덜 '뜨거운 피'를 지니고 있다는 사실을 바탕으로 거꾸로 추론하여, 뇌의 목적이 피를 식히는 데 있다고 생각했다. 우리는 교육을 받지 않으면 우리 소화기관의 작동 방식에 대해 알 수 없는 것과 마찬가지로 우리 마음의 작동 방식에 대해서도 알 수 없다. 우리 대부분은 우리가 경험한 것들을 어떻게 적어두어야 하는지, 증거들을 어떻게 평가해야 하는지, 인간이 자연적으로 잘하는 것은 (또 잘 못하는 것은) 무엇인지 등에 대해 전혀 배운 바가 없다. 이런 것들을 자기 힘으로 깨닫는 사람들도 있겠지만, 결코 그렇지 못한 사람들도 있다. 나는 일상적 논증에 대해, 오류를 찾아내는 방법에 대해 또는 통계를 해석하는 방법에 대해 고등학교에서 수업한다는 얘기를 한 번도 들은 적이 없다. 내가 대학에 들어가기까지 어느 누구도 나에게 인과관계와 상관관계의 차이에 대해 설명해주지 않았다.

메타인지: 지식에 관한 지식을 성찰하라

그러나 이것은 우리가 이런 것들을 가르칠 수 없다는 것을 의미하지 않는다. 이른바 비판적 사고기술의 교육에 대한 연구들은 의미 있고도 지속적인 효과를 낳을 수 있다는 희망적인 결과들을 점점 더 많이 제시하고 있다. 가장 인상적인 연구들 가운데 하나는 '어린이를 위한 철학'이라는 커리큘럼에 대한 최근 연구다. 이름에서도 짐작할 수 있듯이 아이들에게 철학에 관해 생각하고 토론하는 법을 가르치는 교육과정이다. 하지만 이 과정의 교재는 플라톤이나 아리스토텔레스가 아니라, 아이들이 철학적인 문제와 씨름할 수 있도록 고안된 아동용 이야기들이다. 그 중심 교재인 『해리 스토틀마이어의 발견 Harry Stottlemeier's Discovery』(이것은 해리 포터와 아무 상관이 없다.)은 주인공 해리가 '세상에서 가장 흥미로운 것'에 대한 수필을 쓰라는 과제를 받는 것으로 시작된다. 내가 좋아하는 타입의 소년인 해리는 생각에 대해 수필을 쓰기로 작정한다. "나한테 세상 전체에서 가장 흥미로운 것은 생각하는 것이지. 물론 나는 전기, 자기, 인력과 같이 다른 많은 것들도 매우 중요하고 놀랍다는 것을 알아. 그러나 우리는 그것들을 이해하지만, 그것들은 우리를 이해하지 못하잖아? 그러니까 생각이야말로 매우 특별한 것일 거야."

이런 종류의 커리큘럼으로 16개월 동안 매주 딱 한 시간씩 수업을 받은 10세에서 12세 사이의 아이들은 언어 지능, 비언어 지능, 자신감, 독립심에서 뜻깊은 향상을 보였다.

해리 스토틀마이어의 에세이와 '어린이를 위한 철학' 커리큘럼은 심리학자들이 '메타인지meta-cognition'라고 부르는 것의, 다시 말해 지식에 관한 지식의 진정한 예를 보여준다. 아이들에게 자기가 아는 것을 어떻게 아는지 성찰하도록 요구함으로써, 우리는 세계에 대한 아이들의 이해를 의미심장하게 향상시킬 수 있을 것이다. 이를테면 『인간의 마음: 사용설명서The Human Mind: A User's Guide』라는 단 한 번의 과정으로도 많은 것을 달성할 수 있을 것이다.

이런 안내서가 우리에게 제곱근을 암산으로 구할 만큼 강력한 기억력을 제공하지는 않을 것이다. 그러나 우리의 작은 인지적 결함들 가운데 많은 것들은 진지하게 검토될 수 있다. 우리는 증거들을 좀 더 균형 잡힌 방식으로 고려하도록, 우리 자신의 추론 편향들에 좀 더 민감하도록, 우리의 장기 목표에 더 적합한 방식으로 계획하고 선택하도록 우리 자신을 훈련시킬 수 있다.

만약 우리가 그렇게 한다면, 만약 우리가 우리의 한계를 이해하고 그것과 정면으로 대결한다면, 우리는 우리 내면의 클루지를 이겨낼 수 있을 것이다.

감사의 말

아만다 쿡Amanda Cook은 모든 편집자들의 편집자이다. 그녀는 위대한 감독을 위해 일하는 배우가 느낄 기쁨과 같은 종류의 기쁨을 종종 내게 선사하는 비전을 지녔다. 아만다는 책의 구상에 도움을 주었으며, 세 번의 엄격한 수정을 거치는 동안에 나의 목자가 되어주었다. 마치 이것으로도 충분치 않다는 듯이, 나는 또한 영국인 편집자 닐 벨톤Neil Belton의 더할 나위 없이 훌륭한 편집 조언을 받을 수 있었다. 돈 램Don Lamm은 팀의 중간에서 내가 아만다와 닐과 함께 훌륭하게 일을 꾸려가는 데 도움을 주었다. 그리고 아내 아테나Athena는 편집에 관한 한 전문가의 기술을 지닌 아마추어다. 나만큼 편집의 지혜를 사치스럽게 누린 저자가 또 있을지 의문스럽다.

개념적 지혜는 수많은 친구들과 동료들로부터 왔다. 자크 우즈Zach Woods, 야코브 트로프Yaacov Trope, 휴 라바글리아티Hugh Rabagliati, 아테나 불루마노스Athena Vouloumanos, 레이철 하워드Rachel Howard, 아이리스 베렌트Iris Berent, 에제퀴엘 모젤라Ezequiel Morsella, 세드릭 뵉스Cedric Boeckx,

디애나 쿤Deanna Kuhn, 에리카 뢰더Erica Roedder, 이안 태터솔Ian Tattersall, 그리고 뉴욕대학의 학생들은 초고 전체를 읽고 비평하는 관대함을 베풀어주었다. 그런가 하면 미핸 크리스트Meehan Crist, 앤드류 건그로스Andrew Gerngross, 조수아 그린Joshua Greene, 조지 하지파블로우George Hadjipavlou, 존 조스트Jon Jost, 스티븐 핑커Steve Pinker, 그리고 부친 필 마커스Phil Marcus는 먼저 책을 읽고 날카로운 논평을 해주었다. 나는 또한 내게 유용한 토론의 기회를 제공한 스코트 애트랜Scott Atran, 노엄 촘스키Noam Chomsky, 랜디 갈리스텔Randy Gallistel, 폴 글림처Paul Glimcher, 래리 맬로니Larry Maloney, 마시모 피아텔리 팔마리니Massimo Piatelli-Palmarini에게도 감사를 표한다. 그 밖에도 많은 사람들이, 일부는 내가 한 번도 만난 적이 없는 사람들이 에스페란토 구문에서부터 동물 눈의 진화와 식물의 탄소순환에 이르기까지, 다양한 문제들에서 내게 도움을 주었다. 여기에는 돈 할로우Don Harlow, 로렌스 게츨러Lawrence Getzler, 타일러 폴크Tyler Volk, 토드 구레키스Todd Gureckis, 마이크 랜디Mike Landy, 댄 닐슨Dan Nilsson이 포함된다. 그리고 내가 미처 감사를 표하지 못한 사람들에게 용서를 구한다. 모든 것이 내 기억 탓이다.

크리스티 플레처Christy Fletcher와 돈 램은 이 책의 판매에 도움을 주었을 뿐만 아니라, 나를 아만다 쿡과 닐 벨톤에 연결시켜준 역동적인 2인조다. 그들은 정력적으로 나를 도와주었다. 그것은 에이전트가 할 수 있는 모든 것이었다.

끝으로 나는 가족들에게 감사하고 싶다. 특히 아테나, 어머니와 아버지, 린다Linda, 줄리Julie, 페그Peg, 에스더Esther, 테드Ted, 벤Ben, 사돈 닉Nick, 빅키Vickie, 조지George 가족에게 그들이 보여준 열광적이고 아끊없는 지원에 대해 감사한다. 책을 쓴다는 것은 고된 작업일 수 있다. 그러나 이렇게 뛰어나고 사랑하는 사람들이 내 주변에 많이 있는 한 언제나 기쁨이다.

이 책은 현재 뉴욕대학 심리학과 교수이자 왕성한 연구 활동을 펼치고 있는 중견 심리학자인 개리 마커스Gary Marcus의 『클루지Kluge』 (Houghton Mifflin, 2008)를 번역한 것이다. 저자는 이 책에서 인간의 다양한 심리적 특성에 대해 진화심리학적 설명을 시도하고 있다.

진화심리학evolutionary psychology이란, 진화생물학이 유기체의 신체적 또는 생리적 특성들을 적응의 결과로 설명하는 것과 비슷하게, 인간을 포함한 유기체들의 기억, 지각, 언어와 같은 정신적 또는 심리적 특성들을 유기체가 환경에 적응한 결과로 설명하는 학문이라 할 수 있다. 그런데 인간에 대한 진화심리학적 설명에서 자주 발견되는 한 특징은 인간 마음의 하드웨어라 할 수 있는 뇌가 진화했을 당시의 환경과 현대인이 살아가는 오늘날의 환경이 매우 다르다는 주장이다. 인류는 약 150~250만 년 전에 출현했는데, 인류가 생존했던 대부분의 시기는 약 180만 년 전에서 1만 년 전까지 지속된 홍적세에 해당한다. 때문에 많은 진화심리학자들은 오늘날 우리들의 뇌 대부분은 홍적세 환경에 적응되어 있다고 주장한다.

따라서 오늘날의 환경이 인간에게 요구하는 여러 과제들의 관점에서 볼 때, 홍적세 환경에 가장 적합하게 적응된 인간의 심리 기제들은 불완전하고, 때로는 어처구니없을 정도로 조잡한 것이다. 예컨대 오늘날 사람들이 자동차 사고로 죽는 일은 아주 빈번하지만, 거미나 뱀에 물려 죽는 일은 매우 드물다. 그런데도 사람들은 여전히 자동차보다 오히려 거미나 뱀을 보면 두려워하고 혐오스러워 한다. 몇몇 진화심리학자들에 따르면, 그 까닭은 거미나 뱀이 인간 선조들에게 실제적인 위협이었던 반면에 자동차는 그렇지 않았기 때문이라는 것이다. 그 오래된 환경에서 인간 뇌가 진화를 통해 습득한 공포 학습 기제가 오늘날의 환경에서 부적합한 반응을 보이는 것이다.

이 책의 주장도 이런 진화심리학적 설명 방식의 틀 속에서 이해될 수 있다. 저자는 인간의 기억, 신념, 의사결정, 언어, 쾌락, 정신장애 등 다양한 심리현상을 살피면서 인간의 마음이 우리가 믿고 싶은 것처럼 그렇게 고상하지도 합리적이지도 않다고 주장한다. 저자에게 인간의 마음이란 오히려 일종의 '클루지kluge'에 가깝다. 클루지란 공학자들이 결코 완벽하지 않은 엉성한 해결책을 가리킬 때 쓰는 통속적인 표현이다. 우리는 20년 전 초등학교 졸업앨범의 사진 속 주인공들도 알아보면서도, 어제 아침에 무엇을 먹었는지는 기억하지 못할 때가 있다. 한 조사에 따르면 사람들은 자기가 놓아둔 물건이 어디 있는지 몰라서 그것을 찾느라 하루 평균 55분을 허비한다고 한다. 사람들은 100달러짜리 전자레인지를 살 때는 25달러를 아끼려고 시내 반대편까지 찾아가지만, 1,000달러짜리 텔레비전을 살 때는 똑같이 25달러를 아끼려고 그렇게 하지는 않는다. 사람들은 몇 분 지나면 후회할 것을 너무나도 잘 알면서도 게걸스럽게 포테이토칩을 먹곤 하며, 증거를 바탕으로 판단하기보다는 자기가 믿고 싶은 것을 믿으려고 하는 경향이 있다.

저자는 이처럼 인간이 얼마나 불완전하고 비합리적인 존재인지를 보여주는 사례들을 제시한다. 그리고 인간의 마음이 이렇게 불완전한 이유를 '진화의 관성evolutionary inertia'에서 찾는다. 저자의 이야기를 직접 들어보자. "여기도 클루지, 저기도 클루지. 이 모든 경우에 나는 인간의 마음이 형성될 때 진화의 관성이 수행한 역할을 고려함으로써, 우리의 한계들을 가장 잘 이해할 수 있다는 사실을 보이고자 한다." 저자가 말하는 '진화의 관성'이란 특정 시점에서 진화의 가능성이 그 이전까지 진화해온 종의 상태에 제약을 받는 사정을 가리킨다. 다시 말해 진화란, 마치 뛰어난 공학자가 어떤 문제를 풀기 위해 가장 합리적인 해결책을 찾는 것처럼 진행되는 것이 아니라, 지금까지 진화해온 것들을 바탕으로 당장 그런대로 쓸 만한 해결책이 발견되면, 그것이 선택되는 방식으로 이루어진다는 것이다. 그리고 그 결과, 인간의 마음은 불완전하고 때때로 엉뚱한 문제를 야기하는, 곧 클루지 상태가 되는 것이다.

인간 마음의 '클루지스러움'은 무엇보다도 저자가 '반사 체계'와 '숙고 체계' 사이의 간격이라고 부르는 것을 통해 나타난다. 저자에 따르면 인간의 마음은 인간 선조들의 아주 오래된 환경 속에서 진화해서 자동적으로 작동하는 여러 반사 체계들과 비교적 최근에 진화해서 어느 정도 합리적으로 정보를 처리하는 숙고 체계들로 이루어져 있다. 그러나 아쉽게도 많은 경우에, 특히 위급하거나 스트레스를 받는 상황에서 우선권을 쥐는 것은 주로 반사 체계이며, 이 때문에 종종 장기적인 관점에서 결코 바람직하지 않은 반응과 의사결정이 이루어진다는 것이다.

기억, 신념, 의사결정, 쾌락 등의 여러 측면에서 저자가 보여주는 반사 체계와 숙고 체계의 갈등은 쾌락원리를 좇는 무의식적 원초아id와 현실원리를 좇는 의식적 자아ego의 갈등으로 인간 심리를 묘사한 프로이트 이론의 현대적 해석으로 간주될 수 있는 흥미로운 것이다. 그리고 이 책의 한 가지 미덕은 인간 마음의 클루지스러움을 그저 설명하고 한탄하는 데 그치는 것이 아니라, 책의 곳곳에서, 그리고 마지막 에필로그에서 이런 클루지스러움에 현명하게 대처하기 위한 실제적인 전략들을 제시한다는 점이다. 경험적 증거들에 기초한 이 전략들은 독자가 일상생활에서 자신의 마음을 좀 더 현명하게 다스리는 데 많은 도움이 되리라고 생각된다.

한마디 덧붙이자면 저자가 인간 마음의 '클루지스러움'을 설명하는 데 끌어들이고 있는 '진화의 관성'이란 개념은 '계통발생적 관성phylogenetic inertia'이라고도 불리는데 진화생물학자들 사이에서도 많은 논란이 되고 있는 개념이다. 무엇보다도 '진화의 관성' 개념은 다윈 진화이론의 핵심 개념인 '자연선택natural selection'과 여러 면에서 반대되는 기능을 수행한다. 곧 자연선택은 유기체의 어떤 특성이 진화한 까닭을 그 특성이 해당 유기체에게 "어떤 적응적 이익을 가져다 주는가"에서 찾을 때 쓰이는 개념이다. 예를 들어 A라는 특성은 이러 이러한 이익을 가져다주기 때문에 자연적으로 선택되었다는 것이다. 반면에 진화의 관성은 유기체의 어떤 특성이 해당 유기체에게 별다른 적응적 이익을 가져다주지 않는 것처럼 보이는데도 왜 생겨났는지, 또는 사라지지 않는지를 설명하는 개념이다. 즉 A라는 특성이 별다른 이익을 가져다주지 않지만, 또는 서투른 해결책에 지나지 않지만, 진화의 관성 때문에 그렇게 된 것이라는 주장이다. 따라서 만약 유기체의 어떤 특성이 적응적 가치를 지닌 것으로 보이면 자연선택으로 설명하고, 적응적 가치를 지니지 않은 것으로 보이면 진화의 관성으로 설명할 수 있다면, 이것은 언뜻 진화의 관성이 자연선택 개념의 설명력을 보완함으로써 진화이론 전체의 설명력을 증가시키는 것처럼 보인다. 그러나 이 두 개념을 너무 자유롭게 사용하면 진화이론 전체를 사이비 이론으로 만들어버릴 위험이 있다. 왜냐하면 유기체가 환경에 적응하든 안 하든 모든 경우를 설명할 수 있는, 따라서 원칙적으로 반증이 불가능한 이론으로 재림하기 때문이다. 따라서 개념 사용의 좀 더 엄밀한 제약이 필요한데, 이 책을 포함해 진화심리학의 연구 수준이 아직 거기까지 이르지는 못했다는 것이 역자의 생각이다.

이와 비슷한 몇몇 이론적 문제들이 존재하지만, 인간 마음의 진화적 근원을 밝히려는 노력은 정당하고 의미 있는 것이며, 이 책은 그런 노력을 진지하게 수행하고 있다. 독자들은 이 책을 통해서 인간 마음의 어제와 오늘을 살펴보고, 우리 자신을 더 깊게 이해할 수 있는 지평을 얻게 되리라고 확신한다. 부디 즐겁고 유익한 독서가 되길 기대한다.

PROLOGUE | 클루지

1   미국이나 캐나다에서 파크웨이parkway는 (잔디나 가로수를 심은 중앙분리대가 있
     는) 큰 길을 가리키고, 드라이브웨이driveway는 (도로에서 집이나 차고까지 나 있
     는) 진입로를 가리킨다. 지역에 따라 이 진입로는 간선 도로의 교통 혼잡을 줄
     이기 위한 주차공간으로 이용된다. (역주)

2   누구는 '스투지stooge(조연)'와 비슷하게 '클루지klooge'로 철자를 쓰는 것이 올
     바른 발음에 더 가깝다고 주장할지 모른다. 그러나 나는 혼란스럽게 제3의 철
     자를 세상에 내놓고 싶지 않다. (원주)

3   뷰익 리비에라는 미국의 자동차회사 제너럴 모터스General Motors가 생산한 자
     동차 모델이다. (역주)

4   포유류의 망막에서 광수용기로부터 뇌로 정보를 전달하는 신경돌기들은 망막
     안쪽에 있다. 때문에 이것들이 다발을 이루어 망막의 특정 부위를 꿰뚫고 지나
     가면서 그곳에는 광수용기가 있을 수 없어, 빛에 반응하지 않는 맹점이 생긴
     다. 한편 광수용기의 배치가 인간의 경우와 정반대인 낙지에게는 맹점이 없다.
     (역주)

5   여기서 '베이스의Bayesian'라는 용어는 토마스 베이스Thomas Bayes 목사의 연구
     에 근거한 수학정리에서 비롯한 표현이다. 비록 베이스 자신이 이것을 인간 추

론의 모형으로 제시한 것은 아니지만, 베이스의 정리를 대강 설명하자면 어떤 사건의 확률probability은 그 사건이 일어날 개연성likelihood에 그 사건의 사전 확률prior probability을 곱한 것에 비례한다는 것이다. 이 정리의 분명한 설명을 원한다면 http://en.wikipedia.org/wiki/Bayesian_statistics를 참고하라. (원주)

6 그러나 자기 여자 형제들에 대해서는 분명히 그렇지 않다. (원주)

7 우리는 여기서 그런 '경향이 있다'는 점을 강조할 필요가 있다. 엄밀히 말해 진화의 보폭은 어떤 크기나 다 가능하다. 하지만 극적인 돌연변이는 생존하기가 쉽지 않다. 반면에 작은 수정은 보통 핵심 체계를 보존하고 있기 때문에 싸울 기회를 얻게 된다. 통계적으로 볼 때 작은 변화가 진화에 미치는 영향은 큰 변화가 미치는 영향보다 비교할 수 없을 만큼 크다. (원주)

8 '적당히 만족하다satisfice'라는 단어는 허버트 사이먼Herbert Simon이 '만족시키다satisfy'와 '충분하다suffice'라는 두 단어를 합쳐 만든 것이다. '적당히 만족하기satisficing'란 최선의 해결책을 찾는 대신에 적당한 기준을 충족하는 해결책을 찾는 의사결정 전략을 가리킨다. 적당히 만족하기 전략은 의사결정 과정 자체의 비용을 (예컨대 완전한 정보를 얻는 데 드는 비용을) 계산에 포함시킬 경우, 사실상 최선에 근접하곤 한다. (역주)

KLUGE 1 | 맥락과 기억

1 여기서 여러분이 생각해내야 할 단어는 '주판abacus'이다. (원주)

2 물론 그렇다고 해서 모든 사람들이 이렇게 형편없다는 얘기는 아니다. 암기력을 증진시키려고 나보다 훨씬 많은 노력을 기울인 사람들 가운데는 수천, 아니 수만 개의 숫자를 외우는 사람들도 많이 있다. 그러나 그러려면 수년간의 노력이 필요하다. 나라면 차라리 그 시간에 산책을 할 것이다. 어쨌든 만약 여러분이 이런 일에 관심이 있다면 http://www.ludism.org/mentat/PiMemorisation을 참고하라. (원주)

3 이것에 대한 증명을 한 번도 본 적이 없다면 인터넷에서 '변화맹change blindness'을 검색해보라. 그리고 유튜브에서 데런 브라운Derren Brown의 '사람 바꾸기person swap' 비디오(www.youtube.com/watch?v=vBPG_OBgTWg)를 아직

못 보았다면 여러분은 중요한 것을 놓치고 있다. (원주)

4   정답은 당연히 스티븐 스필버그Steven Spielberg다. (원주)

5   우리가 필요로 하는 것을 잘 찾기 위한 요령은 (검색엔진을 사용할 때와 마찬가지로) 분별력 있는 단서들을 될수록 많이 사용하면서 동시에 쓸모없는 기억들이 될수록 적게 유출되도록 하는 것이다. 단서가 구체적일수록 (예컨대 "차를 어디에 세워 두었더라?"라고 묻기보다 "거리에 사람들이 북적대던 어젯밤 차를 어디에 세워 두었더라?"라고 묻는 것이) 우리가 찾는 사실을 정확히 조준할 가능성이 크다. (원주)

6   심리학에서 '예비 효과priming effect'란 주로 어떤 사전 경험 때문에 특정 자극에 대한 민감도가 증가하는 현상을 가리킨다. 본문의 예를 들자면 '의사'라는 단어를 들은 사전 경험이 있을 경우 (그렇지 않은 경우보다) 일정 시간 뒤에 ('의사'와 연관된 단어인) '간호사'라는 특정 자극에 대한 민감도가 증가한다는 것이다. 한국의 심리학 교과서들에서는 대부분 이 효과를 가리켜 '점화(효과)'라고 번역되어 있다. 그러나 이 효과는 단순히 특정 자극에 대한 반응이 '점화firing' 또는 '활성화activating'되는 것을 가리키는 것이 아니라, 그런 점화 또는 활성화가 특정 조건에서 촉진 또는 예비prime되는 것을 가리키므로 '예비(효과)'가 더 정확한 번역이라고 생각한다. (역주)

7   마찬가지로 만약 여러분이 술에 취한 상태에서 시험공부를 했다면 똑같이 술에 취한 상태에서 시험을 볼 때 좋은 성적을 얻을 것이다. 이것은 나도 그저 들은 얘기다. (원주)

8   1993년 통계에 따르면 플로리다는 미국 50개 주 가운데 중장년층 비율이 약 19퍼센트로 가장 높다. (역주)

9   다른 여러 연구들도 똑같은 결론을 지지하고 있다. 우리는 모두 역사적 수정주의자의 경향을 지니고 있으며 우리 자신이 이전에 지녔던 태도에 대해 놀라울 정도로 교활한 기억을 가지고 있다. 「얼간이에서 챔피언으로From Chump to Champ」라는 논문은 내가 특히 좋아하는 것이다. 이것은 자신의 과거에 대해 언뜻 부정적인 기억들조차 그것들이 역경을 딛고 승리하는 로키Rocky 스타일로 자신을 포장하는 데 도움이 된다면 기꺼이 감내하는 한 사례를 기술하고 있다. (원주)

10 이 사건에 연루된 주요 인물은 토냐 하딩Tonya Harding, 그의 전남편 제프 질룰

리Jeff Gillooly, 낸시 케리건Nancy Kerrigan이었다. 질룰리가 고용한 깡패가 케리건의 무릎을 노린 사건은 1994년 1월 6일에 있었다. 보너스로 또 다른 질문을 던져보겠다. 그렇다면 르완다Rwanda 대학살은 언제 시작되었는가? 정답은 같은 해 4월이다. 이것은 토냐 사건이 일어난 지 석 달 뒤의 일로, 당시에는 여전히 토냐 사건이 르완다의 사건을 가릴 만큼 큰 화젯거리였다. 당시 유엔 지휘관이었던 로미오 달레어Romio Dallaire는 다음과 같이 말했다. "르완다 대학살이 일어난 100일 동안 ABC, CBS, NBC 방송은 대학살보다 토냐 하딩에 관한 보도를 더 많이 하였다." (원주)

11 데이비드 레터맨David Letterman은 미국의 유명한 TV 토크쇼 사회자이다. (역주)

12 육보격이란 행마다 6개의 음보音步로 되어 있는 운율을 가리키는데, 호머의 장편 서사시 '일리아드Iliad'는 모두 15,693행으로 되어 있다. 가수 겸 작곡가 레러의 곡 '원소들'은 작곡 당시 알려진 모든 화학 원소의 이름들을 암송하고 있으며, '왜 태양은 빛나는가?'는 원래 아이들에게 과학 개념들을 설명할 의도로 작곡된 것이다. 이것들은 모두 운율과 박자를 이용해 많은 정보를 암송한 예이다. (역주)

KLUGE 2 | 오염된 신념

1 동물들도 마치 신념을 지닌 것처럼 행동할 때가 있다. 그러나 동물들이 정말로 신념을 가지고 있는가에 대해서는 과학자들과 철학자들 사이에서 의견이 분분하다. 내가 여기서 다루고자 하는 것은 ("비오는 날에는 우산을 가지고 나가는 것이 좋다." 또는 "급할수록 돌아가라."와 같이) 우리 인간이 분명히 말로 표현할 수 있는 종류의 신념들이다. 물론 이런 통상적인 지혜가 반드시 참인 것은 아니다. (만약 "안 보면 더 보고 싶어진다."라는 말이 참이라면 "안 보면 마음도 멀어진다."라는 말은 어떠할까?) 그러나 어쨌든 이것은 말로 표현될 수 없는 감각운동 체계의 암묵적인 '신념'과 다르다. 예컨대 우리의 감각운동 체계는 어떤 장애물 위로 다리를 들어 올리려면 어느 정도 힘이 필요한지를 마치 알고 있는 것처럼 작동한다. 그러나 우리가 물리학자가 아닌 이상 실제로 얼마나 많은 힘이 필요한지 말하기란 쉽지 않을 것이다. 내 추측으로는 많은 동물들이 이런 종류

의 암묵적 신념을 가지고 있지 않을까 싶다. 그러나 우리가 말로 표현할 수 있고 판단과 성찰의 대상으로 삼을 수 있는 종류의 신념은 인간과 기껏해야 소수의 다른 종들만이 가지고 있을 것이라는 가정 아래 나는 논의를 전개할 것이다. (원주)

2   이 상황에서 사람들은 기억의 예비 효과 때문에 '모험적인'이라는 단어를 가장 많이 말한다. (원주)

3   나는 원래 질문("유엔에 가입한 아프리카 국가들은 몇 퍼센트인가요?")이 "아프리카 국가들 가운데 얼마나 많은 국가가 유엔에 가입했나요?"라는 뜻인지 아니면 "유엔에 가입한 국가들 가운데 얼마나 많은 국가가 아프리카에 속하나요?"라는 뜻인지를 어디서도 확인할 수 없었다. 그러나 이것은 그리 중요하지 않다. 닻 내림anchoring(곧 임의로 기준 정하기-역자) 효과가 워낙 강력해서 우리가 질문의 뜻을 정확히 모르더라도 상관없이 적용되기 때문이다. (원주)

4   아틸라의 군대가 실제로 방향을 돌린 시점은 서기 451년이었다. (원주)

5   만약 여러분이 닻 내림과 조정의 과정을 이해한다면 금전 협상에서 왜 값을 먼저 제안하는 쪽이 그것에 반응하는 쪽보다 일반적으로 더 유리한지 이해할 수 있을 것이다. 나아가 이 현상은 최근의 한 연구에서 밝혀졌듯이 슈퍼마켓에서 "고객 1인당 4개까지 한정판매"보다 "고객 1인당 12개까지 한정판매"라는 문구가 있을 때, 수프 통조림이 왜 더 많이 팔리는지도 설명해준다. (원주)

6   2006년 3월 애리조나주의 시에라 비스타Sierra Vista 시에서 밥 케이선Bob Kasun 은 9일 전에 사망했는데도 거의 세 배의 표차로 당선되었다. (원주)

7   서양에서는 사다리 아래로 지나가면 불운이 생긴다는 미신이 오래전부터 있었다. 그런데 이런 미신이 왜 생겼는지는 확실치 않다. 일설에 따르면 중세에 벽에 기대어 놓은 사다리가 교수대를 닮아서 그 아래로 지나가면 교수형을 당할 운명에 처한다고 믿었다는 이야기가 있다. 또 다른 설에 따르면 벽에 기대어 놓은 사다리의 모습이 삼각형을 이루는데 삼각형은 삼위일체를 상징하기 때문에 사다리 아래로 지나가는 것은 신성모독으로 간주되었다는 이야기도 있다. (역주)

8   진화론 대신 창조론을 믿는 사람들 가운데 (다행히 모두는 아니고) 일부는 어떤 증거든 자신들의 견해를 확증하는 것으로 간주하려고 혈안이 된 듯하다. 예컨대 한 종교적인 뉴스 사이트에서는 인간의 DNA가 전에 생각했던 것보다 더

가변적이라는 최근 발견을 "진화론의 허구성을 폭로"하는 데 이용하였다. 이때 이들은 다음과 같이 주장하였다. (아래는 원문 그대로 인용한 것이다.)

"인간이 [예상했던 것보다] 열 배나 [더] 서로 다르다고 할 때, 침팬지와 인간의 게놈 사이에 4퍼센트의 차이가 존재한다는 것은 인간 개체와 침팬지 개체 사이에 수백 배의 차이가 존재함을 뜻한다고 볼 수 있다. 그리고 이런 차이는 진화론에 대한 어떤 합리적인 옹호도 불가능하게 만들 것이다. …… 과학적 발견이 늘어날수록 성경이 옳다는 것은 더욱 더 증명되고 있다."

만약 인간의 유전자가 덜 가변적이었다면 이들은 다음과 같이 주장했을 것이다. "우리는 모두 신의 형상에 따라 창조되었다. 따라서 우리의 DNA가 모두 같다는 것은 전혀 놀라운 일이 아니다." 게다가 위에 인용된 구절에서 (예상외로 큰 유전적 차이가 존재한다는) 전제와 거의 반反과학적인 결론 사이에는 아무런 논리적 연관도 없어 보인다. (원주)

9 룬트슈테트는 왜 다른 사람의 말을 듣지 않았을까? 그가 집착했던 칼레 방어 전략은 비록 정교했지만 궁극적으로 적절치 못한 계획이었다. 게다가 히틀러는 히틀러대로 룬트슈테트를 너무 믿은 나머지 연합군이 노르망디를 침공할지 모른다는 롬멜의 우려에도 아랑곳하지 않고 연합군의 공격 개시일 아침에도 잠을 자고 있었다. (원주)

10 치코 막스Chico Marx는 미국의 배우이자 코미디언이다. (역주)

11 그러나 그 반대는 성립하지 않았다. 곧 음조의 방해를 받는다고 해서 참된 명제를 물리치는 빈도가 증가하지는 않았다. 그 이유는 바로 사람들이 자기가 들은 것을 제대로 평가할 기회가 있든 없든 일단 그것을 참으로 받아들이기 때문이다. (원주)

12 초점집단이란 특히 시장조사에서 표적이 되는 소비자집단의 일부를 선발하여 특정 상품이나 서비스 등에 대해 집중적인 대화를 나누도록 하는 집단을 가리킨다. (역주)

KLUGE 3 | 선택과 결정

1 어떻게 사람들에게 돈에 대한 욕망이 생기게 할 수 있을까? 그러려면 사람들

에게 복권에서 큰 액수의 상금을 타는 것을 상상해보라고 하라. 그런 다음 그 돈을 어떻게 쓸지에 대해 생각해보라고 하라. 상상하는 돈의 액수가 클수록 돈에 대해 더욱 큰 욕망이 생길 것이다. 방금 기술한 실험에서 '돈에 대한 큰 욕망'의 조건에 있던 사람들은 25,000파운드의 상금을 어떻게 쓸지에 대해 몇 분 동안 생각한 반면에 '돈에 대한 작은 욕망'의 조건에 있던 사람들은 25파운드의 상금을 어떻게 쓸지에 대해 몇 분 동안 상상하였다. 이렇게 유도된 돈의 욕망이 어떤 영향력을 행사하는지 보여주는 좋은 지표는 뒤이은 질문을 통해 얻어졌다. 곧 사람들에게 동전의 크기를 어림잡아보라고 하자, 사람들은 욕망이 클수록 동전의 크기를 크게 어림잡았다. (원주)

2   마지막으로 독특한 경제학자 리처드 탈러Richard Thaler가 제시한 예를 살펴보자. 여러분이 매우 값비싼 신발을 샀다고 상상해보라. 가게에서 그 신발이 무척 마음에 들었고 구매 후 두세 번 신고 다니기도 했지만 아쉽게도 그것이 여러분의 발에 잘 안 맞는다는 것을 알게 되었다. 그러면 무슨 일이 일어날까? 탈러는 실험 결과를 바탕으로 다음과 같이 예측한다. (1) 신발을 사는 데 돈을 많이 지불했을수록 여러분은 그것을 신으려고 더 많이 노력할 것이다. (2) 결국 신발 신기를 포기하지만 그것을 버리지는 않는다. 신발을 사는 데 돈을 많이 지불했을수록 여러분은 그것을 처분하기 전에 신발장 구석에 더 오래 처박아 둘 것이다. (3) 언젠가 여러분은 신발이 얼마나 비싸든 그것을 위해 지불한 돈이 완전히 '평가 절하'되어 신발을 버릴 것이다. 탈러도 말하듯이 신발을 몇 번 더 신어보는 것은 합리적일지 모른다. 그러나 그것에 집착하는 것은 별 의미가 없다. (그러나 내 아내라면 "발을 오그라뜨리면 되잖아."라고 말할 것이다. 또는 영리하게 다음과 같이 덧붙일 것이다. "어떻게 발 수술이라도 받지 그래?" 내 아내는 멋진 신발을 결코 포기하지 않는다!) (원주)

3   그렇다고 해서 TV 쇼 〈더 프라이스 이즈 라이트The Price Is Right〉에서처럼 가격이 고정되어 있을 필요는 없다. 이 장수 프로그램에서 영원히 늙지 않는 밥 바커Bob Barker는 (2007년 6월 마침내 은퇴하기 전까지) 한 게임이 끝날 때마다 "이 시계는 242달러, 이 차는 32,733달러" 하는 식으로 상품의 '실제 소매가'가 얼마 얼마라고 읊조린다. 그러나 실제 세계에서 가격은 이런 식으로 작동하지 않는다. 가격이 정말로 일정한 경우도 일부 있지만 대부분은 크든 작든 차이가 난다. 나는 어렸을 때도 이것을 도무지 이해할 수 없었다. 어떻게 바커는 허시

Hershey 초콜릿이 30센트라고 말할 수 있는가? 어느 가게에서 샀는지가 문제가 되지 않는단 말인가? 어쨌든 나는 근처 편의점이 슈퍼마켓보다 더 비싸게 받는다는 것을 잘 알고 있었다. (그러나 어느 경제학자도 이런 특별한 차이를 무시하지 않을 것이다. 만약 새벽 2시에 우유가 필요한데 열린 곳은 편의점밖에 없다면 할증 가격을 지불하는 것은 이치에 맞는다. 그리고 이 점에서 인간은 완전히 합리적이다.) (원주)

4   나는 개 주인도 아니고 '개 인간'도 아니지만 내 아내의 경험이 일반적인 것이라면 누런 솜털 개 한 마리는 돈으로 살 수 있는 가장 귀한 것 중의 하나일 것이다. 아내가 개를 산 지도 10여 년이 흘렀지만 이 개는 여전히 아내에게 매일 기쁨을 선사한다. 나는 그동안 무수한 전자기기를 장만했지만 그만한 것은 하나도 없었다. (원주)

5   한국에서는 '틀 짜기'라는 표현보다 '프레이밍framing', '프레임frame', '리프레이밍reframing' 등의 표현이 더 자주 쓰이는 듯하다. 실제로 내가 구글에서 검색해보니 '틀 짜기'의 검색 결과는 약 6,290개인 반면에 '프레이밍'의 검색 결과는 약 48,200개였다. 게다가 '프레이밍'의 검색 결과는 대부분 본문에서 언급하는 연구와 직접 또는 간접으로 관련이 있는 반면에, '틀 짜기'의 검색 결과는 '총선 틀 짜기', '홈페이지 틀 짜기' 등 해당 연구와 직접 관련이 없는 '엉뚱한' 것들이 많았다. 그러나 총선이나 홈페이지 등의 틀을 짜는 사람들은 "틀을 어떻게 짜느냐에 따라 같은 내용도 달리 보인다."는 사실을 대부분 잘 알고 있을 것이다. 그리고 이것이 바로 '프레이밍' 이론의 핵심이다. 그리고 만약 '틀 짜기'라고 하면 별것 아닌 것처럼 보이지만 '프레이밍'이라고 하면 뭔가 있어 보인다면 그것이 바로 틀 짜기 또는 프레이밍 효과다!
덧붙이자면, 오늘날 '틀 짜기' 또는 '프레이밍' 개념을 유행시킨 결정적 연구는 저자가 여기서 언급하고 있는 트버스키Tversky와 카너먼Kahneman의 연구 (1981)일 것이다. (카너먼은 이런 연구들을 인정받아 2002년 노벨 경제학상을 수상하기도 하였다.) 하지만 많은 학자들은 어빙 고프만Erving Goffman의 『틀 분석—경험의 조직에 관한 에세이Frame analysis: An essay on the organization of experience』 (1974)를 틀 개념의 학문적 시초로 간주한다. 여기서 고프만은 틀 개념을 개인이나 집단으로 하여금 사물을 찾아내고 지각하며 식별하고 명명할 수 있게 해줌으로써 사물에 의미를 부여하고 경험을 조직하며 행위를 인도하는 '해석의

도식schema'이라는 의미로 사용하였다. (역주)

6 인터넷 광고의 미래는 틀림없이 개인화된 틀 짜기 중심으로 전개될 것이다. 예를 들어 어떤 사람들은 이상을 성취하는 데 초점을 맞추는 경향(연구자들은 이 것을 '추진 초점promotion focus'이라고 부른다.)이 있는 반면에 다른 사람들은 실패를 피하는 데 초점을 맞추는 경향('예방 초점prevention focus')이 있다. 추진 초점을 지닌 사람들은 특정 상품의 이점을 강조하는 선전에 더 민감하게 반응하기 쉬우며, 예방 초점을 지닌 사람들은 그 상품을 안 쓸 때 감수해야 하는 비용을 강조하는 선전에 더 민감하게 반응하는 경향이 있다. (원주)

7 행동경제학에서 할인 쌍곡선이란 이익이 당장 예상되면 사람들이 더 크고 늦은 이익보다 더 작고 빠른 이익을 선호하는 반면에 똑같은 이익이 더 후에 예상되면 더 크고 늦은 이익을 선호하는 경향이 있음을 가리킨다. 예컨대 당장 50달러를 가질지 아니면 1년 후에 100달러를 가질지 선택하라고 하면 많은 사람들은 당장 50달러를 갖겠다고 말한다. 그러나 5년 후에 50달러를 가질지 아니면 6년 후에 100달러를 가질지 선택하라고 하면 (시간적 거리가 5년으로 늘었을 뿐 앞의 것과 똑같은 선택인데도) 거의 모두가 6년 후에 100달러를 갖겠다고 말한다. 이런 현상은 이어지는 본문에서처럼 비둘기 실험을 통해서도 증명되었으며, 시간적 거리 변화에 따른 행동 변화가 지수곡선보다 쌍곡선을 닮았기에 할인 쌍곡선이라 불린다. (역주)

8 얄궂게도, 나이가 들어 예상 수명이 짧아질수록 유혹을 누그러뜨리는 능력은 더 커지는 반면에, 가장 참을성이 없는 것은 미래가 창창한 아이들이다. (원주)

9 고대 그리스인들의 전승에 따르면 트로이의 왕자 파리스가 스파르타의 왕비 헬레네Helen를 트로이로 데려오자 스파르타의 왕 메넬라오스가 그리스 여러 나라와 연합군을 형성해 트로이를 공격함으로써 10년에 걸친 트로이 전쟁이 시작되었다. 그러나 오늘날의 관점에서 트로이 전쟁이 정말로 일어났는지, 또 일어났더라도 정말로 헬레네 납치가 전쟁의 원인이었는지는 불분명하다. (역주)

10 신경과학의 역사를 잘 아는 사람이라면 이것이 1848년 9월 13일 사고로 뇌 관통상을 입은 피니어스 게이지Phineas Gage의 뇌 영역이라는 것을 알아차릴 것이다. (원주)

1 여기서 혀가 꼬이는 현상은 당연히 영어 문장에만 해당한다. 한국어로 혀가 꼬이는 예는 "그녀는 해변에서 조개를 판다." 등이 아니라 "내가 그린 기린 그림은 긴 기린 그림이고 네가 그린 기린 그림은 안 긴 기린 그림이다." 등일 것이다. 이처럼 언어 문제를 다룬 이 장은 저자의 모국어인 영어의 특수성이 크게 반영되어 있어서 한국어에 기계적으로 적용되지 않을 때가 자주 있음을 미리 일러둔다. (역주)

2 미국 속어에서 단어 'like'는 말의 첫머리, 중간, 끝 등에 붙어 거의 무의미하게 '그, 저, 어어, 그러니까, 그게, 말하자면, 왠지, ~ 같아' 등의 뜻으로 감탄사나 접속사처럼 쓰인다. 예컨대 "왠지 화난 것 같았어He looked angry like." "어어 추워! It's like cold." (역주)

3 스푸너는 옥스퍼드대학의 학감이었는데 말하는 중에 자음이나 모음 따위를 맞바꾸는 실수를 자주 범해 유명해졌다. 그래서 'our queer old dean'을 'our dear old queen'으로 말하거나 'crushing blow'를 'blushing crow'로 말하는 것처럼 둘 이상의 단어 두음頭音이 서로 바뀌는 일을 가리켜 스푸너리즘 spoonerism(두음전환)이라고 부른다. (역주)

4 실수가 인간적인 것이라면 그것을 기록하는 것은 신성한 것이다. 이 장은 인간의 언어 실수를 처음 체계적으로 수집 연구했던 언어학의 선구자 빅토리아 프롬킨Victoria Fromkin을 추모하며 쓰인 것이다. 그에 대해 더 알고 싶으면 http://www.linguistics.ucla.edu/people/fromkin/fromkin.htm을 보라. (원주)

5 미국에서 드라이브웨이 조경은 흔히 주택의 첫인상을 좋게 만들고 그래서 부동산 가치를 높일 수 있는 한 수단으로 간주된다. (역주)

6 파크플라츠Parkplatz는 '주차장'을 뜻하는 독일어다. (역주)

7 'relieve oneself(자신을 구제하다)'는 '용변을 보다'라는 뜻이다. (역주)

8 내가 여기서 시적인 언어를 고려하지 않은 점에 대해 양해를 구한다. 잘못된 의사소통은 유쾌함을 자아낼 수도 있고 언어의 애매함은 신비주의와 문학을 풍부하게 해줄지도 모른다. 그러나 두 경우 모두 언어의 불완전함을 최대한 이용한 것이지 적극적인 가치를 지닌 언어 특성들을 활용한 것은 아닌 듯하다. (원주)

9   여기서 문법에 맞는 문장은 "Who do you think left Mary?"이다. (역주)

10 아마도 프랑스어 순화주의자들이 보기에 더욱 분통터지는 일은 그들의 '님 제품fabrique de Nimes'이 영어로 '데님denim'이라고 알려진 뒤에 다시 모국어로 그냥 '블루진les blue jeans'으로 바뀌어 프랑스로 되돌아온 사실일 것이다. 그들이 보기에 코앞에 있는 야만인들은 바로 영어를 사용하는 우리 자신이다. (원주)

11 나는 저자 개리 마커스가 왜 위와 같이 풀이했는지 ("The only difference between a language and a dialect is an army and a navy.") 잘 이해가 되지 않는다. 왜냐하면 이디시어 문장을 영어로 다음과 같이 직역하는 것이 훨씬 감칠맛이 있어 보이기 때문이다. "국어란 육군과 해군을 거느린 방언이다A language is a dialect with an army and a navy." 참고로 이 말은 바인리히가 이디시어의 사회적 운명을 한탄하며 한 말이라고 한다. (역주)

12 《뉴요커》 최근 기사에 따르면 다음과 같은 사람들이 모두 하임리히 응급법Heimlich maneuver을 받지 않았더라면 질식사할 뻔했다. 체어Cher(비타민 알약), 케리 피셔Carrie Fisher(양배추), 딕 비테일Dick Vitale(멜론), 엘렌 바킨Ellen Barkin(새우), 호머 심슨Homer Simpson(도넛). 그 밖에도 이 기사에는 '영웅'들의 목록이, 다시 말해 죽을 운명에 처했던 다른 사람들의 목숨을 건진 유명 인사들의 목록이 실려 있다. "톰 브로코우Tom Brokaw(존 챈슬러John Chancellor, 고다Gouda 치즈), 베른 룬트퀴스트Verne Lundquist(패트 헤이든Pat Haden, 브로콜리), 피어스 브로스넌Pierce Brosnan(핼 베리Halle Berry, 과일), 저스틴 팀버레이크Justin Timberlake(한 친구, 견과), 빌리 밥 손턴Billy Bob Thornton(그의 귀염둥이 돼지 알버트, 마르살라 치킨)." 배우 맨디 패틴킨Mandy Patinkin이 시저 샐러드를 잘못 먹어 죽을 고생을 했다는 이야기는 특히 섬뜩하다. 이 사고가 있기 바로 3주 전에 그는 하필 〈숨 막히는 남자The Choking Man〉라는 영화 촬영을 마쳤기 때문이다. 이건 농담이 아니다! (원주)

13 일명 모비로 불리는 리처드 멜빌 홀Richard Melville Hall은 미국의 가수이자 작곡가다. (역주)

14 동시 조음co-articulation은 말하기에만 사용되도록 진화한 것은 아니다. 우리는 똑같은 원리가 작용하는 것을 (한두 음표 전에 다음에 칠 동작을 미리 준비하는) 능숙한 피아노 연주자, 능숙한 타자수, (공을 던지기 전에 이미 공을 놓을 준비를 하는) 메이저리그 투수 등에게서도 볼 수 있다. (원주)

15 또는 지미 헨드릭스의 "실례 하지만 잠시 하늘에 키스할게요Excuse me while I kiss the sky."를 "실례하지만 잠시 이 녀석에게 키스할게요Excuse me while I kiss this guy."로 잘못 들을지 모른다. 만약 여러분이 나처럼 이런 예들에 흥미를 느낀다면 인터넷에서 '몬더그린Mondegreen'이라는 용어를 검색해보라. 그러면 많은 예들을 볼 수 있을 것이다. (원주)

16 이것은 좋은가 나쁜가? 그것은 여러분의 관점에 달렸다. 어쨌든 이 부분 일치의 논리 때문에 언어가 단정치 못하게 된다. 그리고 다행이든 불행이든 시인, 홀로 연기하는 코미디언, 언어적으로 까다로운 사람 등도 먹고 살 수 있는 것이다. ("살짝 빗나간 건 빗나간 게 아니라는 거 몰라?") (원주)

17 비록 나는 오래전부터 언어학에 큰 공헌을 한 촘스키의 열렬한 팬이었지만 그가 수행한 이 작업에 대해서는 상당히 다른 생각을 가지고 있다. 나는 그런 세련됨이 물리학에서 정말로 가능한지 확신하지 못한다. (리 스몰린Lee Smolin의 최근 저서 『물리학의 문제The Trouble with Physics』를 보라.) 어쨌든 나는 물리학에서 가능한 것이 언어학에서도 가능하리라고는 생각하지 않는다. 언어학은 무엇보다도 생물학의, 인간 뇌의 생물학적 속성을 지니고 있다. 말년의 프랜시스 크릭Francis Crick이 말했듯이 "물리학에서 저들은 법칙들을 가지고 있지만 생물학에서 우리는 이런저런 장치들gadgets을 가지고 있다." 우리가 아는 한 물리학의 법칙들은 우주 대폭발big bang의 순간 이후로 단 한 번도 바뀌지 않았다. 반면에 구체적인 생명 현상들은 기후와 포식동물과 자원의 변화와 함께 진화하면서 늘 변화하고 있다. 우리가 그렇게 여러 번 보아왔듯이, 진화란 원리적으로 가장 잘 또는 가장 세련되게 작동하는 것을 찾아내기라기보다 때마침 작동하는 것을 우연히 발견하기에 가까울 때가 많다. 만약 진화의 가장 최신 혁신 가운데 하나인 언어가 이와는 다른 모습을 보인다면 그것이야말로 정말 놀라운 일일 것이다. (원주)

18 구글googol은 10^{100}, 곧 10의 100제곱을 가리키는 용어이며, 구글플렉스 googolplex는 10^{googol}, 곧 10을 10의 100제곱한 수를 가리킨다. 미국 기업 구글 Google의 회사 명칭은 이 구글이라는 용어에서 따온 것이다. 본문에서 저자는 'googleplex'라고 표기했는데, 이것은 구글의 본사 건물 이름인 구글플렉스 Googleplex를 빗댄 것이다. (역주)

19 만약 재귀가 빠진 언어를 가정한다면 우리는 예컨대 "나한테 그 과일을 줘."

그리고 "그 과일은 나무에 있어." 라고는 말할 수 있어도, "나한테 가지가 없는 나무에 걸린 과일을 줘."와 같이 더 복잡한 표현은 할 수 없을 것이다. "가지가 없는 나무에 걸린"이라는 부분은 삽입절을 포함하고 있는 삽입절에 해당하기 때문이다. (원주)

20 엄밀히 말해 재귀는 두 형태로 나뉜다. 하나는 일거리stack가 쌓이는 형태이고 다른 하나는 그렇지 않은 것이다. 그리고 일거리가 쌓이지 않는 형태는 이해하기도 쉽다. 예를 들어 "이것은 생쥐를 쫓던 시궁쥐를 물은 고양이다." 같은 문장들은 이해하는 데 전혀 어려움이 없다. 왜냐하면 이런 문장들은 비록 복잡하지만 (기술적인 이유에서) 차례대로 처리될 수 있기 때문이다. (여기서 우리는 본문 두 예의 한국어 번역 문장은 '일거리가 쌓이지 않는' 형태임, 따라서 이해하기도 영어 문장과 달리 그리 어렵지 않음을 알 수 있다. - 역자) (원주)

21 요점만 기억한 사례 가운데 아마도 가장 극단적인 예는 우디 앨런Woody Allen 이 『전쟁과 평화War and Peace』를 다섯 마디로 요약한 것일 것이다. "그것은 몇몇 러시아인들에 대한 것이었지." (원주)

22 나무 구조의 문제는 행동 목표들을 기억하고 있기의 문제와 상당히 유사하다. 기억에 관한 장에서 언급했듯이 우리는 퇴근 후에 식품점에 들를 계획을 세웠다가 그냥 (식료품을 사는 것을 까맣게 잊은 채) 집을 향해 '자동 운전'하곤 한다. 컴퓨터에서는 이 두 유형의 문제(행동 목표들을 기억하고 있기와 나무 구조를 추적하기)를 보통 '스택stack'을 이용해 해결한다. 스택은 저장된 요소들보다 최근 요소들에게 일시적으로 우선권을 부여하는 장치이다. 그러나 인간에게는 우편번호 기억이 없기 때문에 이 두 경우에 문제가 생긴다.

실제로 재귀에는 두 가지 상이한 유형이 존재한다. 하나는 스택을 필요로 하는 것이고 다른 하나는 그렇지 않은 것이다. 그리고 우리를 곤경에 빠뜨리는 것은 바로 스택을 필요로 하는 유형의 재귀이다. (원주)

23 전해오는 이야기에 따르면 최초의 기계 번역프로그램에 다음과 같은 문장을 제시했다고 한다. "육체는 약하다. 그러나 정신은 꺾이지 않는다The flesh is weak, but the spirit is willing." 그런 다음 이것의 (러시아어) 번역을 다시 영어로 번역하자 다음과 같은 문장이 나왔다. "고기는 썩었다. 그러나 보드카는 좋다The meat is spoiled, but the vodka is good." (원주)

24 애매함은 어휘가 애매할 수도 있고 구문이 애매할 수도 있다. 어휘의 애매함은

개별 단어들의 의미에 관한 것이다. 만약 내가 여러분에게 '볼을 가지러 가자 go have a ball'라고 말한다면 여러분은 그것이 그냥 멋진 시간을 갖자는 뜻인지, 화려하게 꾸민 무도회에 가자는 뜻인지 또는 테니스를 치기 위해 공을 가지러 가자는 뜻인지 알 길이 없을 것이다. 반면에 구문의 (또는 문법의) 애매함은 문 장에 관한 것이다. "탁자 위에 상자 안에 토막을 놓아라."와 같은 문장들은 하 나 이상의 방식으로 해석될 수 있는 구조를 지니고 있다. 그런가 하면 "시간은 화살처럼 날아간다Time flies like an arrow." 같은 고전적인 문장은 두 가지 방식 모두에서 애매하다. 더 이상의 맥락을 고려하지 않을 경우에, 단어 'flies'는 명 사('파리들')도 될 수 있고, 동사('날다')도 될 수 있으며, 단어 'like'는 동사('좋아 하다')도 될 수 있고 비교급('~처럼')도 될 수 있다. (원주)

25 완벽한 언어라면, 나무 구조가 적절하게 내장된 유기체라면 이런 식의 부주의 로 인한 애매함은 전혀 문제가 되지 않을 것이다. 왜냐하면 이런 유기체라면 수학자들이 사용하는 괄호를, 곧 객체들을 어떻게 묶을 것인지를 알려주는 상 징을 대안으로 사용할 수 있을 터이기 때문이다. $(2 \times 3) + 2 = 8$이다. 그러나 $2 \times (3+2) = 10$이다. 괄호를 사용한다면 "앤젤라는 총으로 그 사람을 쏘았다(Angela shot the man) with the gun."와 "앤젤라는 총을 든 그 사람을 쏘았다Angela shot (the man with the gun)."의 차이가 쉽게 표현될 수 있을 것이다. 하지만 괄호가 아무리 편리하다고 하더라도 실제로는 잘 사용되지 않는데, 그 까닭은 우리 인간에게 우편번호 기억 체계가 없기 때문이다. (원주)

26 사람들은 '동물들'과 '방주'라는 단어에 정신이 팔려 이 질문이 노아가 아니라 모세에 관한 것이라는 점을 쉽게 눈치채지 못한다. (원주)

KLUGE 5 | 위험한 행복

1 이것은 섹스의 이유에 대해 물었을 때 자주 나오던 말이다. 그러나 쾌락과 번 식은 적어도 인간의 경우에 성행위의 여러 동기들 가운데 두 가지일 뿐이다. 《성행동 기록Archives of Sexual Behavior》 최근호에는 이제까지 수행된 조사 중 가 장 포괄적인 조사 결과가 보고되었는데, 그것은 모두 자그마치 237가지의 동 기를 열거하고 있다. 쾌락 추구와 출산도 당연히 목록에 들어 있었다. 그러나

그 밖에도 "좋은 운동이 될 것 같아서", "사람들에게 인기를 끌고 싶어서", "심심해서", "상대에게 감사를 표하고 싶어서", "하느님에게 더 가까이 있다는 느낌을 받고 싶어서" 등도 있었다. 어떤 식으로든 미국 성인의 96퍼센트는 섹스를 하는 이유를 적어도 하나 이상 가지고 있는 셈이다. (원주)

2 셰익스피어의 비극 『햄릿』에서 덴마크 왕자인 햄릿은 성을 매우 혐오한 것으로 유명하다. 저자는 햄릿의 이런 특성에 빗대어 단순한 형태의 진화론적 설명으로 이해되기 어려운 인간 행동의 측면들을 언급하고 있는 듯하다. (역주)

3 커스터드 위에 딱딱한 캐러멜을 얹은 프랑스 디저트. (역주)

4 내 친구 브래드Brad는 내가 장기적이고 추상적인 몇몇 선을 위하여 절제하며 고통 받는 것을 그냥 지켜만 보려고 하지 않는다. 그럴 때면 그는 나를 블루 리본 스시Blue Ribbon Sushi라는 레스토랑으로 데리고 가서 꼭 녹차 크렘 브륄레를 주문한다. 그러면 나는 보통 무진 애를 쓰지만, 결국에는 한 개를 더 주문하고 만다. (원주)

5 라이프 세이버스는 인공 과일향을 첨가한 고리 모양 사탕의 미국 상표다. (역주)

6 문제는 (8분의 1만 유전적으로 관계가 있는 조카들에 대한) 이 모든 좋은 삼촌 노릇이 번식을 못해서 직접적으로 생기는 비용을 상쇄한다는 증거가 전혀 없다는 점이다. 동성애에 대한 또 다른 적응주의적 설명들 가운데 인기 있는 것으로는 (리처드 도킨스가 선호하는) '비열한 수컷Sneaky Male' 이론과 (사냥을 나가지 않고 집에 머무는 삼촌이 밖에 나가 있는 아버지의 대리 역할을 할 수 있다는) '예비 삼촌Spare Uncle' 이론 등이 있다. (원주)

7 만약 동성애가 자연선택의 직접적 산물이라기보다 진화의 부산물에 가깝다면, 그것은 동성애자가 잘못되었음을 뜻하는가? 전혀 그렇지 않다. 성의 도덕성은 진화적 기원이 아니라, 합의consent에 기초해야 할 것이다. 인종은 생물학적인 것이고 종교는 그렇지 않지만 우리는 이 둘 다를 보호한다. 마찬가지로 내가 소아성욕을 비도덕적이라고 보는 까닭은 그것이 생식과 무관하기 때문이 아니라, 한쪽 당사자가 진정으로 합의에 이를 수 있을 만큼 성숙하지 않았기 때문이다. 그리고 수간獸姦도 당연히 마찬가지다. (원주)

8 이 모든 것은 인간과 관련해서 그렇다. 새들의 세계는 또 다르다. 그곳에서는 지저귐의 대부분이 수컷들의 것이다. 그리고 지저귐과 구애의 관계도 더 직접

적이다. (원주)

9 완전히 예측 가능하거나 또는 완전히 예측 불가능한 음악은 일반적으로 불쾌하게 느껴진다. 곧 음악이 너무 예측 가능하면 지루하고 너무 예측 불가능하면 귀에 거슬린다. 존 케이지John Cage 같은 작곡가들도 당연히 이런 균형 속에서 연주했다. 그러나 대부분의 사람들은 예측 가능한 것과 의외의 것 사이에서 좀 더 전통적인 균형을 유지하는 음악만큼 케이지의 거의 무작위적인 ('무작위 음의aleatoric') 곡들에서 쾌감을 느끼지는 않는다. 이것은 고전음악에서 재즈와 록에 이르기까지 다양한 장르에서 타당한 사실이다. (즉흥 연주의 묘미는 지나고 나면 의외이면서도 필연적으로 보이는 것을 발명하는 데 있다.) (원주)

10 길버트가 즐겨 드는 또 다른 사례는 자식에 관한 것이다. 사람들은 대부분 자식이 있으면 더 행복할 것이라고 예상한다. 그러나 여러 연구에 따르면 자식이 있는 사람들은 자식이 없는 사람들보다 평균적으로 덜 행복하다. 때때로 찾아오는 절정의 순간들은 눈부실지 모르지만 ("아빠, 사랑해!"), 대부분의 시간을 차지하는 아이들 뒤치다꺼리는 그저 평범한 일일 뿐이다. 무작위로 선택된 순간에 사람들에게 지금 얼마나 행복하냐는 물음을 던져 순위를 매긴 '객관적' 연구들에서 (적응적 이익이 뚜렷한 과제인) 아이 기르기는 집안일과 텔레비전 시청 사이 어딘가에, 그리고 섹스와 영화 관람보다 훨씬 아래에 위치한다. 하지만 (종의 보존이라는 관점에서) 다행스럽게도 사람들은 기저귀를 갈고 운전사 노릇을 해야 하는 고된 일과보다 가끔씩 찾아오는 절정의 순간들을 더 잘 기억하는 경향이 있다. (원주)

11 심리학에서 말하는 순응adaptation은 진화론에서 말하는 적응adaptation과 당연히 다르다. 심리학에서 이 용어는 어떤 것에 익숙해져서 그것이 거북하지 않게 되는 과정을 가리킨다. 반면에 진화론에서 이 용어는 진화적 시간의 차원에서 선택된 어떤 특성을 가리킨다. (원주)

12 크리스토퍼 리브는 네 편의 〈슈퍼맨〉 영화에서 주연을 맡았던 미국 배우다. 그는 1995년에 사고로 전신 마비가 되어 나머지 일생을 휠체어에 의존해야만 했다. 이 사고 뒤에 그는 척수장애 환자들을 위한 모금운동 등을 하였고 그의 이름을 딴 재단을 설립했으며 한 연구센터를 공동 설립했다. 리브는 2004년에 심장마비로 사망했다. (역주)

13 지지집단이란 공통의 정신적 충격, 고민, 질병 등을 가진 사람들이 모여 서로

정보를 교환하고 정신적으로 지지해주는 집단을 가리킨다. (역주)

14　레이크 워비건은 미국의 만담가 개리슨 케일러가 어린 시절을 보냈다고 하
　　는 미국 미네소타주의 꾸며낸 마을 이름이다. 워비건은 한 라디오 쇼의 〈레이
　　크 워비건 소식News from Lake〉 코너에서 이 마을에 대해 이야기를 늘어놓는다.
　　(역주)

15　'인지 부조화'라는 용어는 대중문화에까지 전파되었지만 그것의 의미는 제대
　　로 이해되지 못하고 있다. 사람들은 흔히 어떤 상황이 당혹스러울 때 또는 뜻
　　밖일 때 이 말을 쓴다. ("이봐, 우리가 자기네 엄마 차를 박살냈다는 것을 알면 그
　　녀석은 단단히 인지 부조화를 느낄걸.") 이 용어의 원래 의미는 이처럼 명백하지
　　는 않지만 훨씬 흥미로운 것이다. 인지 부조화란 우리가 지닌 둘 또는 그 이상
　　의 신념들이 양립하지 않음을 (희미하게라도) 깨달을 때 우리가 느끼는 긴장을
　　가리킨다. (원주)

16　아일랜드 대기근은 1840년대에 아일랜드를 휩쓸어 전 인구의 5분의 1을 아사
　　시킨 기근이다. 당시에 영국 정부는 아일랜드인들을 파멸시킬 의도로 대량아
　　사 정책을 폈다는 혐의를 받고 있으며, 이 대기근은 이후 오늘날까지 다양한
　　아일랜드 민족주의 운동의 원동력이 되었다. 당시 영국 정부의 구조사업 책임
　　자였던 찰스 트레벨리안 경Sir Charles Trevelyan은 이 기근을 '잉여인구를 감소
　　시키는 기제'로 묘사하면서 다음과 같이 썼다. "신의 심판이 아일랜드인들에게
　　교훈을 가르치기 위하여 이 재난을 보냈다. 이 재난은 너무 많이 완화되어서는
　　안 된다. …… 우리가 싸워야 하는 진정한 악은 …… 도덕적 악이다."(본문 참
　　조) (역주)

KLUGE 6 | 심리적 붕괴

1　에머슨의 「자기신뢰Self-Reliance」(1841)라는 수필에 나오는 구절은 다음과 같
　　다. "어리석은 일관성은 편협한 정치인과 철학자와 성직자가 숭배하는, 소인배
　　들의 도깨비다." 이 글에서 에머슨은 쓸데없는 동조와 거짓 일관성을 버리고
　　자신의 본능과 생각에 충실해야 자기신뢰의 위대한 정신에 이를 수 있다고 주
　　장한다. (역주)

2 비누 회사의 의뢰를 받아 실시된 다른 조사에 따르면 샤워를 하는 동안에 "남
   자들은 시간을 쪼개어 섹스에 관한 공상과 (57퍼센트) 일에 대한 생각을 (57퍼
   센트) 한다." 데이브 배리Dave Barry가 블로그에 썼듯이 "이것은 우리에게 두 가
   지를 알려준다. (1) 남자들은 조사자에게 거짓말을 한다. (2) 조사자는 언제나
   수학을 잘 이해하고 있는 것이 아니다." (원주)

3 미국 고속도로 교통안전위원회의 최근 연구에서는 자동차 접촉사고의 족히
   80퍼센트가 부주의로 인한 것이라고 추정하였다. 치명적인 자동차 사고와 관
   련해서는 구체적인 수치가 존재하지 않는다. 그러나 다 알다시피 약 40퍼센트
   는 알코올로 인한 것으로 볼 수 있다. 그렇다면 나머지 60퍼센트의 술에 취하
   지 않은 운전자들 가운데서 부주의가 주요 요인일 가능성이 높다. (원주)

4 과거에는 '질 오르가슴 불능증', '아동 수음장애', (일부 노예들의 이유 없
   이 달아나려는 욕망을 뜻하는, 또는 나라면 '자유병'이라고 부르고 싶은) '도주광
   drapetomania' 같은 것들도 있었다. (원주)

5 진화심리학의 또 다른 접근방식은 현재의 환경이 우리 선조들의 환경과 얼마
   나 다른지를 강조하는 것이다. (소설가가 되기 전에 인류학을 공부했던) 쿠르트
   바너것 2세Kurt Vonnegut Jr.가 말했듯이, "인간의 경험 속에서 확장된 가족과 부
   족이 아주 중요한 의미를 지닌다는 것은 명백하다. 우리가 인간으로서 확장된
   가족 없이 산다는 것은 비타민이나 필수 미네랄 없이 사는 것만큼이나 어려
   운 일이다." 그는 또 다음과 같이 썼다. "인간이 더 행복해질 때란 암을 치료하
   거나 화성에 착륙하거나 인종 편견을 없애거나 (수질오염이 심한-역자) 이어리
   호Lake Erie의 물을 갈 때가 아니라, 원시공동체에서 다시 살 수 있는 길을 찾을
   때다." 나도 이런 생각에 상당히 공감을 느끼긴 하지만 현대 생활의 스트레스
   는 문제의 일부일 뿐이다. 우리가 아는 한에서 정신장애는 인간만큼이나 오래
   된 것이다. 정신생활의 사실상 모든 측면이 그렇듯이 정신질환도 일부는 환경
   적이고 일부는 생물학적인 여러 요인들에 기인한다. (원주)

6 반사회적 성격장애가 인구 전체에 퍼질 가능성은 거의 없을 것이다. 그러나 대
   부분의 사람들이 협조적이고 서로를 신뢰하는 사회에서 소수의 반사회적 성
   격장애자들이 살아남고 심지어 번창할 수 있다고 생각하는 것은 일리가 있다.
   하지만 이 경우에도 적어도 현대 사회에서는 상당수의 반사회적 성격장애자
   들은 결국 감옥으로 보내질 것이며, 그렇게 된다면 더 이상 자식을 낳을 기회

도 없을 뿐더러 이미 낳은 자식들을 돌볼 기회도 거의 없게 될 것이다. (원주)

7 또한 진화는 가임 연령이 지난 사람들의 삶에 대해서도 매정할 정도로 관심이 없다. 헌팅턴 무도병Huntington's chorea이나 알츠하이머병Alzheimer's disease의 소인이 되는 유전자들은 어쩌면 이런 병에 걸리는 사람들에게 어떤 숨은 이익을 가져다줄지도 모른다. 그러나 이런 병들은 상쇄 이익 여부에 상관없이 존속할 수 있다. 왜냐하면 인생 후기에 일어나는 일들은 문제의 핵심인 번식 적응도에 아무런 영향도 미치지 않기 때문이다. (원주)

EPILOGUE | 13가지 제안

1 사람들은 때때로 경멸적인 의미에서 진화는 '그저 이론'일 뿐이라고 말하곤 한다. 그러나 이 말은 '이론'이라는 단어의 학술적인 의미에서만 참이며 (곧 진화는 자료에 대한 설명이다.) 미심쩍은 관념이라는 세속적인 의미에서는 그렇지 않다. (원주)

2 '사소한 추적'은 주사위를 굴려 칸을 옮겨 다니며 일반상식 문제들을 푸는 보드 게임이다. (역주)

3 존 헨리는 19세기 미국 노동자계급의 신화적 인물이었다. 그는 선로를 까는 노동자였는데 철도회사에서 증기 드릴을 새로 도입하자 이 기계와 선로 깔기 경쟁을 벌여 승리했으나 심신이 소진되어 죽었다는 등의 이야기가 전해진다. 그가 실존 인물이었는지는 확실치 않다. (역주)

4 다음의 즉흥 문제를 풀어보라. 사전을 공부하면 더 똑똑해질까? 그럴 것도 같고 그렇지 않을 것도 같다. 어휘력 향상을 약속하는 많은 웹사이트들은 "어휘력이 풍부할수록 더 성공적이다."라고 말한다. 그러나 사람들이 성공하는 원인이 어휘력 때문일까? 아니면 지능이나 노력과 같은 제3의 요인이 성공과 풍부한 어휘력 모두의 원인일까? (원주)

5 웹이 존재하기 이전에 수행된 또 다른 연구도 같은 방향의 결론을 내리고 있다. 교육심리학자 데이비드 퍼킨스David Perkins는 고등학교나 대학을 졸업한 사람들에게 사회정치적 문제들에 대해 평가하도록 요구하였다. 그것은 "텔레비전에서 방영되는 폭력은 실생활에서 폭력의 가능성을 증대시키는가?" 또는

"징병제도를 부활시키는 것은 세계의 사건들에 대한 미국의 영향력을 증가시키겠는가?"와 같은 물음들이었다. 이때 연구자는 사람들의 반응을 정교함의 관점에서 평가하였다. 사람들은 자신의 주장에 대한 반론을 몇 번이나 고려하였는가? 사람들은 얼마나 다양한 방식으로 주장을 전개하였는가? 사람들은 자신의 주요 주장을 얼마나 잘 정당화할 수 있었는가? 그 결과 대부분의 사람들은 연구자가 얼마나 강력하게 그들을 몰아붙이든 상관없이 극단적으로 단순화된 대답들로 만족하였다. 그리고 이때 사람들이 받은 교육의 양은 그들의 답변에 거의 차이를 낳지 않았다. 퍼킨스의 표현대로 "현재의 교육 관행은 일상적인 추론기술의 발달을 거의 촉진하지 않는다." (원주)

참고 문헌

Ainslie, G. (2001). *Breakdown of will*. Cambridge, UK: Cambridge University Press.

Aizcorbe, A. M., Kennickell, A. B., & Moore, K. B. (2003). Recent changes in U.S. family finances: Evidence from the 1998 and 2001 *Survey of Consumer Finances*. *Federal Reserve Bulletin*, 89(1), 1-32.

Alicke, M. D., Klotz, M. L., Breitenbecher, D. L., Yurak, T. J., & Vredenburg, D. S. (1995). Personal contact, individuation, and the better-than-average effect. *Journal of Personality and Social Psychology*, 68(5), 804-25.

Allais, M. (1953). Le comportment de l'homme rationnel devant le risque: Critique des postulats et axiomes de l'école americaine. *Econometrica*, 21, 503-46.

Allman, J. (1999). *Evolving brains*. New York: Scientific American Library. Distributed by W. H. Freeman.

Allman, J., Hakeem, A., & Watson, K. (2002). Two phylogenetic specializations in the human brain. *Neuroscientist*, 8(4), 335-46.

Alloy, L. B., & Abramson, L. Y. (1979). Judgment of contingency in depressed and nondepressed students: Sadder but wiser? *Journal of Experimental Psychology*, 108(4), 441-85.

Anderson, J. R. (1990). *The adaptive character of thought*. Hillsdale, NJ: Erlbaum Associates.

Ariely, D., Loewenstein, G., & Prelec, D. (2006). Tom Sawyer and the construction of value.

Journal of Economic Behavior and Organization, 60, 1-10.

Arkes, H. R. (1991). Costs and benefits of judgment errors: Implications for debiasing. *Psychological Bulletin, 110*(3), 486-98.

Bargh, J. A., Chen, M., & Burrows, L. (1996). Automaticity of social behavior: Direct effects of trait construct and stereotype activation on action. *Journal of Personality and Social Psychology, 71*(2), 230-44.

Bateson, M.,Nettle,D.,& Roberts, G. (2006). Cues of being watched enhance cooperation in a real-world setting. *Biology Letters, 2*(3), 412-14.

Bechara, A., Tranel, D., & Damasio, H. (2000). Characterization of the decision-making deficit of patients with ventromedial prefrontal cortex lesions. *Brain, 123*(11), 2189-202.

Berscheid, E., Graziano,W.,Monson, T., & Dermer,M. (1976). Outcome dependency: Attention, attribution, and attraction. *Journal of Personality and Social Psychology, 34*(5), 978-89.

Blanton, H., & Gerrard,M. (1997). Effect of sexual motivation on men's risk perception for sexually transmitted disease: There must be 50 ways to justify a lover. *Health Psychology, 16*(4), 374-79.

Brickman, P., & Campbell, D. T. (1971). Hedonic relativism and planning the good society. In M. Appley (Ed.), *Adaptation-level theory* (pp. 287-305). New York: Academic Press.

Brickman, P., Coates, D., & Janoff-Bulman, R. (1978). Lottery winners and accident victims: Is happiness relative? *Journal of Personality and Social Psychology, 36*(8), 917-27.

Brown, J. C., & Loglan Institute. (1975). *Loglan I: A logical language* (3rd ed.). Gainsville, FL: Loglan Institute.

Brown, J. D. (1986). Evaluations of self and others: Self-enhancement biases in social judgments. *Social Cognition, 4*(4), 353-76.

Brown, M., & Seaton, S. (1984). *Christmas truce.* New York: Hippocrene Books.

Butler, D., Ray, A., & Gregory, L. (1995). *America's dumbest criminals.* Nashville, TN: Rutledge Hill Press.

Chater, N., Tenenbaum, J. B., & Yuille, A. (2006). Probabilistic models of cognition: Conceptual foundations. *Trends in Cognitive Science, 10*(7), 287-91.

Cheever, J. (1990, August 13). Journals. *The New Yorker.*

Chimpanzee Sequencing and Analysis Consortium. (2005). Initial sequence of the chimpanzee genome and comparison with the human genome. *Nature, 437*(7055), 69-87.

Chomsky,N. A. (1995). *The minimalist program.* Cambridge, MA: MIT Press.

Chomsky, N. A. (2000). *New horizons in the study of language and mind.* Cambridge, UK: Cambridge University Press.

Cialdini, R. B. (1993). *Influence: The psychology of persuasion.* New York: Morrow.

Clark, A. (1987). The kludge in the machine. *Mind and Language, 2,* 277-300.

Cushing, S. (1994). *Fatal words: Communication clashes and aircraft crashes.* Chicago: University of Chicago Press.

Daly, M., & Wilson, M. (1988). *Homicide.* New York: de Gruyter.

Darley, J. M., & Gross, P. H. (1983). A hypothesis-confirming bias in labeling effects. *Journal of Personality and Social Psychology, 44*(1), 20-33.

Dawkins, R. (1976). *The selfish gene.* New York: Oxford University Press.

Dawkins, R. (1982). *The extended phenotype: The gene as the unit of selection.* Oxford, UK, and San Francisco, CA:W. H. Freeman.

Dawkins, R. (1996). *Climbing Mount Improbable.* New York: Norton.

Debiec, J., Doyere, V., Nader, K., & Ledoux, J. E. (2006). Directly reactivated, but not indirectly reactivated, memories undergo reconsolidation in the amygdala. *Proceedings of the National Academy of Science USA, 103*(9), 3428-33.

Demonet, J. F., Thierry, G., & Cardebat, D. (2005). Renewal of the neurophysiology of language: Functional neuroimaging. *Physiological Reviews, 85*(1), 49-95.

Dennett,D. C. (1995).*Darwin's dangerous idea: Evolution and the meanings of life.* New York: Simon & Schuster.

Dijksterhuis, A., & Nordgren, L. F. (2006). A theory of unconscious thought. *Perspectives on Psychological Science, 1*(2), 95-109.

Dijksterhuis, A.,& van Knippenberg, A. (1998). The relation between perception and behavior, or how to win a game of trivial pursuit. *Journal of Personality and Social Psychology, 74*(4), 865-77.

Dion, K. K. (1972). Physical attractiveness and evaluation of children's transgressions. *Journal of Personality and Social Psychology, 24*(2), 207-13.

Ditto, P. H., Pizarro, D. A., Epstein, E. B., Jacobson, J. A., & MacDonald, T. K. (2006). Visceral influences on risk-taking behavior. *Journal of Behavioral Decision Making, 19*(2), 99-113.

Dunning, D., Meyerowitz, J. A., & Holzberg, A. D. (1989). Ambiguity and self-evaluation: The role of idiosyncratic trait definitions in self-serving assessments of ability. *Journal of Personality and Social Psychology, 57*(6), 1082-90.

Easterlin, R. A. (1995).Will raising the incomes of all increase the happiness of all? *Journal of Economic Behavior and Organization, 27*(1), 35-47.

Epley, N., & Gilovich, T. (2006). The anchoring-and-adjustment heuristic: Why the adjustments are insufficient. *Psychological Science, 17*(4), 311-18.

Epley, N., Keysar, B., Van Boven, L., & Gilovich, T. (2004). Perspective taking as egocentric anchoring and adjustment. *Journal of Personality and Social Psychology, 87*(3), 327-39.

Epstein, S. (1994). Integration of the cognitive and the psychodynamic unconscious. *American Psychologist, 49*(8), 709-24.

Epstein, S., Lipson, A., Holstein, C., & Huh, E. (1992). Irrational reactions to negative outcomes: Evidence for two conceptual systems. *Journal of Personality and Social Psychology, 62*(2), 328-39.

Etcoff, N. L. (1999). *Survival of the prettiest: The science of beauty.* New York: Doubleday.

Fazio, R. H. (1986). How do attitudes guide behavior? In R. M. Sorrentino & E. T. Higgins (Eds.), *Handbook of motivation and cognition: Foundations of social behavior* (pp. 1, 204-33). New York: Guilford Press.

Fedde, M. R., Orr, J. A., Shams, H., & Scheid, P. (1989). Cardiopulmonary function in exercising bar-headed geese during normoxia and hypoxia. *Respiratory Physiology and Neurobiology, 77*(2), 239-52.

Ferreira, F., Bailey, K.G.D., & Ferraro, V. (2002). Good-enough representations in language comprehension. *Current Directions in Psychological Science*, 11(1), 11-15.

Ferreira, M. B., Garcia-Marques, L., Sherman, S. J., & Sherman, J. W. (2006). Automatic and controlled components of judgment and decision making. *Journal of Personality and Social Psychology, 91*(5), 797-813.

Festinger, L., & Carlsmith, J. M. (1959). Cognitive consequences of forced compliance. *Journal of Abnormal Psychology, 58*(2), 203-10.

Finlay, B. L., & Darlington, R. B. (1995). Linked regularities in the development and evolution of mammalian brains. *Science, 268*(5217), 1578-84.

Fishbach, A., Shah, J. Y., & Kruglanski, A. W. (2004). Emotional transfer in goal systems. *Journal of Experimental Social Psychology, 40,* 723-38.

Fitch, W. T. (2005). The evolution of music in comparative perspective. *Annals of the New York Academy of Sciences, 1060*(1), 29-49.

Fogg, B. J., Soohoo, C., Danielson, D., Marable, L., Stanford, J., & Tauber, E. (2002). How do people evaluate a web site's credibility?: Results from a large study. From http://www. consumerwebwatch.org/news/report3_credibilityresearch/stanfordPTL.pdf.

Forer, B. R. (1949). The fallacy of personal validation: A classroom demonstration of gullibility. *Journal of Abnormal and Social Psychology, 44,* 118-23.

Förster, J.,& Strack, F. (1998).Motor actions in retrieval of valenced information: II. Boundary conditions for motor congruence effects. *Perceptual and Motor Skills, 86*(3, Pt. 2), 1423-6.

Frank, R. H. (2001). Luxury fever: *Why money fails to satisfy in an era of excess.* New York: Simon & Schuster.

Gailliot, M. T., Baumeister, R. F., DeWall, C. N., Maner, J. K., Plant, E. A., Tice, D. M., Brewer, L. E., & Schmeichel, B. J. (2007). Self-control relies on glucose as a limited energy source: Willpower is more than a metaphor. *Journal of Personality and Social Psychology, 92*(2), 325-36.

Galinsky, A. D., & Moskowitz, G. B. (2000). Counterfactuals as behavioral primes: Priming the simulation heuristic and consideration of alternatives. *Journal of Experimental Social Psychology, 36*(4), 384-409.

Galvan, A., Hare, T. A., Parra, C. E., Penn, J., Voss, H., Glover, G., & Casey, B. J. (2006). Earlier development of the accumbens relative to orbitofrontal cortex might underlie risk-taking behavior in adolescents. *Journal of Neuroscience, 26*(25), 6885-92.

Gebhart, A. L., Petersen, S. E., & Thach, W. T. (2002). Role of the posterolateral cerebellum in language. *Annals of the New York Academy of Science, 978,* 318-33.

Gelman, S. A., & Bloom, P. (2007). Developmental changes in the understanding of generics. *Cognition, 105*(1), 166-83.

Gilbert, D. T., Krull, D. S., & Malone, P. S. (1990). *Journal of Personality and Social Psychology, 59*(4), 601-13.

Gilbert, D. T., Tafarodi, R. W., & Malone, P. S. (1993). You can't not believe everything you read. *Journal of Personality and Social Psychology, 65*(2), 221-33.

Godden, D. R., & Baddeley, A. D. (1975). Context-dependent memory in two natural environments: On land and underwater. *British Journal of Psychology, 66*(3), 325-31.

Goel, V. (2003). Evidence for dual neural pathways for syllogistic reasoning. *Psychologia, 32*, 301-9.

Goel, V., & Dolan, R. J. (2003). Explaining modulation of reasoning by belief. *Cognition, 87*(1), B11-22.

Goldner, E. M., Hsu, L.,Waraich, P., & Somers, J. M. (2002). Prevalence and incidence studies of schizophrenic disorders: A systematic review of the literature. *Canadian Journal of Psychiatry, 47*(9), 833-43.

Goldstein, L., Pouplier, M., Chen, L., Saltzman, E., & Byrd, D. (2007). Dynamic action units slip in speech production errors. *Cognition, 103*(3), 396-412.

Gollwitzer, P. M., & Sheeran, P. (2006). Implementation intentions and goal achievement: A meta-analysis of effects and processes. *Advances in Experimental Social Psychology, 38*, 69-119.

Graham, L., &Metaxas, P. T. (2003). "Of course it's true: I saw it on the Internet!" Critical thinking in the Internet era. *Communications of the ACM, 46*(5), 70-75.

Greene, J. D., Nystrom, L. E., Engell, A. D., Darley, J. M., & Cohen, J. D. (2004). The neural bases of cognitive conflict and control in moral judgment. *Neuron, 44*(2), 389-400.

Greene, J. D., Sommerville, R. B.,Nystrom, L. E., Darley, J. M., & Cohen, J. D. (2001). An fMRI investigation of emotional engagement in moral judgment. *Science, 293*(5537), 2105-8.

Greenwald, A. G.,McGhee, D. E., & Schwartz, J.L.K. (1998).Measuring individual differences in implicit cognition: The implicit association test. *Journal of Personality and Social Psychology, 74*(6), 1464-80.

Gregory, T. R. (2005). *The evolution of the genome. Burlington*, MA: Elsevier Academic.

Groopman, J. E. (2007). *How doctors think*. Boston: Houghton Mifflin. Haidt, J. (2001). The emotional dog and its rational tail: A social intuitionist approach to moral judgment. *Psychological Review, 108*(4), 814-34.

Haselton, M. G., & Buss, D. M. (2000). Error management theory: A new perspective on biases in cross-sex mind reading. *Journal of Personality and Social Psychology, 78*(1), 81-91.

Hauser, M. D., Chomsky, N., & Fitch, W. T. (2002). The faculty of language: What is it, who has it, and how did it evolve? *Science, 298*(5598), 1569-79.

Herrnstein, R. J., & Prelec, D. (1992). In G. Loewenstein & J. Elster (Eds.), *A theory of addiction: Choice over time* (pp. 331-60). New York: Russell Sage.

Higgins, E. T. (2000).Making a good decision: Value from fit. *American Psychologist, 55*(11), 1217-30.

Higgins, E. T., Rholes,W. S., & Jones, C. R. (1977). Category accessibility and impression formation. *Journal of Experimental Social Psychology, 13*(2), 141-54.

Hoch, S. J. (1985). Counterfactual reasoning and accuracy in predicting personal events. *Journal of Experimental Psychology: Learning, Memory, and Cognition, 11*(4), 719-31.

Hornstein, H. A., LaKind, E., Frankel, G., & Manne, S. (1975). Effects of knowledge about remote social events on prosocial behavior, social conception, and mood. *Journal of Personality and Social Psychology, 32*(6), 1038-46.

Howard, S. (2004, November 14). Dreaming of sex costs the nation £7.8bn a year. *Sunday Times* (London).

Jacob, F. (1977). Evolution and tinkering. *Science, 196*, 1161-66.

Jacoby, L. L., Kelley, C., Brown, J., & Jasechko, J. (1989). Becoming famous overnight: Limits on the ability to avoid unconscious influences of the past. *Journal of Personality and Social Psychology, 56*(3), 326-38.

Jones-Lee, M., & Loomes, G. (2001). Private values and public policy. In E. U. Weber, J. Baron, & G. Loomes (Eds.), *Conflict and tradeoffs in decision making* (pp. 205-30). Cambridge, UK: Cambridge University Press.

Jost, J. T., & Hunyady, O. (2003). The psychology of system justification and the palliative function of ideology. *European Review of Social Psychology, 13*(1), 111-53.

Kagel, J. H., Green, L., & Caraco, T. (1986). When foragers discount the future: Constraint or adaptation? *Animal Behaviour, 34*(1), 271-83.

Kahneman, D., Krueger, A. B., Schkade, D. A., Schwarz, N., & Stone, A. A. (2004). A survey method for characterizing daily life experience: The day reconstruction method. *Science, 306*(5702), 1776-80.

Kahneman, D., Krueger, A. B., Schkade, D., Schwarz, N., & Stone, A. A. (2006).Would you be happier if you were richer?: A focusing illusion. *Science, 312*(5782), 1908-10.

Kahneman, D., & Ritov, I. (1994). Determinants of stated willingness to pay for public goods: A study in the headline method. *Journal of Risk and Uncertainty, 9*(1), 5-38.

Kassarjian, H. H., & Cohen, J. B. (1965). Cognitive dissonance and consumer behavior. *California Management Review*, 8, 55-64.

Kelly, A. V. (2001, January 19).What did Hitler do in the war,Miss? *Times Educational Supplement*, p. 12.

Kessler, R. C., Berglund, P., Demler, O., Jin, R.,Merikangas, K. R., & Walters, E. E. (2005). *Lifetime prevalence and age-of-onset distributions of DSMIV disorders in the National Comorbidity Survey Replication*. Chicago: American Medical Association.

Keysar, B., & Henly, A. S. (2002). Speakers' overestimation of their effectiveness. *Psychological Science, 13*(3), 207-12.

King, M. C., & Wilson, A. C. (1975). Evolution at two levels in humans and chimpanzees. *Science, 188*(4184), 107-16.

Kirscht, J. P., Haefner, D. P., Kegeles, S. S., & Rosenstock, I. M. (1966). A national study of health beliefs. *Journal of Health and Human Behavior, 7*(4), 248-54.

Klauer, K. C., Musch, J., & Naumer, B. (2000). On belief bias in syllogistic reasoning. *Psychological Review, 107*(4), 852-84.

Koehler, D. J. (1994). Hypothesis generation and confidence in judgment. *Journal of Experimental Psychology: Learning, Memory, and Cognition, 20*(2), 461-69.

Koriat, A., Lichtenstein, S., & Fischhoff, B. (1980). Reasons for overconfidence. *Journal of Experimental Psychology: Human Learning and Memory, 6*, 107-18.

Kray, L. J., Galinsky, A. D., & Wong, E. M. (2006). Thinking within the box: The relational processing style elicited by counterfactual mind-sets. *Journal of Personality and Social Psychology, 91*, 33-48.

Kuhn,D. (2005). *Education for thinking*. Cambridge, MA:Harvard University Press.

Kuhn, D., & Franklin, S. (2006). The second decade: What develops (and how). In W. Damon & R. Lerner (Series Eds.), D. Kuhn & R. Siegler (Vol. Eds.), *Handbook of child psychology* (pp. 953-94). New York:Wiley.

Kunda, Z. (1990). The case for motivated reasoning. *Psychological Bulletin, 108*(3), 480-98.

Larrick, R. P. (2004). Debiasing. In D. Koehler & N. Harvey (Eds.), *The Blackwell Handbook of Judgment and Decision Making* (pp. 316-37). Malden, MA: Blackwell.

Layard, P.R.G. (2005). *Happiness: Lessons from a new science.* New York: Penguin.

Leary, M. R.,& Forsyth,D. R. (1987). Attributions of responsibility for collective endeavors. In C. Hendrick (Ed.), Group processes: *Review of personality and social psychology*, Vol. 8 (pp. 167-88). Thousand Oaks, CA: Sage.

Ledoux, J. E. (1996). *The emotional brain: The mysterious underpinnings of emotional life.* New York: Simon & Schuster.

Lerner, M. J. (1980). *The belief in a just world: A fundamental delusion.* New York: Plenum Press.

Leslie, S.-J. (2007). Generics and the structure of the mind. *Philosophical Perspectives*, 21(1), 378-403.

Liberman, N., Sagristano, M. D., & Trope, Y. (2002). The effect of temporal distance on level of mental construal. *Journal of Experimental Social Psychology, 38*(6), 523-34.

Lieberman, P. (1984). *The biology and evolution of language.* Cambridge, MA: Harvard University Press.

Linden, D. J. (2007). *The accidental mind. Cambridge*, MA: Belknap Press of Harvard University Press.

Linley, P. A., & Joseph, S. (2004). Positive change following trauma and adversity: A review. *Journal of Traumatic Stress, 17*(1), 11-21.

Lipman, M. (1970/1982). *Harry Stottlemeier's discovery.* Montclair, NJ: Institute for the Advancement of Philosophy for Children (IAPC).

Loftus, E. F. (2003). Make-believe memories. *American Psychologist, 58*(11), 867-73.

Lord, C. G., Ross, L., & Lepper, M. R. (1979). Biased assimilation and attitude polarization: The effects of prior theories on subsequently considered evidence. *Journal of Personality and Social Psychology, 37*(11), 2098-109.

Luria, A. K. (1971). Towards the problem of the historical nature of psychological processes. *International Journal of Psychology, 6*(4), 259-72.

Lynch Jr., J. G., & Zauberman, G. (2006).When do you want it?: Time, decisions, and public policy. *Journal of Public Policy and Marketing, 25*(1), 67-78.

Lyubomirsky, S., Caldwell,N.D.,& Nolen-Hoeksema, S. (1998). Effects of ruminative and distracting responses to depressed mood on retrieval of autobiographical memories. *Journal of Personality and Social Psychology, 75*(1), 166-77.

Macrae, C. N., Bodenhausen, G. V., Milne, A. B., & Jetten, J. (1994). Out of mind but back in sight: Stereotypes on the rebound. *Journal of Personality and Social Psychology, 67*(5), 808-17.

Marcus, G. F. (1989). The psychology of belief revision. Bachelor's thesis, Hampshire College, Amherst, MA.

Marcus, G. F. (2004). *The birth of the mind: How a tiny number of genes creates the complexities of human thought.* New York: Basic Books.

Marcus, G. F., &Wagers, M. (under review). Tree structure and the structure of sentences: A reappraisal. New York University.

Marks, I., & Nesse, R. (1997). Fear and fitness: An evolutionary analysis of anxiety disorders. In S. Baron-Cohen (Ed.), *The maladapted mind: Classic readings in evolutionary psychopathology* (pp. 57-72). Hove, UK: Psychology Press.

Markus, G. B. (1986). Stability and change in political attitudes: Observed, recalled, and "explained." *Political Behavior, 8*(1), 21-44.

McClure, S. M., Botvinick, M. M., Yeung, N., Greene, J. D., & Cohen, J. D. (in press). Conflict monitoring in cognition-emotion competition. In J. J. Gross (Ed.), *Handbook of emotion regulation.* New York: Guilford.

Mealey, L. (1995). The sociobiology of sociopathy: An integrated evolutionary model. *Behavioral and Brain Sciences, 18*(3), 523-41.

Messick, D. M., Bloom, S., Boldizar, J. P., & Samuelson, C. D. (1985).Why we are fairer than others. *Journal of Experimental Social Psychology, 21*(5), 480-500.

Meston, C. M., & Buss, D. M. (2007).Why humans have sex. *Archives of Sexual Behavior, 36*(4), 477-507.

Metcalfe, J., & Shimamura, A. P. (1994). *Metacognition: Knowing about knowing.* Cambridge, MA: MIT Press.

Metzger,M. J., Flanagin, A. J., & Zwarun, L. (2003). College studentWeb use, perceptions of information credibility, and verification behavior. *Computers and Education,* 41(3), 271-90.

Miller, G., & Chomsky, N. A. (1963). Finitary models of language users. In R. D. Luce, R. R. Bush, & E. Galanter (Eds.), *Handbook of mathematical psychology* (Vol. II). New York:Wiley.

Miller, G. F. (2000). Evolution of human music through sexual selection. In N. L. Wallin, B. Merker, & S. Brown (Eds.), *The origins of music* (pp. 329-60). Cambridge, MA: MIT Press.

Minino, A. M., Arias, E., Kochanek, K. D., Murphy, S. L., & Smith, B. L. (2002). Deaths: Final data for 2000. *National Vital Statistics Report,* 50(15), 1-119.

Mischel, W., Shoda, Y., & Rodriguez, M. I. (1989). Delay of gratification in children. *Science, 244*(4907), 933-38.

Montague, R. (2006). *Why choose this book?: How we make decisions.* New York: Dutton. Montalbetti, M. M. (1984). After binding: On the interpretation of pronouns. Doctoral dissertation, MIT, Cambridge, MA.

Moseley, D., Baumfield, V., Higgins, S., Lin, M., Miller, J., Newton, D., Robson, S., Elliot, J., & Gregson, M. (2004). Thinking skill frameworks for post-16 learners: An evaluation. Newcastle upon Tyne, UK: Research Centre, School of Education.

Mussweiler, T., Strack, F.,& Pfeiffer, T. (2000). Overcoming the inevitable anchoring effect: Considering the opposite compensates for selective accessibility. *Personality and Social Psychology Bulletin, 26*(9), 1142.

Nesse, R. (1997). An evolutionary perspective on panic disorder and agoraphobia. In S. Baron-Cohen (Ed.), *The maladapted mind: Classic readings in evolutionary psychopathology* (pp. 72-84).Hove, UK: Psychology Press.

Nesse, R. M., & Williams, G. C. (1994). *Why we get sick: The new science of Darwinian medicine* (1st ed.). New York: Times Books.

Nickerson, R. S. (1988). On improving thinking through instruction. *Review of Research in Education, 15,* 3-57.

Nielsen. (2006). Nielsen Media Research reports television's popularity is still growing. From http://www.nielsenmedia.com/nc/portal/site/Public/menuitem.55dc65b4a7d5adff3f6593 6147a062a0/?vgnextoid=4156527aacccd010VgnVCM100000ac0a260aRCRD.

Nisbett, R. E., Krantz, D. H., Jepson, C., & Kunda, Z. (1983). The use of statistical heuristics in everyday inductive reasoning. *Psychological Review, 90*, 339-63.

Noice, H., & Noice, T. (2006). What studies of actors and acting can tell us about memory and cognitive functioning. *Current Directions in Psychological Science, 15*(1), 14-18.

Nuttin, J. M. (1987). Affective consequences of mere ownership: The name letter effect in twelve European languages. *European Journal of Social Psychology, 17*(4), 381-402.

Oakhill, J., Johnson-Laird, P. N., & Garnham, A. (1989). Believability and syllogistic reasoning. *Cognition, 31*(2), 117-40.

Pacini, R.,Muir, F.,& Epstein, S. (1998). Depressive realism from the perspective of cognitive-experiential self-theory. *Journal of Personality and Social Psychology, 74*(4), 1056-68.

Pandelaere, M., & Dewitte, S. (2006). Is this a question? Not for long: The statement bias. *Journal of Experimental Social Psychology, 42*(4), 525-31.

Parker, A. (2006). Evolution as a constraint on theories of syntax: The case against minimalism. Doctoral dissertation, University of Edinburgh, Edinburgh, UK.

Perkins, D. N. (1985). Postprimary education has little impact on informal reasoning. *Journal of Educational Psychology, 77*(5), 562-71.

Pew Research Center. (2007). Republicans lag in engagement and enthusiasm for candidates. From http://people-press.org/reports/pdf/307.pdf.

Pinker, S., & Jackendoff, R. (2005). The faculty of language: What's special about it? *Cognition, 95*(2), 201-36.

Plomin, R. (1997). *Behavioral genetics* (3rd ed.). New York:W. H. Freeman.

Plomin, R., DeFries, J. C., McClearn, G. E., & McGuffin, P. (2001). *Behavior genetics.* New York:Worth.

Polimeni, J., & Reiss, J. P. (2002). How shamanism and group selection may reveal the origins of schizophrenia. *Medical Hypotheses, 58*(3), 244-48.

Posner, M. I., & Keele, S.W. (1968). On the genesis of abstract ideas. *Journal of Experimental Psychology, 77*(3), 353-63.

Prasada, S. (2000). Acquiring generic knowledge. *Trends in Cognitive Sciences, 4,* 66-72.

Premack, D. (2004). Psychology: Is language the key to human intelligence? *Science, 303*(5656), 318-20.

Price, J., Sloman, L., Russell Gardner, J., Gilbert, P., & Rohde, P. (1997). The social competition hypothesis of depression. In S. Baron-Cohen (Ed.), *The maladapted mind: Classic readings in evolutionary psychopathology* (pp. 241-54). Hove, UK: Psychology Press.

Pullum, G. K. (1991). *The great Eskimo vocabulary hoax and other irreverent essays on the study of language.* Chicago: University of Chicago Press.

Quattrone, G. A., & Tversky, A. (1988). Contrasting rational and psychological analyses of political choice. *American Political Science Review, 82,* 719-36.

Rachlin, H. (2000). *The science of self-control. Cambridge,* MA: Harvard University Press.

Read, D., & van Leeuwen, B. (1998). Predicting hunger: The effects of appetite and delay on choice. *Organizational Behavior and Human Decision Processes, 76*(2), 189-205.

Reder, L. M., & Kusbit, G. W. (1991). Locus of the Moses illusion: Imperfect encoding, retrieval, or match. *Journal of Memory and Language, 30,* 385-406.

Robinson, T. N., Borzekowski, D.L.G., Matheson, D. M., & Kraemer, H. C. (2007). Effects of fast-food branding on young children's taste preferences. *Archives of Pediatrics and Adolescent Medicine, 161*(8), 792.

Rosa-Molinar, E., Krumlauf, R. K., & Pritz, M. B. (2005).Hindbrain development and evolution: Past, present, and future. *Brain, Behavior, and Evolution, 66*(4), 219-21.

Ross, M., & Sicoly, F. (1979). Egocentric biases in availability and attribution. *Journal of Personality and Social Psychology, 37*(3), 322-36.

Russell, B. (1918/1985). *The philosophy of logical atomism. Lasalle,* IL: Open Court.

Russo, J. E., & Schoemaker, P.J.H. (1989). *Decision traps: Ten barriers to brilliant decision-making and how to overcome them* (1st ed.). New York: Doubleday/Currency.

Schacter, D. L. (2001). *The seven sins of memory: How the mind forgets and remembers.* Boston: Houghton Mifflin.

Schacter, D. L., & Addis, D. R. (2007). Constructive memory: The ghosts of past and future. *Nature,* 445(7123), 27.

Schelling, T. C. (1984). *Choice and consequence.* Cambridge, MA: Harvard University Press.

Schooler, J. W., Reichle, E. D., & Halpern, D. V. (2004). Zoning out while reading: Evidence for dissociations between experience and metaconsciousness. *In Thinking and seeing: Visual metacognition in adults and children* (pp. 203-206). Cambridge, MA: MIT Press.

Schwartz, B., & Schwartz, B. (2004). *Paradox of choice: Why more is less.* New York: HarperCollins.

Schwarz, N., Strack, F., & Mai, H. P. (1991). Assimilation and contrast effects in part-whole question sequences: A conversational logic analysis. *Public Opinion Quarterly, 55*(1), 3-23.

Sherman, J.W., Macrae, C. N., & Bodenhausen, G. V. (2000). Attention and stereotyping: Cognitive constraints on the construction of meaningful social impressions. *European Review of Social Psychology, 11*, 145-75.

Shiv, B., & Fedorikhin, A. (1999). Heart and mind in conflict: The interplay of affect and cognition in consumer decision making. *Journal of Consumer Research, 26*(3), 278.

Simon, L., Greenberg, J., Harmon-Jones, E., Solomon, S., Pyszczynski, T., Arndt, J., & Abend, T. (1997). Terror management and cognitive-experiential self-theory: Evidence that terror management occurs in the experiential system. *Personality and Social Psychology, 72*(5), 1132-46.

Simons, D. J., & Levin, D. T. (1998). Failure to detect changes to people during a real-world interaction. *Psychonomic Bulletin and Review, 5*(4), 644-49.

Smith, D. M., Schwarz, N., Roberts, T. R., & Ubel, P. A. (2006).Why are you f=calling me?: How study introductions change response patterns. *Quality of Life Research, 15*(4), 621-30.

Smolin, L. (2006). The trouble with physics: *The rise of string theory, the fall of a science, and what comes next.* Boston: Houghton Mifflin.

Solomon, S., Greenberg, J., & Pyszczynski, T. (2004). The cultural animal: Twenty years of terror-management theory and research. *Handbook of Experimental Existential Psychology*, 13-34.

Solon, T. (2003). Teaching critical thinking!: The more, the better. *The Community College Experience, 9*(2), 25-38.

Stanovich, K. E. (2003). The fundamental computational biases of human cognition: Heuristics that (sometimes) impair decision making and problem solving. In J. E.Davidson

& R. J. Sternberg (Eds.), *The psychology of problem solving* (pp. 291-342). New York: Cambridge University Press.

Steel, P. (2007). The nature of procrastination: A meta-analytic and theoretical review of quintessential self-regulatory failure. *Psychological Bulletin, 133*(1), 65-94.

Steele, C. M., & Aronson, J. (1995). Stereotype threat and the intellectual test performance of African Americans. *Journal of Personality and Social Psychology 69*(5), 797-811.

Stich, S. (in press). Nicod lectures on morality. Cambridge, MA: MIT Press. Videos available at semioweb.msh-paris.fr/AR/974/liste_conf.asp.

Strack, F.,Martin, L. L., & Schwarz, N. (1988). Priming and communication: Social determinants of information use in judgments of life satisfaction. *European Journal of Social Psychology, 18*(5), 429-42.

Strack, F., Martin, L. L., & Stepper, S. (1988). Inhibiting and facilitating conditions of the human smile: A nonobtrusive test of the facial feedback hypothesis. *Journal of Personality and Social Psychology, 54*(5), 768-77.

Svenson, O. (1981). Are we all less risky and more skillful than our fellow drivers? *Acta Psychologica, 47*(2), 143-48.

Takahashi, T. (2005). The evolutionary origins of vertebrate midbrain and MHB: Insights from mouse, amphioxus and ascidian Dmbx homeobox genes. *Brain Research Bulletin, 66*(4-6), 510-17.

Talarico, J. M.,& Rubin,D. C. (2003). Confidence, not consistency, characterizes flash-bulb memories. *Psychological Science, 14*(5), 455-61.

Tetlock, P. E. (1985). Accountability: A social check on the fundamental attribution error. *Social Psychology Quarterly, 48*(3), 227-36.

Thaler, R. H. (1999). Mental accounting matters. *Journal of Behavioral Decision Making, 12*(3), 183-206.

Thompson, C. (2007). Halo 3: How Microsoft labs invented a new science of play.*Wired, 15,* 140-47.

Thomson, J. J. (1985). The trolley problem. *Yale Law Journal, 94*(6), 1395-415.

Todorov, A.,Mandisodza, A. N., Goren, A.,& Hall, C. C. (2005). Inferences of competence from faces predict election outcomes. *Science, 308*(5728), 1623-6.

Tooby, J., & Cosmides, L. (1995). Mapping the evolved functional organization of mind and brain. In M. S. Gazzaniga (Ed.), *The cognitive neurosciences* (pp. 1185-97). Cambridge, MA: MIT Press.

Topping, K. J., & Trickey, S. (2007). Collaborative philosophical enquiry for school children: Cognitive effects at 1012 years. *British Journal of Educational Psychology, 77*(2), 271-88.

Trehub, S. (2003).Musical predispositions in infancy: An update. In I. Peretz & R. J. Zattore (Eds.), *The cognitive neuroscience of music* (pp. 3-20). New York: Oxford University Press.

Trivers, R. (1972). *Parental investment and sexual selection.* Oxford, UK: Oxford University Press.

Tuchman, B. (1984). *The march of folly: From Troy to Vietnam* (1st ed.). New York: Knopf.

Tulving, E., & Craik, F.I.M. (2000). *The Oxford handbook of memory.* New York: Oxford University Press.

Tversky, A., & Kahneman,D. (1974). Judgment under uncertainty: Heuristics and biases. *Science, 185*(4157), 1124-31.

Tversky, A., & Kahneman, D. (1981). The framing of decisions and the psychology of choice. *Science, 211*(4481), 453-8.

Tyre, P. (2004, June 7). Clean freaks. Newsweek.

U.S. Department of Labor Statistics. (2007, June 28). American time use survey summary. From http://www.bls.gov/news.release/atus.nr0.htm.

Wansink, B., Kent, R. J., & Hoch, S. J. (1998). An anchoring and adjustment model of purchase quantity decisions. *Journal of Marketing Research, 35*(1), 71-81.

Wason, P. C. (1960). On the failure to eliminate hypotheses in a conceptual task. *Quarterly Journal of Experimental Psychology, 12,* 129-40.

Watkins, P. C., Vache, K., Verney, S. P.,Muller, S., & Mathews, A. (1996). Unconscious mood-congruent memory bias in depression. *Journal of Abnormal Psychology, 105*(1), 34-41.

Wegner, D. M. (1994). Ironic processes of mental control. *Psychological Review, 101*(1), 34-52.

Weiner, J. (1994). *The beak of the finch: A story of evolution in our time* (1st Vintage Books ed.). New York: Vintage Books.

Wesson, R. G. (1991). *Beyond natural selection.* Cambridge, MA: MIT Press.

Williams, W. M., Blythe, T., White, N., Li, J., Gardner, H., & Sternberg, R. J. (2002).

Practical intelligence for school: Developing metacognitive sources of achievement in adolescence. *Developmental Review, 22*(2), 162-210.

Wilson, T.D.,& Brekke, N. (1994).Mental contamination and mental correction: Unwanted influences on judgments and evaluations. *Psychological Bulletin, 116*(1), 117-42.

Winkielman, P., & C. Berridge, K. (2004). Unconscious emotion. *Current Directions in Psychological Science, 13*(3), 120-3.

Zajonc, R. B. (1968). Attitudinal effects of mere exposure. *Journal of Personality and Social Psychology, 9*(2, Pt. 2), 1-27.

Zimmer, C. (2004). *Soul made flesh: The discovery of the brain-and how it changed the world.* New York: Free Press.

옮긴이 **최호영**

고려대 심리학과를 졸업하였고, 베를린 자유대학에서 심리학 박사 학위를 받았다. 현재 중앙대학교 중앙철학연구소 선임연구원으로 있다. 주요 저서로는 『인지와 자본』(공저), 『동서의 문화와 창조』(공저)가 있고, 옮긴 책으로는 『앎의 나무』, 『지혜의 탄생』, 『아들러 삶의 의미』, 『사회적 뇌』, 『감정은 어떻게 만들어지는가?』, 『우리는 모든 것의 주인이기를 원한다』 등이 있다.

클루지

초판 1쇄 발행 2008년 11월 24일
2판 1쇄 발행 2023년 5월 30일
2판 8쇄 발행 2024년 7월 1일

지은이 개리 마커스
옮긴이 최호영

발행인 이봉주 단행본사업본부장 신동해
편집장 조한나 책임편집 이혜인 국제업무 김은정 김지민
마케팅 최혜진 이은미 홍보 반여진 허지호 정지연 송임선 제작 정석훈
디자인 studio forb

브랜드 갤리온
주소 경기도 파주시 회동길 20
문의전화 031-956-7208(편집) 02-3670-1123(마케팅)

홈페이지 www.wjbooks.co.kr
인스타그램 www.instagram.com/woongjin_readers
페이스북 www.facebook.com/woongjinreaders
블로그 blog.naver.com/wj_booking

발행처 ㈜웅진씽크빅
출판신고 1980년 3월 29일 제 406-2007-000046호.
한국어판 출판권 ⓒ㈜웅진씽크빅, 2023
ISBN 978-89-01-27208-5 (03180)